KB205511

월드뷰 | 세상을 바로 보는 글 05

삶을 위한 요한계시록 강해 2

월드뷰 | 세상을 바로 보는 글 05

삶을 위한 요한계시록 강해 2

저　자　　이우제

발행인　　김승욱
편　집　　이영진
디자인　　이영진
발행처　　주식회사 세상바로보기
초판발행　2023년 8월 31일
출판등록　2020년 1월 31일 제 2020-000008호
주　소　　서울시 용산구 이촌로2가길 5 르네상스 503호
문　의　　전화 02-718-8004 / 010-5718-8404
　　　　　E-메일 editor.worldview@gmail.com
홈페이지　http://theworldview.co.kr

ISBN 979-11-969723-9-4
값 17,000원

삶을 위한 요한계시록 강해 2

이우제 지음

세상바로보기

주식회사 세상바로보기는 성경적 세계관에 기초
하여 삶의 각 분야를 조명하고 교회와 사회를 섬기
는 문서사역을 위해 설립된 출판사입니다. 기독교
세계관 정론지 **월드뷰**를 매월 발행하고 있으며,
YouTube에서 월드뷰TV를 운영하고 있습니다.

이제 삶을 위한 요한계시록 강해 두 번째 책이다. 첫 번째 책이 나온 이후 세상에 가장 큰 변화는 코로나가 어느 정도(?) 기세가 꺾여서 우리가 일상을 되찾게 된 점이다. 코로나가 완전히 종식되었다기보다는 코로나와 함께 살아가는 위드 코로나(with corona)의 시대가 도래한 것으로 보는 것이 더 정확할 것이다. 그렇다면 질문하지 않을 수 없다. 위드 코로나 시대에 우리 교회는 어디로 가야 하는가? 어떤 신앙을 회복해야만 코로나로 인해 더욱 심화한 교회의 위기를 돌파해 나갈 수 있을 것인가? 저마다의 처방과 해법을 내놓겠지만, 근본적인 논의를 위한 출발점은 성경이 말하는 신앙과 삶의 방향성을 점검하는 것에 모아져야 할 것이다.

성경은 신자 된 우리가 어떻게 살아야 한다고 말씀하고 있는가? 다소 생소하게 들릴지 모르지만, 성경은 신자들에게 '종말신앙' 혹은 '종말론적인 삶'을 요청하고 있다. 종말론적인 삶이란 단지 죽음 이후에 가게 될 영원한 하나님 나라에 대한 소망을 품고 살아가는 것을 의미하지 않는다. 또한 현실의 고난과 어려움을 애써 외면하기 위해 온통 다음 세상의 도래를 갈망하며 살아가는 것도 아니다. "낮에나 밤에나 눈물 머금고 내 주님 오시기만 고대합니다"라는 찬송을 부르며 하늘을 바라보는 몽상가가 되어야 한다는 의미는 더더욱 아니다.

오히려 성경이 밝히고 있는 종말신앙이란 우리의 관심을 '하늘'이 아니라 '땅'에 두는 삶을 말한다. 그저 하늘에 대한 향수에 젖어서 살아가는 것이 아니라 잃어버린 세상을 향한 증인의 사명을 감당하는 것이다. 사도행전 1장의 예수님의 승천 기사가 이 점을 잘 말해주고 있다. 예수님이 승천하시는 광경 앞에서 멍하니 하늘만 응시하고 있던 제자들에게 두 천사가 등장하여 왜 하늘을 쳐다보고 있느냐고 질책한다. 두 천사의 책망을 통해 알게 하시는 교훈은 분명해 보인다. 제자들에게 요구되는 것은 결코 피안의 세계에 대한 동경이 아니라 승천과 재림 사이에 예수 그리스도의 증인이 되는 것이다. 여기서 강조하는 종말신앙의 핵심은 미래의 하나님 나라로 가는 것이 아니라 현재 이곳에서 하나님 나라를 힘 있게 살아가는 것이다. 오늘을 하나님 나라의 증인으로 살아내는 것이다. 물론 증인이 된다는 것을 너무 거창하게 생각할 필요는 없다. 증인이 된다는 것은 모든 신자가 예외 없이 복음 전도자(euangelistai, 유앙겔리스타이)가 되라는 것이 아니라 복음(euangelion, 유앙겔리온)이 되라는 뜻이다. 우리가 살아가고 있는 지금 – 여기(now & here)에서 복음 자체가 되어 그리스도의 향기로 드러나는 것을 말한다. 이러한 측면에서 우리 시대 가장 탁월한 설교자 가운데 한 사람인 존 오트버그(John Ortberg)는 그의 책, 〈존 오트버그의 인생, 영생이 되다〉에서 다음과 같이 말하고 있다.

> 구원의 핵심은 우리를 천국으로 데려가는 것이 아니라, 천국을 우
> 리에게로 가져오는 것이다. 구원의 핵심은 장소 이동이 아니라, 삶
> 의 변화다. 구원의 핵심은 하나님이 '내게' 해 주시는 일이 아니라,
> 하나님이 '내 안에서' 하시는 일이다. 구원의 핵심은 하나님 나라의
> 삶이 한 번에 한 순간씩 내 작은 삶 속으로 스며들게 만드는 것이
> 다(Ortberg, 2018, 43).

다소 장황(?)하기는 했지만, 지금까지 설명한 것이 바로 종말론적인
삶의 실체이자, 마땅히 교회가 가르쳤어야 할 종말신앙의 방향성이다.
그런데 안타깝게도 그동안 한국 교회는 건강한 종말신앙으로 성도들을
하나님 앞에 세우는 일에 실패했다고 평가할 수 있을 것이다. 종말신앙
의 궤도 이탈이 매우 심각한 지경에 이르렀다고 지적하지 않을 수 없
다. 한국 교회의 종말신앙은 마치 승천하시는 주님 앞에 서 있었던 제
자들의 모습처럼 땅을 외면한 채 하늘만을 바라보는 치우친 경향으로
흘러간 것이 사실이다.

도대체 왜 이런 일이 벌어지게 된 것일까? 그 이유는 무엇보다도 요

한계시록에 대한 바른 이해의 부재 혹은 왜곡 때문이라고 말하고 싶다. 전통적인 교회 안에서 요한계시록은 함부로 다뤄서는 안 되는 철저히 봉인된 책으로 취급되어 왔다. 그동안 우리는 종교개혁자 존 칼빈(John Calvin)도 요한계시록을 단지 3장까지만 주석했을 정도로 어려운 책이라는 변명을 늘어놓으면서 지나치게 신중한 입장을 취하였다. 입산금지의 팻말을 여기저기 붙여 놓고 요한계시록이라는 산에 오르기를 포기했다. 이러한 요한계시록에 대한 기피가 매우 편협하거나 불건전한 종말신앙을 양산케 만든 주범이라고 할 수 있다. 그런가 하면 요한계시록에 대한 왜곡도 매우 심각한 지경이다. 한국 교회 안에 대세는 요한계시록을 강단의 설교 메뉴에 올려놓지 않는 것이지만, 모두가 그러한 자세를 취하는 것은 아니다. 교회 안에 만연해 있던 부재의 현실을 개탄하며 요한계시록을 주메뉴로 삼아 식단을 꾸린 교회와 목회자들이 있어 왔던 것을 부인할 수 없다. 이들은 요한계시록의 부재를 위한 대안으로 과잉의 자리로 나아가게 된다. 문제는 이렇게 요한계시록에 올인한 사람들의 신학적이고 해석학적인 수준일 것이다. 건강한 문법-문예적 접근, 역사적인 이해, 신학적 해석 그리고 묵시문학이라는 형식(form)과 장르(genre)에 대한 고려 없이 요한계시록을 자신의 소견에 옳은 대로 읽고 가르치는 오류를 범하게 되었다. 그것으로 인해 요한계시록에 대한 바른 주해(exegesis)가 아니라 오해(eisegesis)가 발생하게 된 것이다. 이처럼 요한계시록에 대한 기피 현상이나 잘못된 읽기로 인해 한국 교회의 종말신앙이 위험한 방향으로 치달아가게 된 것은 당연한 결과라고 할 수 있다.

이 책을 쓰게 된 이유와 목적이 바로 여기에 있다. 그것은 한마디로 길을 잃은 한국 교회에 올바른 종말신앙을 제시하기 위해서이다. 요한계시록에 대한 바른 이해에 기초한 설교를 통하여 더욱 많은 사람이 요한계시록의 산을 만끽하도록 하는 데 있다. 요한계시록이 신학자들이나 전문적으로 신학을 공부한 목회자들의 전유물이라면 신학적인 주석이나 깊이 있는 주해를 다루는 책을 저술해야 하겠지만, 필자의 관심은 모든 성도를 위한 책을 저술하는 것이었기에 설교집을 내놓게 된 것이다. 설교가 심도 있는 주석이나 주해에 기초해야 한다는 것은 아무리 강조해도 지나치지 않을 것이다. 그러나 설교는 그저 성경구절에 대하여 앵무새처럼 말하는 것이 아니다. 어느 사람의 말처럼 설교란 성경에 대하여(about) 말하는 것이 아니라 성경을 통하여(through) 회중에게 말을 거는 행위다. 다시 말해서 성경을 통하여 우리 시대의 사람들(특히 성도들)과 소통하는 것이 바로 설교인 것이다. 그러한 작업을 통해 그저 성경에 대한 신학적인 정보를 제공하는 것이 아니라 성경을 경험케 하는 것이 설교의 주된 목적이라고 할 수 있다. 이러한 면에서 요한계시록에 대한 설교도 결코 예외일 수 없다. 성경 가운데 가장 난해한 책으로 알려진 요한계시록을 통하여 이 시대를 살아가는 사람들과 소통하는 것은 절대적으로 요구되는 작업이라고 생각된다. 왜냐하면 요한계시록이 제시하는 중심 메시지, 고난의 시대를 살아가는 교회를 위로하며 교회는 반드시 승리한다는 값진 확신의 메시지가 그 어느 때보다 필요한 시기이기 때문이다.

끝으로 이 책이 나오기까지 깊은 관심을 가져주신 〈월드뷰〉 발행인 김승욱 장로님과 교정을 위해 수고해 주신 김종원 목사님과 김민아 간사님께 심심한 감사를 드린다. 또한 언제나 나의 설교사역을 옆에서 응원해 주는 든든한 지원군인 아내 조혜정 교수와 늘 존재 자체만으로 기쁨을 주는 귀한 딸 주나에게도 고마움을 전하고 싶다.

2023년 8월
방배동 연구실에서
이우제

제4부

교회의 전투

요한계시록 12:1-17

¹ 하늘에 큰 이적이 보이니 해를 옷 입은 한 여자가 있는데 그 발 아래에는 달이 있고 그 머리에는 열두 별의 관을 썼더라 ² 이 여자가 아이를 배어 해산하게 되매 아파서 애를 쓰며 부르짖더라 ³ 하늘에 또 다른 이적이 보이니 보라 한 큰 붉은 용이 있어 머리가 일곱이요 뿔이 열이라 그 여러 머리에 일곱 왕관이 있는데 ⁴ 그 꼬리가 하늘의 별 삼분의 일을 끌어다가 땅에 던지더라 용이 해산하려는 여자 앞에서 그가 해산하면 그 아이를 삼키고자 하더니 ⁵ 여자가 아들을 낳으니 이는 장차 철장으로 만국을 다스릴 남자라 그 아이를 하나님 앞과 그 보좌 앞으로 올려가더라 ⁶ 그 여자가 광야로 도망하매 거기서 천이백육십 일 동안 그를 양육하기 위하여 하나님께서 예비하신 곳이 있더라 ⁷ 하늘에 전쟁이 있으니 미가엘과 그의 사자들이 용과 더불어 싸울새 용과 그의 사자들도 싸우나 ⁸ 이기지 못하여 다시 하늘에서 그들이 있을 곳을 얻지 못한지라 ⁹ 큰 용이 내쫓기니 옛 뱀 곧 마귀라고도 하고 사탄이라고도 하며 온 천하를 꾀는 자라 그가 땅으로 내쫓기니 그의 사자들도 그와 함께 내쫓기니라 ¹⁰ 내가 또 들으니 하늘에 큰 음성이 있어 이르되 이제 우리 하나님의 구원과 능력과 나라와 또 그의 그리스도의 권세가 나타났으니 우리 형제들을 참소하던 자 곧 우리 하나님 앞에서 밤낮 참소하던 자가 쫓겨났고 ¹¹ 또 우리 형제들이 어린 양의 피와 자기들이 증언하는 말씀으로써 그를 이겼으니 그들은 죽기까지 자기들의 생명을 아끼지 아니하였도다 ¹² 그러므로 하늘과 그 가운데에 거하는 자들은 즐거워하라 그러나 땅과 바다는 화 있을진저 이는 마귀가 자기의 때가 얼마 남지 않은 줄을 알므로 크게 분내어 너희에게 내려갔음이라 하더라 ¹³ 용이 자기가 땅으로 내쫓긴 것을 보고 남자를 낳은 여자를 박해하는지라 ¹⁴ 그 여자가 큰 독수리의 두 날개를 받아 광야 자기 곳으로 날아가 거기서 그 뱀의 낯을 피하여 한 때와 두 때와 반 때를 양육 받으매 ¹⁵ 여자의 뒤에서 뱀이 그 입으로 물을 강 같이 토하여 여자를 물에 떠내려가게 하려 하되 ¹⁶ 땅이 여자를 도와 그 입을 벌려 용의 입에서 토한 강물을 삼키니 ¹⁷ 용이 여자에게 분노하여 돌아가서 그 여자의 남은 자손 곧 하나님의 계명을 지키며 예수의 증거를 가진 자들과 더불어 싸우려고 바다 모래 위에 서 있더라.

Αποκάλυψις Ιωάννου

27. 영적 전투를 위한 필수 지식

들어가며

요한계시록은 "이김"을 독려하는 책이다. 12-14장은 이김을 위하여 반드시 필요한 것이 "영적 전투"임을 강조하고 있다. 영적 전투에 대한 권면은 요한계시록 전체를 지탱하는 분모에 해당한다.

요한계시록의 일곱 교회를 향한 메시지를 보면 두 가지 공통점이 있다. 하나는 귀 있는 자는 성령께서 교회에게 하시는 말씀을 들으라는 것이다. 다른 하나는 이기는 자가 되라는 것이다. 즉 말씀을 붙잡고 이기라는 것이다. 12장은 이런 교회의 승리를 집약적으로 다루고 있다. 영적 전투에서 대적을 무찔러서 승리해야 함을 강조한다. 이러한 면에서 12-14장은 요한계시록의 모든 이야기를 떠받치고 있는 지렛대 역할을 하고 있다. 12장의 교회를 향한 용의 공격, 13장의 바다짐승의 공격과 땅 짐승의 공격이 소개되어 있다. 용, 바다짐승 그리고 땅 짐승은 삼위일체 하나님을 패러디하는 사탄 삼위일체라고 할 수 있다. 거짓된 악의 삼위일체 세력의 공격을 말하는 셈이다. 14장에는 이 최종적 싸움의 결국을 논의하고 있다. 이렇게 12-14장은 하나의 묶음으로 "교회의 전투"라고 이름을 붙일 수 있는 요한계시록의 세 번째 막간(혹은 삽입)이다. 그뿐만 아니라 전체 요한계시록을 이끌어가는 분모에 해당한다고 보아도 무방하다. 그 분모의 메시지는 한마디로 "교회여! 일어나 사탄 삼위일체 세력과 영적 전투에서 승리하라"가 될 것이다.

　12장은 교회가 치러 내야 할 악의 세력의 우두머리인 용과의 싸움을 다루고 있다. 우리의 관심은 용과의 전투에서 승리하기 위한 필수 지식에 관한 것이다.

영적 전투를 위한 필수 지식 (1): 우리 대장 예수

　12장 1절에 해를 입은 여자가 나온다. 바로 교회다. 어떻게 해를 입는가? 그 여자의 발아래에는 달이 있고, 그 머리에는 열두 별의 관을 쓰고 있다. 이러한 여자의 모습은 문자적으로는 풀 수 없는 상징적인 표현이다. 한마디로 교회가 하나님이 가장 사랑하는 영광스러운 존재라고 말하는 것이다. 그 여인이 아이를 낳았다. 그 아이는 장차 철장으로 만국을 다스릴 자이다(5절). 만국을 다스릴 이는 바로 예수님이다. 예수님을 용이 공격한다(4절). 붉은 용의 머리가 일곱이다. 어마어마한 일을 꾸밀 수 있다. 일곱은 완전체다. 뿔이 열이라는 것은 힘의 총합을 상징한다. 9절에 보면 용에게 붙은 수식어는 "큰"이다. 후에 바벨론에도 동일한 수식어가 붙어있다. 세상의 가장 중요한 가치는 크게 되려는 것임을 말해준다. 그 용을 마귀, 옛 뱀이라고도 하는 것을 보면, 용은 창세기 3장의 인류가 죄를 범하게 한 바로 그 존재다. 그가 예수님을 공격한다. 그러나 결코 예수님을 이기지 못한다.

예수님이 용을 이기신 것을 5절에서 이렇게 표현하고 있다. "여자가 아들을 낳으니 이는 장차 철장으로 만국을 다스릴 남자라 그 아이를 하나님 앞과 그 보좌 앞으로 올려가더라." 아이가 하늘 보좌로 올라가는 것으로 예수님의 승리를 집약적으로 표현하는 것은 마치 압축파일로 제시하는 것과 같다고 할 수 있다. 예수님이 승리하셨다. 중요한 것은 예수님의 승리는 우리를 대표한 승리였다는 사실이다. 우리를 대표하여 승리하신 것은 우리에게 그 승리를 허락하시기 위한 것이다. 이렇게 예수님은 대표자로 우리의 선두에 서서 이김의 길을 열어두신 것이다. 이처럼 우리 대장이 이기셨기에 그분 편에 속한 자들은 반드시 이긴다는 사실을 아는 것이 영적 전투를 위한 첫 번째 필수적인 지식이다.

영적 전투를 위한 필수 지식 (2): 용의 정체

저명한 기독교 변증가 C. S. 루이스(C. S. Lewis)는 용 혹은 사탄의 세력에 대한 두 가지 잘못된 태도가 있음을 지적한다. 하나는 용을 하찮게 또는 비실체로 보는 것이다. "귀신이 어디 있어"와 같은 태도이다. 다른 하나는 정반대로 용을 너무 대단하게 보는 것이다. 이 역시 잘못된 태도이다.

용에 대하여 기억해야 하는 사실은 먼저 "쫓겨났다"는 것이다. 7절부터 태고의 시점으로 돌아간다. 묵시문학이라는 형식에 담긴 책이 요한계시록이기에 시공간을 초월하여 자유롭게 왔다 갔다 하며 저자가 말하고자 하는 중심 주제를 말한다. 어느 때인지를 확정할 수는 없지만, 태곳적에 미가엘이 용과 싸우는데, 용이 미가엘을 이기지 못해 내쫓긴다. 용과 관련하여 계속해서 등장하는 표현이 "내어 쫓긴다"는 것이다. 이는 용이 하늘에서 권세를 잡지 못하고 패해 쫓겨난 자로서, 땅에서 총력전을 벌이고 있는 것이다. 그러나 용을 그렇게 만만한 존재로 보거나 비실체로 여겨서는 안 된다. 용은 강력한 악의 실체로 분명히 존재한다. 강력한 힘으로 세상을 이끌어가는 존재가 바로 용이다. 용은 오늘도 물질의 힘으로 사람들을 이끌어가고 있다.

정리하면 이렇게 용은 실재하는 세력이고 강력하지만, 이미 결정적으로 패배한 존재이고 영원한 패망이 확정된 자로서 으르렁거리는 존재이다. 이것을 분명히 알게 될 때 우리는 용의 공격 앞에 현명한 대처를 할 수 있다. 존 번연(John Bunyan)의 역작인 〈천로역정〉에 미스터 호인(好人)이라는 사람이 나온다. 그가 길을 가다가 사자 떼를 만났다. 칼을 빼 들어 싸우려고 하는데 이 사자 떼가 사슬에 묶여 있다. 거리를 유지하기만 하면 그 사자에게 피해를 당하지 않는다. 줄에 묶여 있으니 그 옆으로 지나가면 되는 것이다. 그것이 하늘에서 쫓겨난 용의 모습이다. 이렇게 용은 줄에 묶여 있기에 신자 된 우리를 물 수 없다. 그런데도 많은 신자가 용에게 물린다. 이유는 간단하다. 용이 주는 외적인 공포 효과 앞에서 두려움에 빠져 그만 미끄러져서 다리를 갖다 주기 때문이다. 그래서 용의 사정거리 안으로 들어가 물리게 되는 것이다.

그렇다면 용보다도 무서운 대적은 바로 마음이다. "모든 지킬 만한 것 중에 더욱 네 마음을 지키라 생명의 근원이 이에서 남이니라(잠 4:23)." 우리들의 병든 자아, 상처로 얼룩진 내면이 무서운 것이다. 만일 우리 자아 혹은 속사람이 두려움으로 가득 차면 용의 공격 앞에서 맥을 못 추게 된다. 그러므로 우리 내면이 건강해야 한다. 용의 운명을 확인하는 것으로 우리의 심령이 낙심하지 않도록, 두려움에 빠지지 않도록, 미움에 빠지지 않도록, 분열의 영에 사로잡히지 않도록 해야 할 것이다. 그럴 수만 있다면 용(사탄)의 세력은 우리를 장악하지 못한 채 결국 쫓겨나고 말 것이다.

영적 전투를 위한 필수 지식 (3): 광야의 반전

요한계시록 12장에서 광야에 대한 묘사는 매우 극적인 반전의 모습으로 소개된다. 광야로 들어갈 때와 나올 때의 모습이 확연하게 차이가 난다. 그렇게 광야를 소개하는 의도는 광야가 결코 손해가 되지 않는다는 것을 분명히 하려는 것이다. 다음의 두 구절을 주목해 보면 이것을 분명히 확인할 수 있다.

> 그 여자가 광야로 도망하매 거기서 천이백육십 일 동안 그를 양육
> 하기 위하여 하나님께서 예비하신 곳이 있더라 (계 12:6).
> 그 여자가 큰 독수리의 두 날개를 받아 광야 자기 곳으로 날아가
> 거기서 그 뱀의 낯을 피하여 한 때와 두 때와 반 때를 양육 받으매
> (계 12:14).

여기 광야를 매우 흥미롭게 설명하고 있다. 예수를 이기지 못한 용은 이제 여자(교회)를 공격한다. 용의 공격을 받은 여자가 어쩔 수 없이 광야로 피신한다. 그런데 그 광야에서 하나님은 그의 백성들을 기르신다.

즉 광야를 양육의 장소로 삼으시려고 예비하신 곳이라고 한다. 여자가 도망갈 때는 말 그대로 거칠고 메마른 광야였다. 위험을 피하기 위해 찾은 대피처이다. 현대적으로 말한다면 평온하게 살던 일상의 삶에 대적의 공격으로 폭탄이 떨어지고, 대적들이 군대를 몰고 쳐들어온다. 그래서 몇 가지 중요한 필수품만을 들고 삶의 자리에서 뛰쳐나와 방공호로 들어갔다. 전쟁 난민들을 생각해 보면 이해가 쉬울 것이다. 난민이되어 집을 잃고 거칠고 황량한 땅으로 가게 된 것이다. 아비규환과 같은 상황을 만나고 있다. 이것이 바로 광야로 도망하는 여인의 모습이다. 그런데 반전이 기다리고 있다. 이것을 "광야의 반전"이라고 부르고 싶다. 광야로 들어갈 때의 모습과는 달리 그 광야는 하나님이 오래전에 우리를 양육하기 위해서 준비해 놓으신 곳이다. 거기서 하나님은 그의 백성들을 빚어 가신다. 그로 인해 광야에서 나올 때까지 성숙한 하나님의 사람으로 변화되어간다. "대피처"로 시작된 광야가 "양육처"로 바뀌는 상상하기 힘든 반전이 펼쳐지게 된 것이다.

이러한 광야의 반전을 우리는 수도 없이 경험하며 살아간다. 우리 인생에서 감사할 대목은 광야의 시간을 지나게 된 것이다. 다시 광야로 가고 싶지는 않지만, 우리가 하나님과 가까워진 것은 바로 이 광야의 때였음을 인정하지 않을 수 없다. 광야는 언뜻 보면 대피처이기에 손해의 땅인 것처럼 느껴지지만, 실상은 광야 때문에 결코 손해되지 않는다. 오히려 시련의 광야는 우리를 키우시기 위해서 하나님이 디자인 해놓으신 곳이다. 양육처로서 광야는 하나님께서 우리를 빚어 가시는 곳이다. 인격의 성숙을 만드는 곳이다.

오래 살아도 제대로 된 광야를 거치지 않으면 여전히 자기중심적이다. 하나님을 믿어도 하나님 없이 산다. 자기 소견에 옳은 대로 이기적으로 산다. 자기 정당화만을 추구하며 산다. 반대로 나이가 어려 인생 경륜이 짧아도 광야를 지난 사람은 인격이 다르다. 남을 배려할 줄 알고, 다른 이들을 향한 섬김의 자리로 나아갈 수 있다. 이러한 면에서 본다면 광야는 "필요악"인 셈이다. 광야가 반드시 있어야만 한다. 광야를 만날 때 그곳이 하나님이 우리의 성숙을 위하여 예비하신 곳임을 기억해야 한다.

영적 전투를 위한 필수 지식 (4): 신자의 무기

마지막 네 번째, 영적 전투를 위해 요구되는 필수 지식은 믿음의 선배들이 영적 전투에서 사용한 무기를 아는 것이다. 우리보다 먼저 싸움에서 승리한 천상의 무리들이 승리의 비법에 대하여 이렇게 말하고 있다. "또 우리 형제들이 어린 양의 피와 자기들이 증언하는 말씀으로써 그를 이겼으니 그들은 죽기까지 자기들의 생명을 아끼지 아니하였도다(계 12:11)."

여기서 우리 믿음의 선배들은 두 가지 무기로 싸워 이겼음을 알 수 있다.

첫째는 예수님의 보혈이다. 주의 백성들은 모두 보혈의 능력으로 죄 사함을 받게 된다. 이렇게 어린 양의 보혈에는 능력이 있다. 우리의 싸움은 혈과 육의 싸움이 아니기에 무엇보다도 중요한 무기는 바로 어린 양의 보혈의 능력이다. 우리의 힘으로 이기는 것이 아니라 주님의 피의 능력을 힘입어 이기는 것이다.

둘째로 "증언하는 말씀", 즉 하나님의 말씀이다. 하나님의 말씀을 굳건하게 붙잡고, 말씀의 검으로 대적과 싸울 때 승리한다. 하나님의 말씀은 새로운 공기와 같다. 창문을 열면 건물 안에 나쁜 공기가 나가고 새 공기가 들어오듯이, 하나님의 말씀을 날마다 받을 때 새롭게 되는 것이다. 그때 새로운 힘과 능력을 공급받게 되는 것이다. 그렇다면 말씀을 가진 자의 승리는 내면의 승리라고 해도 과언이 아닐 것이다. 외적인 대적을 이기는 과정은 먼저 내면의 대적을 이기는 것에서 시작된다. 말씀으로 내면을 평정하고, 말씀의 검으로 우리 안에 도사리고 있는 대적을 날마다 이기는 사람은 그 어떤 외적인 대적이 우는 사자와 같이 달려든다고 해도 승리하게 될 것이다. 우리도 믿음의 선배들처럼 어린 양의 피와 그분을 증언하는 말씀을 끝까지 굳게 붙잡고 승리하는 삶을 살아야 한다.

맺음말

우리가 치르게 될 영적 전투에서 용의 세력이 아무리 강력해도 결국 우리는 승리할 수 있음을 확인했다. 만일 우리가 두려움에 붙잡히지만 않으면 반드시 승리하게 될 것이다. 이런 역설적인 말을 하고 싶다. 두려움을 극복하는 길은 두려워하는 것이라고…. 정말 두려워해야 할 것은 "두려움으로 인해 두려워하게 되는 것"이다. 모순적으로 들릴지 모르지만 두려움을 이기기 위해서는 두려워해야 한다. 참으로 우리가 두려워해야 할 분은 하나님이시다. 진정으로 두려워해야 할 분을 두려워하면, 두려워하지 말아야 할 세력으로부터 자유로울 수 있다. 사실은 우리가 가진 두려움 때문에 하나님의 능력을 제한하는 것이다. 그것이 두려운 일이다. 용을 두려워하는 것이 아니라 마땅히 두려워해야 할 분을 두려워하지 않는 것이 두려운 일이다. 우리는 두려움 때문에 착시현상을 갖는 것이다. 우리들의 운명은 승리이고, 이길 자임에도 두려움이 밀려와서 스스로를 패할 자라고 여기는 것이다. 두려움이 밀려오면 예수님의 제자들처럼 우리를 구원하러 오시는 주님을 유령이라고 여긴다(마 14:26). 이제 우리 안에 있는 거짓된 두려움을 날려버려야 한다. 하나님만 두려워하게 된다면 용의 세력이 어떤 도전을 한다고 해도 반드시 영적 전투에서 승리하게 될 것이다.

요한계시록 13:1-10

¹ 내가 보니 바다에서 한 짐승이 나오는데 뿔이 열이요 머리가 일곱이라 그 뿔에는 열 왕관이 있고 그 머리들에는 신성 모독 하는 이름들이 있더라 ² 내가 본 짐승은 표범과 비슷하고 그 발은 곰의 발 같고 그 입은 사자의 입 같은데 용이 자기의 능력과 보좌와 큰 권세를 그에게 주었더라 ³ 그의 머리 하나가 상하여 죽게 된 것 같더니 그 죽게 되었던 상처가 나으매 온 땅이 놀랍게 여겨 짐승을 따르고 ⁴ 용이 짐승에게 권세를 주므로 용에게 경배하며 짐승에게 경배하여 이르되 누가 이 짐승과 같으냐 누가 능히 이와 더불어 싸우리요 하더라 ⁵ 또 짐승이 과장되고 신성 모독을 말하는 입을 받고 또 마흔두 달 동안 일할 권세를 받으니라 ⁶ 짐승이 입을 벌려 하나님을 향하여 비방하되 그의 이름과 그의 장막 곧 하늘에 사는 자들을 비방하더라 ⁷ 또 권세를 받아 성도들과 싸워 이기게 되고 각 족속과 백성과 방언과 나라를 다스리는 권세를 받으니 ⁸ 죽임을 당한 어린 양의 생명책에 창세 이후로 이름이 기록되지 못하고 이 땅에 사는 자들은 다 그 짐승에게 경배하리라 ⁹ 누구든지 귀가 있거든 들을지어다 ¹⁰ 사로잡힐 자는 사로잡혀 갈 것이요 칼에 죽을 자는 마땅히 칼에 죽을 것이니 성도들의 인내와 믿음이 여기 있느니라

Αποκάλυψις Ιωάννου

28. 바다짐승의 도전과 교회의 응전

들어가며

요한계시록을 분모와 분자의 구조로 단순화시켜 설명하면, 12-14 장은 요한계시록 전체를 지탱하는 분모에 해당한다. 여기 분모에서 주로 다루고 있는 핵심 주제는 교회가 치르고 있고 치르게 될 "영적 전투(spiritual warfare)"이다. 분모의 메시지가 전체 요한계시록을 지탱하는 메시지를 발하면서, 그 위에 분자의 메시지가 전개되고 있다. 분자의 메시지는 승리하신 영광의 모습으로 교회들 가운데 계시며 교회를 붙잡고 있는 예수님의 모습(1장)을 필두로 이겨 놓은 싸움을 이기기 위해서 싸워내야 하는 일곱 교회 이야기(2-3장), 교회가 도달하게 될 하늘 보좌(4-5장) 그리고 연속으로 세상 속에 쏟아 부어지는 일곱 인 재앙(6장) – 일곱 나팔 재앙(8-9장) – 일곱 대접 재앙(15-16장)이 숨 가쁘게 전개되는 가운데 십사만 사천의 승리를 통한 교회의 안전(7장)과 책을 먹고 다시 가야 하는 두 증인의 사역을 감당해야 할 교회의 사명(10-11장)을 다루고 있다. 마지막으로 두 여인의 이야기를 대조하면서 심판으로 무너지게 될 바벨론(17-18장)이 물러가고, 그리스도의 재림(19장)과 천년 왕국(20장)을 지나 최종적으로 승리하게 될 어린 양의 신부인 새 예루살렘(21-22장)의 온전한 완성을 제시하는 것으로 분자가 구성되어 있다.

그러나 분자에서 말하고자 하는 교회의 승리 이야기는 결코 값싸게 주어지는 것이 아니다. 적당히 타협하는 교회가 자동적으로 얻는 공짜 선물도 아니다. 치열한 제자도의 길을 통하여 경험되고 누릴 구원이다. 이것이 바로 분모를 통해서 말하려는 것이다.

분모에서 제시되는 핵심 골자는 사탄 삼위일체 세력의 강력한 공격과 이에 대한 신앙 공동체인 교회의 맞짱 승부에 대한 것이다. 12장은 용(사탄)의 도전과 교회의 응전을 다루고, 13장은 바다짐승(적그리스도)과 땅 짐승(거짓 선지자)의 도전과 이에 대한 교회의 응전을 다룬다. 12장의 용과 함께 13장의 바다짐승, 땅 짐승 등은 사탄의 삼위일체 세력이다. 그들은 교회를 무너뜨리기 위해 융단 폭격을 한다. 용은 성부 하나님, 바다에서 올라온 짐승은 성자 예수님, 땅에서 올라온 짐승은 성령님을 패러디한다. 14장은 이러한 영적 전투의 결과가 어떠한지를 분명히 보여 준다. 십사만 사천으로 대변되는 하나님 나라 백성의 위대한 승전가가 울려 퍼지는 가운데 악의 세력들이 하나님의 진노의 포도주 틀에 밟히는 장면으로 맹렬한 심판의 대상임을 선명하게 그린다. 이러한 14장의 승리와 심판의 결국이 대조되며 세 천사의 외침이 중간에 나오는데, 거기에 음녀 바벨론이라는 존재가 거론된다. 그렇다면 사람을 미혹하여 악으로 이끄는 영적 세력은 요한계시록의 등장 순서를 따라 거명한다면 용, 바다짐승, 땅 짐승 그리고 음녀 바벨론이다. 교회를 미혹하는 얼굴마담 역할을 하는 존재는 뭐니 뭐니 해도 음녀이다. 그 뒤에 두 짐승 그리고 그 배후의 용이 인간을 움직이는 악한 영의 세력들이다. 이러한 영적인 세력들을 치열한 분투로 이기는 교회가 되어야 한다는 것이 요한계시록이 쉴 새 없이 반복적으로 강조하는 메시지인 것이다. 하나님 삼위일체 가운데 구원의 중심이 예수님이듯이, 사탄 삼위일체의 중심에는 바다짐승이 자리를 잡고 있다. 이제 그 바다에서 올라온 짐승의 도전 그리고 교회의 응전에 대하여 차례로 살펴보기로 하자.

바다짐승의 도전

바다짐승이 출몰하는 장소는 바다이다. 바다는 낭만적인 곳이 아니라 악이 출몰하는 곳이다. 오늘날 우리는 기분이 울적하면 바다가 보고 싶다고 한다. 연인들의 로맨스와 휴식과 재충전의 자리가 바다이다. 그러나 고대 근동 사람들에게 바다는 괴물이 출현하는 곳이다. 바다와 함께 악의 세력이 출몰하는 또 다른 한 곳이 뒤이어 나오는 메마른 땅이다. 그래서인지 판타지 영화 같은 것을 보면 바다와 지하 세계가 악의 세력들이 빈번하게 출몰하는 장소로 쓰인다.

바다짐승을 자세히 보자. 바다짐승은 뿔이 열이고 머리가 일곱이다 (1절). 뿔이 열이라는 것은 일단 용의 열 뿔을 모방하는 것(계 12:3)으로 용과 동등한 권능을 가지고 있는 존재임을 말한다. 그 권능으로 거짓된 것을 찬탈한 존재이다. 머리가 일곱이라는 것에서 이 바다짐승이 얼마나 악한 쪽으로 영악한 존재인지를 짐작할 수 있다. 더 나아가 본문 3절에 보면 바다짐승은 용을 모방할 뿐만 아니라 예수님을 모방하고 있다. "그의 머리 하나가 상하여 죽게 된 것 같더니 그 죽게 되었던 상처가 나으매 온 땅이 놀랍게 여겨 짐승을 따르고." 여기서 죽게 되었던 상처가 나았다는 것은 예수님이 십자가에서 죽으시고 다시 살아나신 것을 패러디하는 것이다. 예수님과 맞짱을 뜨는 존재로 바다짐승은 적그리스도인 것이다. 적그리스도(anti-Christ)의 존재에 대하여 너무 복잡하고 난해하게 설명하면 안 된다. 말 그대로 그리스도를 반대하는 세력이라는 뜻이다. 그리스도를 믿고 따르는 것을 가로막는 세력이다. 그러한 세력은 무수히 많을 것이다. 그 세력은 사람일 수도, 단체일 수도, 사상이나 이념일 수도 있다. 실존적으로 우리를 신앙적인 영역에서 늘 넘어지게 하는 세력이라고 봐도 무방할 것이다. 이렇게 적그리스도란 넓은 의미로 보면 그리스도를 반대하는 세력들이고, 그 세력들의 우두머리가 바로 바다짐승이다.

그렇다면 요한계시록이 쓰일 당시에 적그리스도는 누구였을까? 바로 로마 황제였다. 로마 황제는 속국의 사람들에게 자신을 신과 같은 존재로 인정하는 표시로 경배하게 했기 때문이다. 그러한 적그리스도인 로마 황제를 오늘날에 "다중적 의미"로 적용할 수 있을 것이다. 오늘날 적그리스도적 존재는 로마 황제와 같은 한 역사적인 인물이 될 수 있다. 그러나 반드시 그렇게만 연결 지어서는 안 될 것이다. 다양한 형태로 우리에게 다가와 그리스도를 향한 신앙의 길을 가로막는 세력들로 볼 수도 있을 것이다.

바다짐승이 성도를 공격해 이루려는 궁극적 목적은 무엇인가? 그것은 하나님을 훼방하여 경배의 대상을 바꾸도록 만드는 것이다.

> 그가 먼저 나온 짐승의 모든 권세를 그 앞에서 행하고 땅과 땅에
> 사는 자들을 처음 짐승에게 경배하게 하니 곧 죽게 되었던 상처가
> 나은 자니라(계 13:12).

땅 짐승은 모든 권세를 사용해 땅에 사는 사람들에게 먼저 나온 바다
짐승(적그리스도)을 경배하게 한다. 그렇다면 땅에 사는 사람들은 누구를
경배의 대상으로 삼아야 할지 결정해야 한다. 그 둘 사이의 중간은 없
다. 결국 땅에 사는 사람 가운데 무신론자는 없는 것이다. 인생은 예수
님 편에 서든지, 용과 바다짐승 편에 서든지 둘 중 하나를 선택할 수밖
에 없다. 하나님의 형상으로 창조된 인간 존재의 내면에는 텅 빈 공간
이 있다. 인간은 내면을 하나님으로 채우도록 디자인된 존재이다. 인류
의 타락으로 인해 이러한 하나님의 계획은 깨어지고 만다. 하나님을 만
나야 진정한 의미를 찾고 아름다운 꽃으로 피어오를 수 있는데, 인간의
타락으로 하나님 외에 다른 방식으로 행복할 수 있다는 거짓된 가능성
이 제시된다. 유사하지만, 그러나 거짓으로 드러날 수밖에 없는 것으로
인간의 내면을 채우게 하는 세력이 바로 바다짐승이다. 이를 위하여 하
나님을 훼방하고 경배하지 못하도록 필사의 노력을 다한다.

바다짐승의 공격 무기는 큰 말과 신성모독적인 말이다. 바다짐승의
모습 가운데 성경이 강조하는 대목은 그의 입이다. 그의 입은 사자의
입 같은데 그 입으로 과장되고 신성모독적인 말을 쏟아내서 사람들을
미혹한다. 그 바다짐승의 무기가 5절에 잘 소개되어 있다.

> 또 짐승이 과장되고 신성 모독을 말하는 입을 받고 또 마흔두 달
> 동안 일할 권세를 받으니라(계 13:5).

흔히 말이 인격의 척도가 된다. 바다짐승이 과장하는 신성모독을 말하는 입을 가지고 있다는 것은 그의 정체를 알게 한다. 그는 "자기 확대"로 점철된 존재이다. 무엇인가를 과장하는 것은 자기가 가지고 있는 그 이상으로 자신을 높인다는 뜻이다. 이러한 자기 확대는 끝내 신성모독으로 이어질 수밖에 없다. 하나를 가지고 있는데, 엄청나게 많은 것을 가지고 있다고 하면 과장이다. 그렇게 과장이 극대화되면, 자기 신격화의 자리에 앉게 된다. 결국에 자신을 경배의 대상으로 올려놓게 된다.

아람의 어느 현자가 "혀의 위대한 저장고는 마음"이라고 했다. 인간의 말은 저장고 역할을 하는 마음에서 나온다는 것이다. 마음으로 생각한 것이 말로 나온다. 이렇게 마음은 우리 존재의 중심이다. 그러기에 성경에서 가장 강조하는 것이 인간의 마음이다. 누구도 우리를 벼랑 끝으로 떨어뜨리지 않는다. 우리 마음이 낙심되고 피해의식에 빠져있을 때, 자기 스스로 벼랑 끝으로 발을 내딛게 되는 것이다. 마음이 이렇게 중요하다. 예수님을 만나서 우리의 마음이 바뀌지 않으면 기독교는 종교에 그친다. 말이란 마음에서 형성된 것을 외적으로 드러내는 표시이자 표현이기에 그 존재의 본질이 말로 드러나게 되는 것이다. 바다짐승의 본질은 예수님의 자리를 찬탈하고 자신을 경배케 하는 신성모독자이다. 흥미로운 것은 적그리스도 세력과 대척점에 서 있는 구원받은 14만 4천의 묘사 가운데 하나가 입을 주목하고 있는 점이다. 그들은 입으로 찬양한다. 그들의 본성을 다음과 같이 묘사한다.

> 그 입에 거짓말이 없고 흠이 없는 자들이더라(계 14:5).

바다짐승의 입은 거짓을 말하는 데 반해, 성도들은 입에 거짓이 없다. 이들은 신성모독하고 과장되게 말하는 바다짐승의 도전 앞에 끝까지 견딘 자들이다. 그들은 입을 지킨 사람들이다. 입을 지킨다는 것은 마음을 지키는 것이다. 이들이야말로 흠 없는 자들인 것이다.

바다짐승을 향한 교회의 응전

이제 13장 1-10절의 최고 하이라이트로 나아가 보자. 바다짐승의 정체나 도전보다 더 중요한 것이 있다면 그를 향한 교회의 대응일 것이다. 바다짐승의 공격 앞에서 교회는 어떤 자세를 취해야 하는가? 이에 대하여 10절을 주목해 볼 필요가 있다.

> 사로잡힐 자는 사로잡혀 갈 것이요 칼에 죽을 자는 마땅히 칼에 죽
> 을 것이니 성도들의 인내와 믿음이 여기 있느니라(계 13:10).

악의 세력은 우리가 굳게 붙잡고 있는 진리 혹은 진실을 빼앗으려고, 과장하고 신성모독을 한다. 그런 존재를 향한 교회의 응전 카드는 인내이다. 주의 백성들이 적그리스도의 세력에게 마음과 입을 빼앗기지 않고 진리를 사수하려면 인내가 필요하다. 요한계시록은 인내의 책이다. 인내로 끝까지 견디기를 독려하기 위해 쓰인 책이다. 흥미로운 대목은 계시록에서는 믿음보다 인내가 앞선다는 점이다. 좀 더 엄밀하게 말하면, 인내와 믿음으로 묘사하기보다는 '인내하는 믿음'이라고 할 수 있다. 인내가 동반되어야 믿음이 믿음의 역할을 하게 된다는 뜻이다. 이렇게 인내를 중시하고 있다. 요한계시록 1장 9절을 보자.

> 나 요한은 너희 형제요 예수의 환난과 나라와 참음에 동참하는 자
> 라 하나님의 말씀과 예수를 증언하였음으로 말미암아 밧모라 하는
> 섬에 있었더니(계 1:9).

여기서 참음이란 인내를 말한다. 우리 인생에는 다 고비가 있다. 성공을 향해 걸어가는데 고비가 없는 사람은 없다. 반드시 고비사막을 넘어야 한다. 신앙의 길도 마찬가지이다. 최후 승리를 얻으려면 반드시 인내의 미덕을 배워야 한다. 이기는 자가 되려면 참음을 배워야 한다. 에베소 교회는 인내했기 때문에 칭찬을 받았다(계 2:2). 두아디라 교회에게도 "네 인내를 안다"고 말한다(계 2:19). 빌라델비아 교회에게도 "인내의 말씀을 지켰다"고 한다(계 3:10). 이렇게 성도의 인내에서 믿음이 나온 것이라면, 신앙의 싸움은 누가 더 열심을 내느냐가 아니라 누가 더 오래 참을 수 있느냐에 달린 것이다. 그렇다면 왜 성경은 바다짐승이 성도들과 싸워 이기는 장면을 먼저 말한 후에(7절), 교회를 향해 인내하는 믿음으로 끝까지 전투해야 한다고 할까? 세 가지 교훈을 생각해 보자.

영적 교훈 (1): 방심하지 말라

신앙인에게 익숙한 말은 "악의 도전이 있지만, 결국 교회는 승리한다"는 것이다. 그러나 다음 구절은 이러한 생각을 여지없이 무너뜨린다.

> 또 권세를 받아 성도들과 싸워 이기게 되고 각 족속과 백성과 방언
> 과 나라를 다스리는 권세를 받으니(계 13:7).

우리 눈을 의심케 만든다. 권세를 받아 이기는 쪽이 악의 세력이다. 왜 바다짐승이 이기는가? 이것을 통해 무엇을 말하려는 것인가? 그것은 한마디로 바다짐승이 결코 만만한 존재가 아님을 알게 하려는 것이다. 바다짐승이 성도들을 이기는 것을 통해 바다짐승이 얼마나 강력한지를 보여준다. 악의 세력 앞에 교회가 취하는 가장 어리석은 자세는 방심이다. 저절로 이기는 것이 아니다. 방심치 않고 분투해야만 이길 수 있다고 말하려는 것이다.

영적 교훈 (2): 낙심하지 말라

그러나 악의 세력이 강하다고 낙심할 필요는 없다. 희망의 메시지를 발견해야 한다. 바다짐승이 만만히 여길 대상은 아니지만, 그렇다고 해서 이길 수 없는 대상도 결코 아니다. 왜냐하면 그 승리는 단지 일시적인 승리이기 때문이다. 이러한 사실이 5절에 잘 나와 있다.

> 또 짐승이 과장되고 신성 모독을 말하는 입을 받고 또 마흔두 달
> 동안 일할 권세를 받으니라(계 13:5).

중요한 것은 그가 신성 모독하는 입을 받았다는 점을 강조하는 것이다. 여기에 "입을 받고"라는 것은 수동태이다. 누군가 배후에서 허락해 주는 존재가 있다는 뜻이다. 그 배후에 계신 분이 하나님이시다. 그렇다면 이것은 바다짐승이 하나님의 통제하에 있음을 의미한다. 또한 바다짐승이 마흔두 달 동안 일할 권세를 받았다고 한다. "마흔두 달"이라는 것은 짧은 기간을 의미한다. 교회가 바다짐승에게 핍박과 환란을 당

하는 기간은 마흔두 달이다. 대신에 요한계시록 20장에서 확인할 수 있는 것처럼, 교회가 왕적 권세로 통치하는 기간은 천년이다. 잠시 지나가는 소나기 앞에서 좌절하지 말고, 천년의 통치자로 일어서라는 것이다. 이렇게 바다짐승이 성도들을 이기는 것 같은 상황이 절망적이지만, "받고"라는 단어와 "마흔두 달"이라는 단어를 보면 넉넉한 희망을 챙길 수 있다.

영적 교훈 (3): '이미'와 '아직' 사이에서 역전을 확신하라

신앙은 어떻게 큰 그림을 바라보며 나아갈 수 있느냐의 싸움이다. 눈 앞에 펼쳐지는 장면은 하나님의 사람들이 바다짐승에 의해서 고난당하고 뿔뿔이 흩어지는 광경이다. 그러나 더 큰 그림에서 성도들의 운명을 살펴보면 19장에 있는 것처럼 어린 양의 신부가 된다. 더 나아가 21-22장에 가면 찬란한 영광의 도성인 새 예루살렘이 나타난다. 이러한 최종적이고 궁극적인 큰 그림 속에서 우리가 직면한 고난과 핍박의 현실을 바라보면서 나가야 한다. 신자의 판단 기준은 지금 눈 앞에 펼쳐지는 현실이 아니라 궁극적으로 눈 앞에 펼쳐지게 될 현실이다. 착시현상에 속지 말아야 한다. 오늘의 현실 앞에 장단을 맞추지 말아야 한다. 우리의 기준점은 최종적 운명 앞에서 우리가 누구인지를 확인하고 땅의 것만을 바라보지 않고, 위의 것, 영원을 추구하며 나아가는 것이다.

생각해 보라! 앞으로 100년이 지나면 멋진 휴가나 고급 벤츠로 차를 바꾼다는 사실이 그리 중요하지 않을 것이다. 그때는 당신이 예수 그리스도에게 헌신했느냐가 중요할 것이다. 정말 중요한 것은 하나님 안에서의 헌신, 하나님과 우리의 관계이다. 그분 안에서 온전한 내가 되는 것이 더 중요하다는 것이다. 기준이 달라져야 한다. 나의 기준을 찰나적으로 지나가는 것에 두어서는 안 된다. 100년 뒤에도 남을 수 있는 것에 줄을 서야 한다. 지나가는 세상에 일희일비하지 말자. 겉사람은 후패하나 속사람이 날로 강건해지는 쪽에 모든 것을 걸고 달려가야 한다.

또한 이렇게 큰 그림을 보면서 '이미'와 '아직'을 살아가는 우리의 삶의 자리 속에 그분의 역전 드라마가 펼쳐질 것을 확신해야 한다. 마지막 날에만 승리하는 것이 아니라 오늘의 현실 속에서도 반전의 드라마가 얼마든지 펼쳐질 수 있다. 이 사실을 확신하는 자들은 어떤 환경을 만나도 한나가 그러했듯이 기도로 문제를 풀고, 마침내 위대한 역전을 노래하는 자리로 나아가게 될 것이다. 하나님이 일할 수 있는 조건, 영적 환경을 만들어야 한다. 그것이 기도다. 기도는 아무나 못 한다. 현실을 움직이는 절대 변수로 하나님을 인정할 때 기도하게 된다. 내 인생을 인도하는 절대 변수가 사람이나 환경이 아니라 하나님임을 고백할 수 있어야만 그분께 겸손히 무릎을 꿇을 수 있다. 그런 절박한 기도의 자리에서 하나님은 한나를 만나주셨다. 닫혔던 태가 열리고, 잉태하는 위대한 반전의 역사가 펼쳐지게 되었다. 하나님을 절박하게 바라봄으로 위대한 역전의 드라마를 오늘의 현실 속에서 맛보는 우리 모두가 되자.

¹¹ 내가 보매 또 다른 짐승이 땅에서 올라오니 어린 양 같이 두 뿔이 있고 용처럼 말을 하더라 ¹² 그가 먼저 나온 짐승의 모든 권세를 그 앞에서 행하고 땅과 땅에 사는 자들을 처음 짐승에게 경배하게 하니 곧 죽게 되었던 상처가 나은 자니라 ¹³ 큰 이적을 행하되 심지어 사람들 앞에서 불이 하늘로부터 땅에 내려오게 하고 ¹⁴ 짐승 앞에서 받은 바 이적을 행함으로 땅에 거하는 자들을 미혹하며 땅에 거하는 자들에게 이르기를 칼에 상하였다가 살아난 짐승을 위하여 우상을 만들라 하더라 ¹⁵ 그가 권세를 받아 그 짐승의 우상에게 생기를 주어 그 짐승의 우상으로 말하게 하고 또 짐승의 우상에게 경배하지 아니하는 자는 몇이든지 다 죽이게 하더라 ¹⁶ 그가 모든 자 곧 작은 자나 큰 자나 부자나 가난한 자나 자유인이나 종들에게 그 오른손에나 이마에 표를 받게 하고 ¹⁷ 누구든지 이 표를 가진 자 외에는 매매를 못하게 하니 이 표는 곧 짐승의 이름이나 그 이름의 수라 ¹⁸ 지혜가 여기 있으니 총명한 자는 그 짐승의 수를 세어 보라 그것은 사람의 수니 그의 수는 육백육십육이니라

Αποκάλυψις Ιωάννου

29. 땅 짐승의 도전과 교회의 응전

들어가며

사탄 삼위일체의 세 번째 세력은 땅에서 올라온 짐승이다. 12장에 등장하는 용이 성부 하나님을, 13장 1-11절의 바다짐승이 성자 예수님을 모방했다면, 땅 짐승은 성령 하나님을 패러디하는 거짓된 모조품이다. 땅에서 올라온 짐승의 도전은 무엇이고, 그에 대한 교회의 응전은 무엇인가? 이 질문에 답을 찾는 과정에서 우리는 그동안 지나친 공상이나 억측에 근거해 의미를 부여한 "666"에 대한 오해를 바로잡을 수 있다.

요한계시록 13장에서 가장 흥미로운 관심거리는 두말할 필요도 없이 666에 대한 이해일 것이다. 666을 어떻게 이해할 것인지에 대한 해답을 위한 실마리는 '성경을 문맥 가운데서 읽어야 한다'라는 매우 단순한 해석 원리를 존중하는 데서 찾을 수 있을 것이다. 요한계시록을 크게 보면 세 부분으로 나눌 수 있다. 요한계시록의 전체 주제를 하나님 나라 계획의 온전한 완성의 이야기라고 본다면, 1-5장까지는 (일곱 교회를 향한 공통의 메시지인) 이기는 자가 되어, 하늘 보좌에 이르게 한다는 하나님 나라의 플랜을 선언한다. 6-16장은 하나님 나라 계획의 완성을 위한 세상의 심판과 교회를 향한 메시지이다. 세상에 대한 심판은 7인 – 7나팔 – 7대접으로 대변되는 일곱 재앙 시리즈를 통하여 점진적 반복의 방식으로 영상화하고 있다. 그러한 일련의 재앙들이 직선적으로, 연속해서 나오기보다는 중간에 막간들을 두고 전개되는데, 그 막간들은 크게 세 가지로서, 7장에서 "교회의 안전"을, 10-11장에서 "교회의 사명"을 그리고 12-14장에서 "교회의 전투"를 권하고 있다. 17-22장은 마지막 섹션으로 하나님 나라의 최종적인 완성의 모습을 악의 배후의 세력들 심판과 새 예루살렘의 등장이라는 대조적인 방식으로 제시하고 있다. 17-18장에서는 사람들을 거대한 자본으로 미혹하는 바벨론의 멸망, 19장에서 그리스도의 재림과 함께 바다짐승과 땅 짐승의 멸망 그리고 20장에서 천년 왕국과 악의 우두머리인 용의 멸망을 다룬다.

이렇게 악의 배후 세력들이 다 물러가고 나서 21-22장에서는, 새 하늘과 새 땅이 펼쳐지는 자리에 새 예루살렘이 찬란한 성으로 하늘에서부터 내려오는 것으로 하나님 나라 플랜의 대미를 장식한다. 이러한 큰 구조(〈그림 1〉 참조) 속에서, 우리가 지금 다루고 있는 666은 교회의 전투를 명하는 자리에 들어와 있는 땅 짐승이 만든 바다짐승에 대한 우상이다. 왜 666이 등장해야 하는지를 살펴보기 위해서, 땅 짐승은 과연 누구인지를 이야기해 보려고 한다.

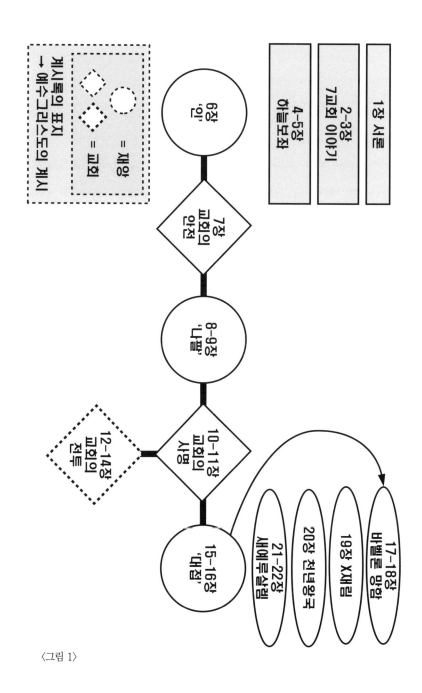

〈그림 1〉

땅에서 올라온 짐승의 도전

땅 짐승의 정체 : 성령을 패러디하는 거짓 선지자

땅에서 올라온 짐승은 성령을 모방한 존재로, 바다짐승을 위한 거짓 선지자를 대변한다. 바다짐승은 요한계시록이 쓰일 당시에 교회를 핍박하던 로마 황제이고, 땅 짐승은 바로 그 로마 황제를 위한 거짓 선지자들이다. 바다짐승을 논의하는 자리에서, 바다가 그저 낭만의 장소가 아니라 악이 출몰하는 곳이라고 했듯이, 땅도 역시 지하세계의 악이 출몰하는 곳이다. 용은 성부 하나님을 흉내 내는 악의 세력의 우두머리이고, 바다짐승은 그리스도와 대비되는 적그리스도다. 땅 짐승은 성령을 모방하는 존재로, 거짓 선지자이다. 예수 그리스도의 사역을 생각나게 하고 적용하기 위하여 성령님이 오셨듯이, 땅 짐승도 바다짐승의 영으로 와서 사람들을 바다짐승에게 접목해 그를 경배하게 한다. 이러한 미혹적 삼위일체 세력들이 교회를 넘어뜨리려고 한다.

땅 짐승의 모습 : 어린 양의 두 뿔과 용의 말

> 내가 보매 또 다른 짐승이 땅에서 올라오니 어린 양 같이 두 뿔이
> 있고 용처럼 말을 하더라(계 13:11).

이것이 땅에서 올라온 짐승의 외모이다. 겉으로는 어린 양 같은 모습을 하고 있으나 용처럼 말을 한다. 땅 짐승이 기만자로서, 그의 진정한 본질은 용과 같은 속성을 가진 존재라는 것이다. 땅 짐승은 사람을 유

혹하여 파멸의 자리로 이끄는 거짓 선지자로, 오늘날에도 이런 거짓 선지자들이 사람들을 꾀고 성도들을 공격해 온다.

땅 짐승의 존재 목적 : 바다짐승을 위한 충성 강요

> 그가 먼저 나온 짐승의 모든 권세를 그 앞에서 행하고 땅과 땅에
> 사는 자들을 처음 짐승에게 경배하게 하니 곧 죽게 되었던 상처가
> 나은 자니라(계 13:12).

12절에서 죽게 되었던 상처가 나은, 먼저 나온 짐승은 바다짐승을 지칭한다. 땅 짐승의 존재 목적은 "처음 짐승(바다짐승)에게 경배하게" 하는데 있다. 성령의 존재 목적이 예수 그리스도를 드러내고 영화롭게 하는 것이듯, 마찬가지로 거짓 선지자인 땅 짐승은 적그리스도인 바다짐승을 드러낸다. 이런 거짓 선지자의 세력 앞에 사람들이 넘어지게 되어, 적그리스도의 세력을 경배하는 자리에 이르게 되는 것을 본다.

땅 짐승의 미혹 방편 : 기적과 표적

사람들은 왜 미혹자인 땅 짐승에게 넘어지는가? 그 이유는 이미 밝힌 것처럼, 양의 탈을 쓴 용이기 때문이기도 하지만, 그것이 전부는 아니다. 더 강력한 무기를 사용하기 때문이다. 그것이 바로 이적과 표적이다. 땅 짐승은 큰 이적을 행한다. 그의 사역을 통하여 병자도 일어나고 표적도 나타난다. 초자연적인 현상이 일어나면, 사람들은 무장해제된다. 신비의 세계를 경험하면, 잘난 사람들도 분별력이 있는 지성인들

도 여지없이 무릎을 꿇는다. 오늘날에도 이단들이 근절되지 않는 이유가 바로 이것이다. 이단에도 이적이 나타나기 때문이다. 성경이 지도자를 평가하는 기준은 열매이다. 주님을 닮은 모습이 평가 기준이 되어야 한다. 은사도 아니고, 기적과 표적도 아니다. 그런데 세상은 열매로 사람을 평가하지 않기 때문에, 기적과 이적에 현혹되고 그 앞에 머리를 숙이게 된다. 그때 땅 짐승은 사람들을 바다짐승에게로 이끌고 간다. 이를 통해 황제 숭배를 가속하는 존재가 바로 거짓 선지자이다.

교회의 응전

중요한 것은 적의 어떠함이나 도전이 아니다. 크리스천이 관심을 기울여야 하는 것은, 교회의 응전이다. 땅 짐승의 도전에 대한 교회의 응전은 "문맥을 존중하라", "의도를 존중하라" 그리고 "영적 분별력을 가지라"로 정리할 수 있다.

문맥을 존중하라 : 666의 문맥

> 그가 권세를 받아 그 짐승의 우상에게 생기를 주어 그 짐승의 우상으로 말하게 하고 또 짐승의 우상에게 경배하지 아니하는 자는 몇이든지 다 죽이게 하더라 그가 모든 자 곧 작은 자나 큰 자나 부자나 가난한 자나 자유인이나 종들에게 그 오른손이나 이마에 표를 받게 하고 누구든지 이 표를 가진 자 외에는 매매를 못 하게 하니 이 표는 곧 짐승의 이름이나 그 이름의 수라(계 13:15-17).

교회를 향한 땅 짐승의 공격과 이에 대한 교회의 전투라는 시각에서 본다면, 특히 13장 15절의 빛 아래서 생각해 본다면, 666의 메시지는 호기심을 자극하는 것이 아니라 "교회여 일어나라"라는 것이다. 666은 바다짐승의 우상이다. 여기 "짐승의 우상"은 땅 짐승이 기획해서 만든 바다짐승의 형상이다. 이 바다짐승의 우상에 생기를 불어넣고 말하게 하는 존재는 땅 짐승이다. 바다짐승의 우상을 경배하지 않으면 어떻게 되는가? 15절처럼, 죽임을 당하게 된다. 또한 16-17절처럼 바다짐승의 우상에게 절하지 않으면, 그것을 인정해 주는 표를 받지 못하게 되어 경제행위가 불가능해진다. 바다짐승이 이끄는 세상은 그 당시 로마인 바벨론이다. 바벨론은 크고 화려한 외적인 것을 존중하는 물질주의적 가치관으로 세상을 지배한다. 바다짐승이라고 할 수 있는 로마 황제는 이런 바벨론 제국의 통치자이다.

그가 자신을 경배하지 않으면 죽이게 한다는 것을 보면, 제국의 폭력적인 박해가 있었던 것을 짐작할 수 있다. 또한 매매할 수 없게 한다는 것은 바벨론 제국이, 일상에서의 경제적 제약도 가했던 것이 분명하다. 이러한 위협적인 제국의 공격과 일상의 자리에 찾아온 경제적 한파로 인하여, 세상은 말할 것도 없고 신앙인들마저도 변절하는 일이 속출했다. 그들의 정체성 교육에 사람들이 물들어서, 황제만이 나의 주군이라고 돌아선 자들이 많았다. 그런 자리에서 교회를 다시 깨어나게 하려는 것이 요한계시록의 저술 의도 가운데 하나이다. 그들에게 악의 세력의 실상을 폭로시켜서 돌아서게 하려고 666을 말하는 것이다.

의도를 존중하라 : 폭로의 의도

그렇다면 짐승의 우상 세력을 성경은 어떻게 폭로하고 있는가? 성경적 폭로의 핵심은 666이 대단한 것이 아니라 '사람'을 상징하는 숫자에 불과하다는 것에 있다. 결국 신적인 존재가 아닌 사람의 존재가 666의 세력인데, 왜 거기에 고개를 숙이는지에 대하여 도전하려는 것이다. 이러한 의도가 무시되고, 그동안 한국 교회에서는 666을 엉뚱한 해석으로 풀어냈다. 많은 시한부 종말론자들이 666을 바코드로 가르쳐 왔고, 요즈음에는 한 걸음 더 나아가 베리칩(verichip)으로 연결한다. 베리칩을 이마나 손에 심어야 경제행위를 할 수 있다고 하니까, 어떤 교회는 밭을 사서 마지막 시대에 자급자족하며 버티어 내야 한다고 교인들을 독려하고 재산을 몰수하는 일까지 서슴지 않는다고 한다. 이는 666에 대한 오해에 기인한 것이다.

주석가 윌리엄 헨드릭슨(William Hendriksen)의 666에 대한 해석을 보면, 하나님의 숫자는 7이고 인간의 숫자는 6이라고 한다. 666 세력은 하나님을 패러디한다지만 하나가 부족하다. 그것도 6이 세 번 연속으로 뭉쳐 있다. 무엇을 말하려는 것인가? 삼세판 망하는 존재라는 의미이다. 패망의 세력, 또 한 번의 패망의 세력, 영원한 패망의 세력. 이것이 바다짐승의 우상 666이다(Hendrikson, 2015, 275). 당시 로마 황제를 거론하기 어려우니, 게마트리아(Gematria)라는 숫자 조합을 활용하여 어느 특정 인물을 알리려고 시도한 것이다. 그의 정체를 대부분 네로 황제라고 본다. 만일 그가 네로 황제라면 요한계시록의 연대는 박해 초기에 저술된 것으로 보아야 한다. 그런데 대부분 요한계시록의 연대를 A.D 95년경,

도미티안 황제 때 쓰인 것으로 파악한다. 그렇다면 네로의 성격을 가지고 있는 도미티안 황제가 666이 되는 셈이다. 666은 영원한 멸망의 수이다. 666의 세력이 기적을 일으킨다고 해도, 우리는 짝퉁의 세력 앞에 고개를 숙일 수 없다. 고개 숙이는 대신에 오히려 그들의 정체를 분명히 확인하고, 그들과 '전투'해야 할 것을 명하는 의도로 요한계시록은 쓰인 것이다.

분별력을 가지라 : 종말의 분별

> 지혜가 여기 있으니 총명한 자는 그 짐승의 수를 세어 보라 그것은 사람의 수니 그의 수는 육백육십육이니라(계 13:18).

교회의 응전 카드는 "지혜"이다. 용을 향한 응전의 카드가 어린 양의 피의 능력과 하나님의 말씀에 대해 죽기까지 헌신하는 것이었다(계 12:11). 바다짐승에 대한 응전 카드는 인내와 믿음이었다(계 13:10). 이제 땅 짐승에 대한 응전 카드는 지혜이다. 분별하는 지혜를 가지고 666의 세력과 싸워야 한다. 여기 지혜를 가진 총명한 자는 하나님의 말씀으로 악의 세력을 분별하는 자를 의미한다. 앞에서 언급했듯이, 언제나 열매로 지도자를 분별하라고 말씀하신다. 666은 사람의 숫자이고, 하나님만이 절대적인 존재이다. 인간은 잠시 권력을 가진 존재에 불과하고, 하나님만이 영원하신 분이다. 분별력을 가지고 보면, 답이 분명히 나온다. 누구에게 경배해야 하는가? 오직 하나님께만 경배해야 한다. 땅 짐승과 그가 만든 666의 세력을 올바르게 분별하여, 마지막 시대에 승리의 삶을 힘 있게 살아가는 우리가 되자.

요한계시록 14:1-5

¹ 또 내가 보니 보라 어린 양이 시온 산에 섰고 그와 함께 십사만 사천이 서 있는데 그들의 이마에는 어린 양의 이름과 그 아버지의 이름을 쓴 것이 있더라 ² 내가 하늘에서 나는 소리를 들으니 많은 물 소리와도 같고 큰 우렛소리와도 같은데 내가 들은 소리는 거문고 타는 자들이 그 거문고를 타는 것 같더라 ³ 그들이 보좌 앞과 네 생물과 장로들 앞에서 새 노래를 부르니 땅에서 속량함을 받은 십사만 사천 밖에는 능히 이 노래를 배울 자가 없더라 ⁴ 이 사람들은 여자와 더불어 더럽히지 아니하고 순결한 자라 어린 양이 어디로 인도하든지 따라가는 자며 사람 가운데에서 속량함을 받아 처음 익은 열매로 하나님과 어린 양에게 속한 자들이니 ⁵ 그 입에 거짓말이 없고 흠이 없는 자들이더라

Αποκάλυψις Ιωάννου

30. 새 노래를 부르는 사람들

들어가며

이미 설명했듯이 요한계시록 12-14장은 "영적 전투"라는 큰 주제로 묶을 수 있는 세 번째 막간(삽입 전투)이다(〈그림 2〉 참조). 12장이 악의 우두머리에 해당하는 용의 도전과 교회의 응전이라면, 13장은 두 짐승, 즉 바다에서 올라온 짐승과 땅에서 올라온 짐승의 도전과 교회의 응전에 대하여 다루고 있다. 요한계시록은 우리가 아는 것처럼 치열한 영적 전투를 그리고 있는 책으로서 그러한 내용이 가장 분명하게 강조되는 부분이 바로 12-14장이라고 할 수 있다. 이러한 측면에서, 12-14장을 요한계시록의 내용 전체를 떠받치고 있는 하부구조나 분모에 해당한다고 보는 것이다. 우는 사자처럼 달려드는 사탄의 세력 앞에서 긴장을 늦추지 말고 영적 전투에 임하라는 메시지를 기본 논조로 깔고, 12-14장의 각 장의 세부 주제들을 제시하고 있다. 14장은 12-13장에 벌어지고 있는 영적 전투의 결과를 다루고 있다. 사탄 삼위일체 세력과 교회의 전

점진적 해석법 → 시간적 해석법 (역사의 흐름)

제1인 제2인 제3인 제4인 제5인 제6인 삽입인전 제7인

제1나팔 제2나팔 제3나팔 제4나팔 제5나팔 제6나팔 삽입7시나팔 제7나팔

12-14장 삽입

제1대접 제2대접 제3대접 제4대접 제5대접 제6대접 제7대접

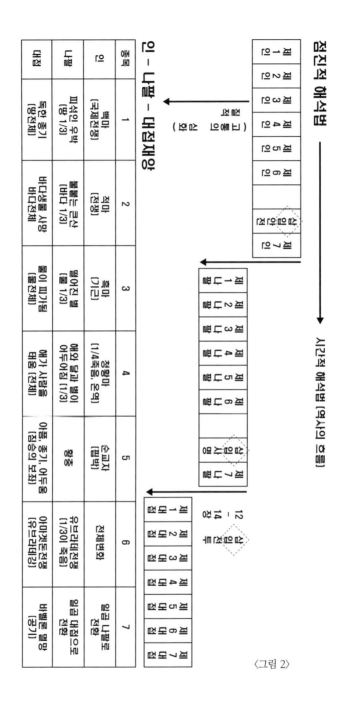

〈그림 2〉

인 - 나팔 - 대접재앙

종목	1	2	3	4	5	6	7
인	백마 (국제전쟁)	적마 (전쟁)	흑마 (기근)	청황마 (1/4죽음, 온역)	순교자 (말씀)	전체변화	일곱 나팔로 전환
나팔	피섞인 우박 (땅 1/3)	불붙는 큰산 (바다 1/3)	떨어진 별 (물 1/3)	해와 달과 별이 어두어짐 (1/3)	황충	유브라데전쟁 (1/3의 죽음)	일곱 대접으로 전환
대접	독한 종기 (땅전체)	바다생물 사망 (바다전체)	물이 피가됨 (물전체)	해가 사람을 태움 (전체)	아픔, 종기, 어두움 (짐승의 보좌)	아마겟돈전쟁 (유브라데강)	바벨론 멸망 (공기)

투에 대한 최종적인 결과를 대조되는 장면으로 제시한다. 이를 통하여 치열한 영적 전투에서 양편에 서 있는 자들이 최종적으로 어떤 운명을 맞이하는지 보여준다. 14장의 중심 의도는, 결말을 알고 싸우면 이길 수 있다는 메시지를 제시하려는 것이다.

신자 된 우리는 군인으로 부름을 받았다. 즉 영적 군사들이다. 영적 군사에 따라붙는 단어는 치열함, 분투, 생사를 건 싸움 등이다. 그러나 그것만이 전부가 아니다. 14장에서 초점을 맞추고 있는 장면은 영적 군인들이 "새 노래"를 승전가로 부르고 있는 광경이다. 새 노래를 부르는 사람들은 7장에서 이미 소개되었던 구원받은 전체 하나님의 백성들을 상징적으로 설명하는 십사만 사천이다. 치열하되 새 노래가 있고, 또 새 노래가 있지만 치열함을 동반하고 있다. 우리의 전투가 그저 이기기 위해서 싸우는 분투만이 아님을 뜻하는 것이다. 이기기 위해서가 아니라 이미 이긴 자로서 그 이김을 누리기 위해 전투를 치르는 영적 군사들이 십사만 사천이다.

새 노래를 부르는 십사만 사천에 대해 조금 더 자세히 알아보기 위하여 "그곳 – 천상(there & then)"에서 새 노래를 부르는 사람들과, "지금 – 여기(now & here)"에서 새 노래를 부르는 사람들로 나누어서 이야기해 보려고 한다.

그곳 – 천상(there & then)에서 새 노래를 부르는 사람들

7장에 등장했던 십사만 사천의 그룹은 하나님에 의해서 인치심을 받은 사람들이다. "내가 인침을 받은 자의 수를 들으니 이스라엘 자손의 각 지파 중에서 인침을 받은 자들이 십사만 사천이니(계 7:4)."

14장에 다시 등장하는 십사만 사천은 어린 양과 관계된 사람들로 묘사된다. 이마에 어린 양의 이름이 쓰인 자들이고(1절), 어린 양에 의해서 부르심을 받은 자(4절)로서 어린 양이 어디로 이끄시든지 끝까지 따르는 사람들이다. 즉 십사만 사천의 첫 번째 특징은 어린 양이 소유로 삼은 자들이라는 것이다. 어린 양 예수님께서 너는 내 것이라고 지명하여 부르신 자들이 십사만 사천이다. 또한 어린 양을 소유로 삼는 자들이다. 어린 양을 자신의 진정한 소유로 삼고 있기에 그들의 입에서 감격과 환희로 가득 찬 새 노래가 터지고 있다.

그들이 보좌 앞과 네 생물과 장로들 앞에서 새 노래를 부르니…
(계 14:3).

그들이 부르는 새 노래는 새로운 가사와 곡조를 가지고 있기 때문이 아니라 늘 새로운 감격으로 부르는 노래라는 의미에서 새 노래이다. 감격의 새 노래를 언제나 새롭게 부를 수 있는 이유는 어린 양을 통하여 속량함을 받았기 때문일 것이다(계 14:3-4).

어떤 이들은 "천국이 지루하지 않을까?", "내가 좋아하는 낚시가 있을까?", "스포츠 경기가 있을까?" 이런 질문을 한다. 확답을 할 수는 없지만, 하나님 나라에 입성해서 가장 중요한 것은 하나님을 예배하는 것일 것이다. 그 예배는 어떤 것일까? 감동이 있는 예배일 것이다. 세상의 어떤 일보다 기쁘고 감격이 있는 새 노래가 동반된 예배일 것이다. 그래서 천국은 전혀 지루하지 않을 것이다. 이렇게 십사만 사천이 그곳, 천상에서 부르는 새 노래는 우리의 운명이 결코 패배로 끝나지 않을 것임을 알게 한다. 새 노래는 전투에 이긴 사람들만이 부를 수 있는 승전가이다.

그렇다면 새 노래는 그때 저 하나님의 나라가 완성될 때만 부를 수 있는 노래일까? 만일 이 세상에서 부를 수 없고 천상에서만 부를 수 있다면 실질적인 의미에서 금지곡이다. 새 노래를 지상에서 부를 수 없는 금지곡이라고 말할 수 있을까? 그렇지 않다. 지금 여기서 새 노래를 부를 수 있고, 불러야 마땅한 것이기에 이제 새 노래를 지상에서 부르는 사람들에 관해 이야기해 보려고 한다.

지금 – 여기(now & here)에서 새 노래를 부르는 사람들

묵시문학의 특징 중 하나가 초월성이다. 즉 시공간을 초월하여 미래가 현재 속으로 침투해 있고, 그곳이 지금 이곳과 연결되어 있다는 것이다. 하늘 천상에서 부를 새 노래가 지금 이곳과 연결되어야만 한다. 그 연결 고리가 요한계시록 14장 3절에 "땅에서 속량함을 받은"이다. 시온산에 서 있게 될 십사만 사천은 단지 미래의 실체로만 그려져 있지 않다. 그들은 미래에 완성될 존재들이지만, 지금 이 땅에서 시작된 자들이다. 그 표현이 바로 "땅에서 속량함을 받은 십사만 사천 밖에는 능히 이 노래를 배울 자가 없더라(계 14:3)"라는 말씀에 잘 드러나 있다. "땅에서 속량함을 받은" 자들로서 그곳(천상)에 이르게 된 자들이 십사만 사천이다. 땅에서 속량함을 받은 자들은 아직은 구원이 온전히 완성되지 않았기에 전투하는 교회이다. 전투하는 교회가 영광스러운 교회로 완성될 것이기에 중간기를 살아가고 있고, 그러다 보니 새 노래를 부르기도 하고 놓치기도 하겠지만 여전히 지상에서도 새 노래를 부를 수 있고 마땅히 불러야 하는 사람들이다.

새 노래의 교훈 (1) : 영적 전투 독려

보다 구체적으로 새 노래가 전투하는 교회에 던져주는 교훈을 두 가지로 생각해 보자. 천상에서 십사만 사천이 부르는 새 노래는 지상의 교회를 향한 일종의 응원가이다. 우리가 모두 참여할 미래의 영광스러운 자리를 보여주는 것이다. 우리 모두 승전가를 부르는 성가대석에 설 것이다. 십사만 사천이 모두 성가대원이다. 지상에서는 음악성이 있어야 성가대원이 될 수 있지만, 천상에서는 모두 성가대에 설 수 있다. 그곳은 음악성과 관계없이 주님과의 관계성에 따라 자격이 주어지기 때문이다. 힘들고 어려울 때, 치열한 싸움의 현장에서 지칠 때마다 천상의 응원가를 들어야 할 것이다. 새 노래로 허다한 무리가 부르는 노랫소리로 힘을 내어 다시 영적 전투에 임하는 것이 우리가 삶으로 부르는 새 노래가 되어야 한다.

새 노래의 교훈 (2) : 지상에서 누리는 천상 세계

천상에서 부르는 새 노래가 전투하는 교회에 주는 두 번째 교훈은 십사만 사천이 누리는 것이 우리들의 실제 세계가 되게 하려는 것이다. 우리가 사는 이 세상에서 너무 많은 사람이 슬픔의 애가를 부르며 살고 있다. 신자들도 예외는 아니다. 그러므로 악이 기승을 부리는 세상속에서 신자들도 어쩔 수 없이 고통의 노래를 부를 수밖에 없다고 생각한다. 그러다가 세상에서의 삶이 끝나고 천상에 이르게 되는 순간, 비로소 새 노래를 부르게 된다고 이해한다. 만일 이런 식으로 생각한다면 성경을 잘못 읽는 것이다. 이는 하나님 나라에 대한 몰이해가 주는 오해로, 성경이 강조하는 바와 다르다. 성경은 그곳(천상)에서 부르게 될 노래를, 이 세상에서도 부를 수 있어야 한다고 역설한다. 우리의 환경은 새 노래가 나오지 않을 상황일지라도, 주님의 은혜를 경험한 사람들은 천상에서 부를 새 노래를 이 땅에서도 부르며 살아야 한다. 왜냐하면 우리는 이 땅의 원리에 따라 살지 않고 천상의 기준과 가치를 따라서 살기 때문이다.

이러한 측면에서 다음과 같은 대럴 존슨(Darrell W. Johnson)의 말은 사실이다.

> 요한계시록은 요한계시록이 우리에게 제시하는 세계를 우리가 '실제 세계'라고 부르는 세계보다 훨씬 더 실제의 세계로 받아들이기를 원한다. 실로 요한계시록은 우리가 눈으로 믿는 확신을 흔들어 놓으려 한다(Johnson, 2010, 346).

신자들에게는 세상에서 경험하는 세계보다, 하나님의 나라에서 펼쳐지는 세계가 훨씬 더 실제적인 세계가 되어야 한다. 우리는 이 세계가 전부라고 생각하지만, 성경은, 특히 요한계시록은 그런 확신을 흔들어서 우리가 서 있는 이 세계보다 더 훨씬 실제적인 세계가 있다는 것을 보여준다. 세상 사람들이 알지 못하는 비밀은 이 세계보다 더 실제적인 세계가 있다는 것이다. 그 세계를 소중하게 여기면서 누리고 가꾸어야 한다. 힘들어도 그 세계를 생각하면서 새 노래를 불러야 한다. 때로는 먹구름이 끼어서 그 세계가 안 보일 수도 있지만, 십사만 사천이 부르는 천상의 노랫소리를 상상하면서 힘을 얻어야 한다. 시온성에서 부르는 그 노래를 이 세상에서 불러야 한다. 그런 새 노래가 지금 – 여기에서 터져 나오게 해야 한다.

맺음말

우리는 현실 속에서 이 힘든 전투를 감당해야 한다. 그러기에 단지 "거룩한 치열함"만이 있을 것으로 생각하면 안 된다. "행복한 치열함"으로 나아가야 한다. 전투해야 하지만, 동시에 신음만이 아니라 새 노래를 부르며 살아야 한다. 어떤 환경 속에서도 주님 안에서 새 노래를 부를 수 있기에 우리는 행복하다. 거룩한 치열함, 처절한 치열함뿐만 아니라 우리에게는 행복한 치열함, 즐거운 치열함도 있다. 천상에서 새 노래를 부르는 요한계시록 14장의 장면을 놓치지 않기를 바란다. 신자들은 세상에서 우울하게 이를 악물고 사는 것이 아니다. 우리의 일상에는 전투가 주는 삭막함만이 있는 것이 아니다. 토너먼트를 거쳐서 우승까지 가야 하기에 오늘의 승리에도 웃지 못하는 그런 삶을 살아서는 안 된다. 오히려 하나님은 우리에게 오늘 하루의 삶을 만끽하고, 기뻐하고, 즐거워하는 그런 자들로 살아가기를 원하신다. 때로는 환경이 나를 즐겁게 하지 않아도 주님 안에 있는 나의 모습을 생각하면서, 주님 안에서 완성될 나의 모습을 생각하면서, 잃어버린 새 노래를 찾는 사람이 되기를 원하신다. 우리는 우리 안에 들어와 있는 속량함을 받은 구원, 그 신령한 복으로 인해서 기뻐해야 한다.

찬송하리로다 하나님 곧 우리 주 예수 그리스도의 아버지께서 그리스도 안에서 하늘에 속한 모든 신령한 복을 우리에게 주시되(엡 1:3).

에베소서의 본문이 시작되자마자 사도 바울은 단도직입적으로 "찬송하자"라고 한다. 왜일까? 감격해서 그렇다. 무엇으로 인한 감격인가? 신령한 복으로 인한 감격이다. 그 복은 지금 여기에 임한 실체이다. 이렇게 찬송은 죽은 다음에만 부르는 것이 아니다. 에베소 교회의 현실 가운데서 새 노래가 울려 퍼져야 한다고 한다. 왜 그런가? 하늘에 속해 있어서 신령한 복을 누리기 때문이다. 진정한 실제의 세계를 알고 있으니 환경은 어둡지만 노래해야 한다는 것이다. 충분히 노래할 수 있기에 찬송할 것을 권면하는 것이다. 오늘 우리에게 바로 이런 노래가 있어야 한다. 주님은 이 노래를 함께 부르도록 우리를 신앙 공동체로 부르셨다. 어떤 사람이 성경을 "두 C로 요약되는 책"이라고 했다. 하나는 "Covenant"이고 다른 하나는 "Community"이다. 즉 "언약과 공동체", 연결하면 언약공동체이다. 여기에 새 노래라는 말을 하나 더 첨가해 보자. "새 노래를 부르는 언약공동체"를 만들어가는 것이 교회의 이야기이다. 그런 의미에서 교회는 새 노래를 함께 부르는 공동체이다. 주님의 몸 된 교회들 가운데 무엇보다도 새 노래가 회복되기를 소망한다.

요한계시록 14:1-5

¹ 또 내가 보니 보라 어린 양이 시온 산에 섰고 그와 함께 십사만 사천이 서 있는데 그들의 이마에는 어린 양의 이름과 그 아버지의 이름을 쓴 것이 있더라 ² 내가 하늘에서 나는 소리를 들으니 많은 물 소리와도 같고 큰 우렛소리와도 같은데 내가 들은 소리는 거문고 타는 자들이 그 거문고를 타는 것 같더라 ³ 그들이 보좌 앞과 네 생물과 장로들 앞에서 새 노래를 부르니 땅에서 속량함을 받은 십사만 사천 밖에는 능히 이 노래를 배울 자가 없더라 ⁴ 이 사람들은 여자와 더불어 더럽히지 아니하고 순결한 자라 어린 양이 어디로 인도하든지 따라가는 자며 사람 가운데에서 속량함을 받아 처음 익은 열매로 하나님과 어린 양에게 속한 자들이니 ⁵ 그 입에 거짓말이 없고 흠이 없는 자들이더라

요한계시록 14:14-20

¹⁴ 또 내가 보니 흰 구름이 있고 구름 위에 인자와 같은 이가 앉으셨는데 그 머리에는 금 면류관이 있고 그 손에는 예리한 낫을 가졌더라 ¹⁵ 또 다른 천사가 성전으로부터 나와 구름 위에 앉은 이를 향하여 큰 음성으로 외쳐 이르되 당신의 낫을 휘둘러 거두소서 땅의 곡식이 다 익어 거둘 때가 이르렀음이니이다 하니 ¹⁶ 구름 위에 앉으신 이가 낫을 땅에 휘두르매 땅의 곡식이 거두어지니라 ¹⁷ 또 다른 천사가 하늘에 있는 성전에서 나오는데 역시 예리한 낫을 가졌더라 ¹⁸ 또 불을 다스리는 다른 천사가 제단으로부터 나와 예리한 낫 가진 자를 향하여 큰 음성으로 불러 이르되 네 예리한 낫을 휘둘러 땅의 포도송이를 거두라 그 포도가 익었느니라 하더라 ¹⁹ 천사가 낫을 땅에 휘둘러 땅의 포도를 거두어 하나님의 진노의 큰 포도주 틀에 던지매 ²⁰ 성 밖에서 그 틀이 밟히니 틀에서 피가 나서 말 굴레에까지 닿았고 천육백 스다디온에 퍼졌더라

Αποκάλυψις Ιωάννου

31. 대조되는 두 그룹의 최종적인 결국

들어가며

요한계시록 14장은 두 가지 장면과 두 가지 결국을 맞이하는 대상을 보여준다. 한쪽에는 어린 양이 서 계시고, 십사만 사천이 승리와 환호의 찬양을 부르고 있다. 또 다른 장면에는 흰 구름이 있고, 구름 위에 사람의 아들 같은 이가 앉아 계시고, 그에 의하여 무서운 재앙을 맞이하게 될 세상의 모습을 그리고 있다. 고난의 시대를 살아가고 있는 독자들에게 주려는 메시지는 짐승의 세력을 따르지 않는 하나님 백성들을 위로하고자 하는 것이다. 이를 위해 두 가지 세계를 대조시키면서 위로의 기능을 한층 강화하고 있다. 주님이 그의 백성들에게 의도하신 것은 무엇인가? 어린 양의 길을 끝까지 따라가는 자들의 승리가 얼마나 확실한 것인지를 드러내는 것이다. 검정 바탕에서 흰색은 더 두드러지게 보이듯이, 어린 양의 편에 서 있는 사람들의 승리는 정반대의 결과에 처해 있는 사람들의 모습에 의해서 강화된다.

요한계시록 14장의 위치

지난 장에서 논의한 것처럼 14장은 12-13장과 더불어 악에 대한 교회의 투쟁을 다루고 있다. 12-13장에서는 교회 공동체가 사탄과 두 짐승의 도전 앞에서, 끝까지 저항해야 할 것을 독려하고 있다. 14장은 극명하게 대조를 이루는 두 세력의 결과를 말하는 장으로, 먼저 짐승의 세력에 대항하여 끝까지 저항한 공동체가 어떤 결과를 얻게 되는지를 14장 1-5절에서 소개하고 있다. 또한 짐승과 짐승의 세력을 따라간 사람들을 향한 심판의 결과가 천사들의 등장을 통하여 14장 14-20절에 소개되어 있다.

어린 양과 대안적 공동체의 승리

12장과 13장에 등장하는 용으로부터 사주를 받은 바다짐승과 땅 짐승은 성도들을 무서운 기세로 공격했다. 이들의 도전은 성도들에게 적지 않은 어려움을 주었다. 성경은 그 짐승과 짐승의 세력이 가하는 고통으로부터 교회 공동체가 자유롭게 될 수 있는 정확한 때에 대하여 함구하고 있다. 성경이 알려주는 답변은 마지막에는 성도들이 이긴다는 것이다. 특히 14장이 이것을 증명해 주고 있다. 14장은 때에 초점을 맞추기보다 인내해야 할 분명한 이유와 소망이 있다는 점을 밝히고 있다. 14장이 열리자마자 우리는 환희에 찬 광경을 본다. 13장에 등장하는 적그리스도를 상징하는, 바다에서 올라온 짐승은 경배의 대상이 결코 아니다. 오직 시온산에 서신 어린 양만이 영원한 경배의 대상이시다.

그분이 어린 양으로 서신 것을 본다. 한없이 나약한 어린 양, 그러나 사탄의 세력을 넉넉히 정복하실 수 있는 위대한 주님의 모습으로 인해 무한한 위안을 얻는다. 우리 주님이 이기셨다. 그 나약함으로 악을 정복하는 하나님의 지혜와 놀라운 반전의 역설을 보게 된다. 다시금 우리는 요한계시록이 어린 양을 통한 승리의 복음을 강조하고 있다는 것을 확인한다. 우리 주님이 역사의 주인공이시다. 적그리스도는 모조품이요, 거짓된 실체일 뿐이다.

짐승의 세력으로 인해 신음하던 신자들이 다시 승리한 십사만 사천 명으로 등장한다. 하늘에서 웅장한 찬양 소리가 울려 퍼진다. 그들이 부르는 노래는 새 노래다. 새 노래는 하나님을 위한 승리의 새날을 축하하기 위해 부르는 구약의 주제를 활용한다. 새 노래는 곡조와 가사가 새로워서 새 노래라고 지칭하는 것이 아니라 구속받은 이들이 새로운 심령 상태로 부르고 있는 노래이기에 새 노래라고 칭하는 것이다.

다시 등장하는 십사만 사천의 특징은 정절을 더럽히지 않고 어린 양을 따라가는 자들이다. 그들이 보여주고 있는 충성과 제자도의 모습은 대안적 공동체의 표지이다. 정절을 지킨다는 것은 오직 여성에게 제한하여 성적인 순결만을 의미하는 것이 아니다. 비유적인 면을 가지고 있다. 즉 바벨론의 문화와 가치를 거절하는 영적인 순결을 의미한다. 이들의 모습이 본문에서 3가지 측면으로 묘사된다.

첫째로, 그들은 사람 가운데서 구속받은 자들이다. 사람 가운데라는 것은 하나님께서 온 인류 가운데서 그들을 구별하셨다는 뜻이다. 그들이 자신들의 행위나 의로움으로가 아니라 하나님의 역사로 온전하게 되었음을 의미하는 것이다. 십사만 사천이 보여주고 있는 모든 윤리적인 측면의 변화는 예수 그리스도의 사역에 기초하고 있다. 십사만 사천이 이런 모습을 할 수 있었던 이유는 전적으로 주님이 베풀어 주신 은혜 때문이다. 비록 그들이 사탄의 세력과 맞붙어 멋지게 단판 승부로 승리한 존재들이지만, 그것조차도 주님의 은혜로운 사역의 결과로 주어진 것임을 알게 된다.

둘째로, 그들은 처음 익은 열매로서 어린 양에게 속한 자들이다. 이것이 의미하는 바는 그들이 처음 세대에 속하는 신자들의 그룹 1세대만을 의미하는 것이 아니라 구원받은 모든 십사만 사천 명이 하나같이 귀하게 하나님께 드려진 하나님의 특별한 소유물이라는 뜻이 된다. 우리가 얼마나 귀한 존재들인지를 알게 하는 대목이다.

셋째로, 그들은 입술에 거짓이 없고 흠이 없는 자들이다. 이 부분이야말로 과장되고 신성모독을 말하는 입을 가진 바다짐승(계 13:5)과 그를 추종하는 사람과의 극명한 대조를 이루고 있는 십사만 사천 명의 특성이라고 할 수 있다.

세 천사의 선포와 궁극적인 심판

계속 이어지는 요한계시록 14장 6-20절은 앞의 1-5절까지 보여준 대안적 공동체의 승리와 찬양과는 아주 극명하게 대조를 이루는 무서운 진노의 장면을 그리고 있다. 6-20절을 크게 보면 두 부분으로 나눠서 설명할 수 있는데, 임박한 심판에 대해 경고(6-13절)하는 세 천사의 메시지와, 사람의 아들 같은 이를 통한 세 천사의 궁극적인 파멸의 집행(14-20절)을 드러내고 있는 부분으로 나누어 설명할 수 있다.

세 천사의 메시지

요한계시록 14장 6-13절은 세 천사가 등장하여 짐승을 추종하는 공동체들에 대한 하나님의 준엄한 계획을 선언하고 있는 것을 본다. 그 선언에 따른 집행은 요한계시록 14장 14-20절에서 드러나고 있다.

첫째 천사의 메시지: 첫째 천사는 땅에 거하는 자들에게 전할 영원한 복음의 메시지를 가지고 있다(6절). 이 복음의 메시지는 6-20절에서 다루고 있는 진노와 심판의 메시지와는 다소 거리가 있어 보인다. 일반적으로 우리가 이해하는 복음은 기쁜 소식이지 않은가! 첫째 천사가 말하고 있는 복음의 메시지를 들어보면 이 복음을 전하는 목적이 무엇인지를 알게 된다. 그것은 다름 아닌 "하나님을 경외하고 그분께만 영광을 돌리며 경배하는 것"이다. 기본적으로 복음의 내용은 어느 학자의 주장처럼, "심판의 우레"와 "긍휼의 곡조" 두 가지 모두가 포함된 것이 사실이다. 여기서는 복음이 가지고 있는 양면적 곡조에 대한 균형을 설명하려는 의도보다는, 이러한 영원한 복음을 받아들여 앞으로 다가올 진노와 심판을 피하라고 경고하는 것에 있다. 오스본(Osborne)의 주장처럼 심판의 측면을 부각하는 복음으로 이해하는 것이 14장의 구조에 더 자연스러워 보인다(Osborne, 2008, 534). 이 심판의 기준은 오로지 하나님만 경배하느냐 그렇지 않으냐에 달려있다. 이 면에서 첫 번째 천사가 말하는 메시지는 영원한 복음의 특성이 있다. 복음의 메시지에 대하여 어떤 반응을 보이느냐에 따라서 우리의 영원한 운명이 결정된다.

둘째 천사의 메시지: 둘째 천사는 바벨론의 멸망을 선포한다. "또 다른 천사 곧 둘째가 그 뒤를 따라 말하되 무너졌도다 무너졌도다 큰 성 바벨론이여 모든 나라에게 그의 음행으로 말미암아 진노의 포도주를 먹이던 자로다 하더라(계 14:8)." 바벨론의 멸망에 관한 내용은 다시 16장에서 일곱 번째 나팔 재앙에서 소개되고 있고, 17-18장의 바벨론의 멸망을 소개하는 부분에서 집중적으로 다루어지고 있다. 더욱 자세한 논의에 앞서 이곳에 소개된 둘째 천사의 메시지는 사람들을 음행의 길로 인도하는 세상, 도성의 교만에 대하여 파멸이 숙명처럼 다가올 것을 엄중하게 선언하고 있다.

셋째 천사의 메시지: 셋째 천사도 역시 짐승과 그의 우상에게 경배한 자들에게 심판을 내리는 메시지를 선포하고 있다. 이 심판이 얼마나 맹렬한 것인지는 "하나님의 진노의 포도주"에 섞인 것이 아무것도 없이 "불과 유황"으로 인한 고난만이 임하게 되는 자비가 상실된 형벌을 예견하는 구절에서 드러나게 된다. "그도 하나님의 진노의 포도주를 마시리니 그 진노의 잔에 섞인 것이 없이 부은 포도주라 거룩한 천사들 앞과 어린 양 앞에서 불과 유황으로 고난을 받으리니(계 14:10)." 우리는 하나님의 긍휼이 사라진 자리에 남게 되는 진노가 얼마나 무서운 것인지를 요한계시록 14장 14-20절에서 보게 된다.

짐승을 경배하는 자들을 향한 심판의 경고는 그것과는 정반대의 길을 걸어갔던 성도들의 모습을 비교하는 것으로 결론짓고 있다. 짐승을 따라 경배한 이들의 고통은 어린 양의 승리가 목도되는 현실 속에서 더욱 가중될 것이다. 이것이 바로 비교의 고통이다. 지옥이 참으로 비참한 곳인 이유는 지옥 자체의 고통 때문만이 아니라 지옥에서 천국을 바라보는 고통이기 때문이기도 한 것처럼, 같은 맥락에서 짐승을 경배하는 자들이 당하는 고통은 성도들이 누리게 되는 모습으로 인하여 심화하는 것이다. 이 점을 성도들에게 분명히 확인시키면서, 요한은 인내의 촉구와 축복의 선언을 하고 있다. 먼저 인내의 촉구가 나오게 된다. 우리가 설사 이 세상에서 사탄의 세력들 때문에 많은 고난을 받을 수 있지만 인내하며 싸워야 한다. 왜냐하면 세상의 고난이 아무리 극심해도 악인들이 심판 후에 받게 될 고통에 비하면 가벼운 것이기 때문이다. 이제 인내의 촉구는 축복의 선언으로 계속되고 있다. "또 내가 들으니 하늘에서 음성이 나서 가로되 기록하라 지금 이후로 주안에서 죽는 자들은 복이 있도다 하시매 성령이 이르시되 그러하다 그들이 수고를 그치고 쉬리니 이는 그들의 행한 일이 따름이라 하시더라(계 14:13)." 성도들이 세상에서 인내해야 하고 수고해야만 하는 길을 걸어가게 될지라도, 우리에게 보장된 미래 때문에 주 안에서 죽은 자들이 복된 것이다. 우리는 종종 죽음 자체가 주는 슬픔과 절망에 너무 집중한다. 그러나 위 구절은 죽음이 주님과 한집에서 살게 되는 것이라는 점을 강조하고 있다. 그때 사랑하는 이들의 떠남의 현장 가운데서도 위로를 얻을 수 있는 것이다.

인자와 세 천사의 맹렬한 심판의 집행

요한계시록 14장 14-20절은 세 천사의 메세지(계 14:6-13) 선포에 따른 심판의 집행에 관하여 묘사한다.

심판의 영상화: 날카로운 낫을 휘둘러 곡식을 거두는 이미지와 포도주 틀을 밟는 이미지를 통해 마지막 심판의 모습을 영상화시키고 있다.

사람의 아들 같은 이: "사람의 아들 같은 이"는 그리스도로서 다니엘 7장 13절의 인자 같은 이의 모습을 배경으로 하고 있다. 우리 주님은 진정한 승리자로서 종말의 심판자가 되신다.

심판 집행: 네 번째 천사가 등장하여 이제는 단순히 심판에 대한 예고만이 아니라 심판을 집행할 것을 사람의 아들 같은 이에게 전달한다. "또 다른 천사가 성전으로부터 나와 구름 위에 앉은 이를 향하여 큰 음성으로 외쳐 이르되 당신의 낫을 휘둘러 거두소서(계 14:15)." 이 구절은 17-20절에 나오는 포도 수확이 상징하는 악인의 심판에 앞서서 택함을 받은 신자들에 대한 구원을 언급하는 것으로 해석될 수 있다. 전체 구조에서 심판의 모습에 앞서서 구속받은 십사만 사천의 구속과 승리를 드러내는 것처럼, 마지막 맹렬한 진노의 순간에 앞서서 다시 한번 더 우리 주님이 신자들을 모으시고 구속의 반열에 세우시는 것으로 이해할 수 있다(Osborne, 2008, 552).[1]

---

1) 오스본은 리처드 보쿰의 견해를 따라서 14장 15절을 구원함을 받은 자들의 추수로, 14장 17-20절을 구원받지 못한 자들의 추수라고 주장한다.

불을 다스리는 천사: "불을 다스리는 천사"가 예리한 낫을 가진 천사에게 땅의 포도를 추수할 것을 명하고 있다. 추수한 포도를 하나님의 진노의 틀에 던져 성 밖에서 그 틀을 밟을 때, 틀에서 피가 나서 말굴레까지 닿았고, 1600 스타디온에 퍼지게 된다. 하나님의 심판이 얼마나 맹렬하고 무서운 것인지를 드러내고 있는 그림이다. 1600 스타디온은 320km로 서울에서 대구 정도까지의 거리이다. 이는 실제적인 거리를 나타내는 문자로 볼 것이 아니라 하나님의 심판의 맹렬함을 드러내는 상징적인 표현으로 이해하는 것이 자연스러워 보인다.

성 밖의 의미: 성 밖은 어린 양의 생명책에 기록된 성안에 있는 사람들과 분명한 대조를 이루는 불신자들이 심판을 받는 장소를 의미한다. 성 밖은 그리스도께서 죄인들의 구원을 위해 하나님의 심판을 받은 곳인데, 불신자들이 주님이 허락하신 구원을 만홀히 여김으로써, 심판의 장소인 성 밖에서 그들이 스스로 선택한 심판을 받게 되는 것이다.

맺음말

우리는 요한계시록 14장에서 천상에서 승리하신 어린 양과 더불어 십사만 사천 명이 새 노래를 부르고 있는 광경을 본다. 우리 주님의 인치심을 받고 구속받은 이들이 무서운 악의 세력들이 펼치고 있는 방해 공작에도 불구하고 마침내 승리하고 있는 모습이다. 이렇듯 하나님은 승리를 주시기 위해서 우리를 부르셨다. 우리의 최종적인 운명은 악을 정복하고 승리의 새 노래를 부르는 사람들의 대열에 서 있게 되는 것이다. 우리가 이 땅 위에 펼쳐지는 현실로 인하여 힘들고 곤고한 시간을 지나갈 때, 시온산에서 어린 양과 더불어 승리자의 반열에 서 있는 우리의 모습을 마음에 품고 살아가야 한다. 우리는 이길 거라고 확신해야 한다. 그때 우리는 우리의 운명과 미래에 대하여 분명한 주님의 시선을 가질 수 있다.

또한 우리는 하나님의 승리를 현재화시키며 살아가야 한다. 우리에게 중요한 승리는 죽음 이후에 시온산에 서게 되는 승리만이 아니다. 현재에도 이 승리를 맛보고 누리고 살아가는 것이다.

그럼 어떻게 하나님의 승리를 현재화시키며 살아갈 수 있을까? 우리가 이 세상 가운데서 구원의 감격과 천국을 경험하면서 살아가는 길은 요한계시록 14장이 제시하고 있는 두 그룹의 운명에 대한 구조 가운데 분명히 드러나고 있다. 요한계시록 14장은 구원받은 십사만 사천의 승리와 찬송의 모습을, 심판을 위해 날카로운 낫을 가지고 추수하시는 인자의 모습과 대조하여 보여준다. 우리의 승리를 승리 편에서만 이야기하는 것이 아니라 심판 쪽에서 우리의 위치를 대조해 보게 한다. 극명하게 대조를 이루는 요한계시록 14장의 구조를 통해서 말하고자 하는 바는 구원의 감격을 누리는 삶, 천국을 경험하는 삶의 비밀을 풀 수 있는 중요한 열쇠가 의외로 어린 양이신 구원자를 깊이 만나는 것뿐만 아니라 진노하시는 하나님을 성경을 통해 깊게 만나는 데 있다는 것이다.

이제 이 부분을 보다 구체적으로 설명해 볼 필요가 있다. 많은 경우에 기독교의 복음을 단순히 기쁜 소식으로 받아들이는 사람은 의외로 깊은 감사와 그 감사에 상응하는 삶을 살아가기가 힘들다. 권태기 신앙인의 특징이 바로 그것이다. 주님의 사랑 이야기, 그분의 구원 이야기, 그분이 주시는 축복과 영생의 이야기들에 익숙해져 있어서, 그것들이 너무도 낡게 느껴지는 자리에서 주님의 은혜와 복음을 감격으로 누리는 삶은 자취를 감추게 되는 것이다. 일반화하기는 어렵겠지만 대부분의 습관적 모태 신앙의 약점이 바로 여기에 있다. 이렇게 주님을 붙잡은 사람이 지속해서 구원에 감동하고, 언제나 새 노래로 그분 앞에 나가는 것은 어려운 일이다. 간헐적으로 그 사랑을 누리고 감격하는 것이 전부이다. 이러한 생기 없고 감동이 사라진 삶을 극복하려면 하나님의 진노를 먼저 만나야 한다. 하나님의 진노를 먼저 만나고 그것을 묵상함으로 끊임없이 내 것으로 현재화할 때, 거기서 매 순간 복음의 감격과 위대함에 화답하는 삶을 살아갈 수 있게 된다. 우리가 요한계시록 14장에서 만나는 포도 추수의 장면은 주님 없는 인생들이 맞이하게 될 비참한 운명이 어떠한지를 그림으로 보여준다. 이러한 맹렬한 하나님의 진노가 우리 마음에 깊이 내면화될 때, 우리는 우리가 가지고 있는 주님 안에 있는 복이 얼마나 귀한 것이고 얼마나 위대한 것인지를 확인하며 감사하게 된다. 하나님의 무서운 진노는 우리가 그 진노의 반대편에 서 있는 자의 운명으로 살아가는 사실에 감격하게 만든다. 예수 그리스도로 인하여 진노를 피하고 그 반대편에 있는 구원의 자리로 나아온 것에 감격하며 오늘을 살아가자. 죽음 이후에 누릴 감격을 지금 여기서 맛보며 살아가는 우리 모두가 되자.

제5부

마지막 대접 재앙

요한계시록 15:1-8

1 또 하늘에 크고 이상한 다른 이적을 보매 일곱 천사가 일곱 재앙을 가졌으니 곧 마지막 재앙이라 하나님의 진노가 이것으로 마치리로다 2 또 내가 보니 불이 섞인 유리 바다 같은 것이 있고 짐승과 그의 우상과 그의 이름의 수를 이기고 벗어난 자들이 유리 바다 가에 서서 하나님의 거문고를 가지고 3 하나님의 종 모세의 노래, 어린 양의 노래를 불러 이르되 주 하나님 곧 전능하신 이시여 하시는 일이 크고 놀라우시도다 만국의 왕이시여 주의 길이 의롭고 참되시도다 4 주여 누가 주의 이름을 두려워하지 아니하며 영화롭게 하지 아니하오리이까 오직 주만 거룩하시니이다 주의 의로우신 일이 나타났으매 만국이 와서 주께 경배하리이다 하더라 5 또 이 일 후에 내가 보니 하늘에 증거 장막의 성전이 열리며 6 일곱 재앙을 가진 일곱 천사가 성전으로부터 나와 맑고 빛난 세마포 옷을 입고 가슴에 금 띠를 띠고 7 네 생물 중의 하나가 영원토록 살아 계신 하나님의 진노를 가득히 담은 금 대접 일곱을 그 일곱 천사들에게 주니 8 하나님의 영광과 능력으로 말미암아 성전에 연기가 가득 차매 일곱 천사의 일곱 재앙이 마치기까지는 성전에 능히 들어갈 자가 없더라

Απокάλυψις Ιωάννου

32. 경이로운 마지막 재앙

들어가며

요한계시록 15장은, 16장에서 본격적으로 전개될 대접 재앙의 무대 장치에 해당하는 서언적인 부분이다. 이 마지막 대접 재앙이 담지하고 있는 무게 비중으로 인하여 배경 설정을 위한 장까지 마련하고 있다고 보아야 한다. 요한계시록 15장에서 먼저 주목해야 할 구절은 바로 1절 이다.

> 또 하늘에 크고 이상한 다른 이적을 보매 일곱 천사가 일곱 재앙을 가졌으니 곧 마지막 재앙이라 하나님의 진노가 이것으로 마치리로 다(계 15:1).

마지막 대접 재앙을 "크고 이상한"이라고 말한다. 영어 성경에서는 "great and wonderful(또는 marvelous)"이라는 표현을 쓴다. 이상하지 않은가? 인 재앙과 나팔 재앙이 사 분의 일, 삼 분의 일의 범위만 파괴되는 부분적인 것에 비하여, 대접 재앙은 전면적이고 최종적인 전체를 심판하는 재앙이라면 그러한 재앙을 위한 무대 설정은 두렵고 무서운 분위기를 연출하는 소품들과 배경들로 설정해야 한다. 그런데 요한계시록 16장의 배경에 해당하는 15장에서 이 재앙에 대한 설명은 "크고 놀라운(wonderful)"이라는 긍정적인 뉘앙스를 담고 있다. 그 이유 두 가지를 제시하고 교훈을 생각해 본다.

구원의 완성으로 나아가는 재앙

요한계시록의 본론(6-16장) 부분에 해당하는 인 – 나팔 – 대접의 세 가지 재앙 시리즈는 양면성을 가지고 있다. 기본적으로 세 가지 재앙 시리즈는 악의 세력에 대한 심판이다. 재앙들이 진행될수록 그 강도와 범위가 점점 확대되다가, 마침내 최종적이고 궁극적인 국면에 해당하는 "대접 재앙"에 이르게 된다. 이것이 재앙의 한 측면이다. 또 다른 측면은 심판을 넘어선 하나님의 구속 역사의 완성이다. 마지막 대접 재앙을 통하여 하나님의 구속 역사가 최종적으로 성취되는 것이다. 이러한 동전의 양면같은 메시지를 담고 있는 재앙들 — 특히 대접 재앙 — 에 대하여 어느 측면을 강조하느냐는 문맥(context)이 결정하게 된다. 악한 세력들이 기승을 부리는 현실 속에서 하나님의 백성들이 품고 있는 신정론의 질문에 답을 할 때는 전자의 측면, 즉 그들을 향한 무시무시한 재앙이 펼쳐질 것을 강조한다. 반면에 심판 후, 하나님의 구속 역사는 어떻게 될 것인지에 관한 질문에 답하는 문맥에서는 후자의 측면, 하나님 백성을 향한 구속의 드라마 완성을 향하여 나아가게 될 것을 드러낸다. 15장에서 대접 재앙을 바라보는 안목은 후자의 측면이다. 다시 말해서, 요한계시록의 저자인 사도 요한이 대접 재앙을 크고 놀라운 재앙이라고 하는 이유는, 그의 시선이 재앙의 과정보다는 구속의 성취 측면에 초점을 두고 있기 때문이다. 재앙이 지나고 성취될 하나님 나라의 궁극적인 완성에 초점을 두고 있다면 이 대접 재앙은 하나님의 구속 역사의 완성을 기대케 하는 매우 놀라운 다른 이적이 될 것이다. 이 대접 재앙이 지나고 무슨 일이 펼쳐지는지 조금 더 설명해 보기로 하겠다.

> 하나님의 종 모세의 노래, 어린 양의 노래를 불러 이르되 주 하나님 곧 전능하신 이시여 하시는 일이 크고 놀라우시도다 만국의 왕이시여 주의 길이 의롭고 참되시도다 주여 누가 주의 이름을 두려워하지 아니하며 영화롭게 하지 아니하오리이까 오직 주만 거룩하시니이다 주의 의로우신 일이 나타났으매 만국이 와서 주께 경배하리이다 하더라(계 15:3-4).

3-4절의 강조점 중에 하나는 심판을 통하여 하나님의 의로우시고 참되신 일이 성취된다는 것이다. 주의 의로우신 일이 온전히 드러나게 되면, 만국이 와서 주께 경배하는 역사가 이루어진다. 만국이 예수님의 왕 되심에 대한 찬양을 부르고 경배하는 일들이 벌어진다. 그렇다면 하나님께서 악의 세력들과 악인들을 일망타진하고, 그들을 영원한 심판의 자리에 이르게 하는 것은 단지 재앙의 소극적인 목적인 셈이다. 재앙이 가지고 있는 보다 적극적이고 궁극적인 목적은, 만국 백성이 돌아와서 하나님만이 참으로 두려운 존재임을 깨닫고 하나님을 경배하게 하는 것이다. 이렇게 보면 이 대접 재앙은 단지 무섭고 두려운 것만은 아니다. 재앙의 측면으로만 보면 두려움이지만, 재앙의 궁극적인 목적

과 결과를 보면 하나님 백성의 승리에 대한 확신을 제공해 준다. 하나님께서 그의 백성들을 향한 놀라운 계획이 완성될 것이기 때문이다.

나는 야구를 좋아한다. 내가 응원하는 팀이 공격할 때는 마음 놓고 시청하지만, 수비를 맡고 상대 팀이 공격할 때는 불안해한다. 내가 응원하는 팀이 지고 있으면 속이 상해서 채널을 돌리고 만다. 하이라이트 시간에 결과를 확인하고 이겼을 때만 다시 본다. 그러면 이미 이긴 것을 알기 때문에 상대가 점수를 뽑을 때도 안심하고 볼 수 있다. 이렇게 최종 결과를 알고 과정(재앙)을 보면 두렵지 않다. 그때 재앙은 크고 무시무시한 것이 아니라 크고 놀라운 재앙이 된다. 오히려 세상에 재앙이 펼쳐지는 것으로 인하여 주의 백성들은 안도의 한숨을 내쉴 수 있다.

그동안의 요한계시록 읽기와 해석은 전자와 후자를 모두 고려한 양방향 소통이 이루어지지 않은 채, 오로지 전자의 시선으로만 치닫는 일방통행을 한 것이다. 이러한 일방통행식 읽기의 폐단을 두 가지 지적한다.

근시안적 해석 유감

요한계시록에 대한 일방통행식 해석에 대한 유감은 하나님의 거대하고 놀라운 구속 역사가 완성되는 것을 놓친 채 너무도 근시안적 안목을 가지고 본문을 읽고 가르치는 것이다. 요한계시록은 만왕의 왕께서 성취하셨고, 마침내 완성하실 하나님 나라를 제시하고 있다. 그 과정에서 인 재앙, 나팔 재앙, 대접 재앙 등 일련의 재앙들을 통하여 악에 대한 의로운 심판이 진행되는 것이다. 하나님 나라가 완성되는 길목에서 만나는 재앙 이야기를 전체 문맥으로부터 분리한 채 읽으면 두려울 수밖에 없다. 그동안 요한계시록 읽기와 해석이 "경건한 두려움"을 넘어서 "미신적 두려움"을 조장하는 방식으로 치달아 간 것은, 하나님의 원대한 계획을 바라보지 못한 폐단이라고 할 수 있다. 하나님 나라의 궁극적 목적을 인식하지 못한 채, 과정에 있는 두려운 장면이나 심판과 재앙의 모습만을 부각해 읽어내려고 했기에 요한계시록은 일반 성도들의 등골을 오싹하게 만드는 책으로 전락해 버리고 말았다.

위에서 이미 여러 차례 밝힌 것처럼 이 책의 궁극적인 목적은 하나님 계획의 완성이고, 전 인류가 그분에게 돌아와 그분의 왕 되심을 찬미하는 것이다. 이렇게 볼 때 요한계시록을 송영의 책으로 읽고 해석해야만 하는 것이다. 하나님께서 악을 심판하시는 이유가 성도들의 구속 계획을 완성하기 위한 불가피한 조치라는 보다 큰 그림을 놓치지 말아야 한다. 이러한 안목을 갖지 못하는 근시안적 해석은 유감이다.

삶에 대한 비관적 세계관 유감

또 한 가지 유감은 요한계시록 읽기와 해석만이 아니라 그 연장선상에서 우리의 인생을 바라보는 관점에 대한 것이다. 삶의 과정 과정을 살펴보면 모두 힘들다. 〈아프니까 청춘이다〉라는 책이 베스트셀러였던 적이 있다. 그런데 청춘만 아픈가? 인생이 모두 아프다. 이 땅에 발을 딛고 살아가는 사람들 모두가 힘겨운 몸짓으로 휘청거리며 산다. 가만히 귀 기울여보면 누군가의 한숨 소리가 곳곳에서 절절하게 들리게 될 것이다.

요한계시록으로 말해 본다면, 우리 인생길은 확 뚫린 아스팔트 길이 놓인 탄탄대로가 아니다. 인 재앙, 나팔 재앙, 대접 재앙 같은 현실들이 기다리고 있다. 이러한 재앙의 시대들을 건너가야만 우리의 구원이 온전히 완성되는 것이다. 재앙의 시대를 주님의 손 붙잡고 함께 건너가야만 하기에 하나님 자녀들의 걸음도 그리 녹록하지만은 않다. 그러기에 신자 된 우리에게 꼭 필요한 것은 영적 시선이다. 해산의 고통은 사람을 낳는 기쁨으로 견디어 낼 만한 시간이 되는 것처럼, 재앙의 시대를 통과해 가는 구원의 여정도 그와 같을 것이다. 조금 더 큰 그림을 바라보는 안목을 가지고 살아가야 할 것이다. 찰리 채플린(Charlie Chaplin)의 말처럼, "인생은 가까이서 보면 비극이지만 멀리서 보면 희극"인 것이다. 가까이서 보면 재앙의 산들이 버티고 있지만, 멀리서 보면 우리가 주님의 온전한 신부가 되기 위한 과정인 셈이다. 어린 양의 혼인 잔치를 앞에 두고 통과해야만 할 필수 코스이다. 조금 더 먼 곳을 바라보면 삶은 결코 눈에 보이는 것처럼 펼쳐지지는 않는다는 것을 보게 될 것이다. 우리의 마침은 새 예루살렘으로 완성되는 것이기에 눈앞에 전개되는 현실로 인해 일희일비하지 말아야 할 것이다. 더욱 긍정적인 시각을 가지고, 하나님의 위대한 계획의 약속을 믿으며, 우리들의 미래는 우리가 생각하는 것보다 더 소망적임을 확인하며 걸어가야 한다.

극단적 선택을 하는 사람들이 많다. 불행하게도 대한민국은 OECD 국가 중 자살률 1위이다. 우리는 주변의 어려운 자들을 위해서 친구가 되어 주어야 한다. 자살을 막는 것은 큰 액수의 물질이 드는 것도 아니다. 주변 사람들의 손 한번 잡아주는 따뜻한 손길만 있어도 자살률이 낮아질 것이다. 힘들어하는 분들이 어려운 현실에 눈이 고정되지 않고,

더 큰 시선, 궁극적 시야를 가지고 내일의 시간을 새롭게 바로 볼 수 있도록 도와야 한다.

왕의 연주회에 참가하라는 요청

마지막 대접 재앙을 크고 놀라운(혹은 경이로운) 이적이라고 말하는 이유는 왕이신 우리 하나님이 구원의 온전한 완성을 통하여 그의 자녀들을 그분의 연주회에 참여하도록 초청하시기 때문이다. 요한계시록 15장 2절을 주목해 보자.

> 또 내가 보니 불이 섞인 유리 바다 같은 것이 있고 짐승과 그의 우상과 그의 이름의 수를 이기고 벗어난 자들이 유리 바다 가에 서서 하나님의 거문고를 가지고(계 15:2).

주님이 허락해 주신 거문고를 연주하는 음악회 광경이 보인다. 마지막 재앙이 끝나는 자리에 펼쳐지게 될 광경이 무엇일지를 예견해 주고 있다. 대접 재앙이 끝나고 나서 거문고 연주와 함께 어린 양의 노래가 울려 퍼지게 될 것이다. 그 음악회는 오페라 극장 같은 곳에서 열리는 화려한 음악회와는 차원이 다를 것이다. 그 음악회는 하나님의 승리와 어린 양의 은총 앞에서 압도당하는 사람들이 부르는 노래일 것이다. 어떤 사람이 "복음이란 승인해야 할 목록이기보다는 연주해야 할 음악과 같다"라는 멋진 말을 했다.

그렇다면 이 놀랍고 신기한 음악회에서 연주될 노래의 곡명과 주제는 무엇인가? 곡명을 알기 위해서 다시 3절을 보자. 주의 백성들의 노래 곡명은 "모세의 노래, 어린 양의 노래"인 것이다. 주의 백성들이 짐승과 우상과 그의 수를 이겼다. "짐승"은 정치적 세력, "우상"은 종교적 세력, "666"은 경제적 세력이다. 이 모두를 이기고 벗어난 자들이 하나님의 종 모세의 노래, 어린 양의 노래에 초대된 것이다. 이미 보았듯이 그들의 손에 거문고가 있다. 하나님 나라의 가장 중요한 악기는 거문고이다. 그들은 하나님이 주신 거문고(하프)를 가지고 하나님을 찬양한다. 이 음악회는 우리가 사는 이 땅에서 거행되는 성대한 음악회와는 다르다. 피비린내 나는 전투를 치른 자들이 연주하게 되는 음악회다. 전투로 인하여 여기저기 상처입은 자들이 하나님의 승리 하사품과도 같은 거문고를 받아 목메는 감동으로 연주하는 그런 음악회이다.

또한 이 모세의 노래, 어린 양의 노래의 주제는 역전의 하나님이다. 먼저 모세의 노래가 울려 퍼지게 된 이유는 홍해에서 역전의 드라마가 연출되었기 때문이다. 이집트의 노예들이 홍해를 건너고, 그들을 지배했던 바로와 그의 군대는 홍해에서 수장된다. 강한 자들이 죽고 약한 자들이 살아나는 역전이 펼쳐지게 된 것이다.

계속 이어지는 어린 양의 노래도 역시 구원받기에 합당하지 않을 자들이 구원받고, 영웅호걸들이 심판받는 역전의 주제를 노래하는 것이다. 어린 양의 역전의 드라마로 수혜받은 자들에 의한 연주회이기에 이 음악회의 특징은 압도당함이다. 압도당하는 영혼들이 그 감격을 쏟아내는 연주를 하는 것이다. 어린 양의 구원의 역사에 압도당하여 부르는 노래이기에 이 노래는 새 노래이다. 복음이란 승인되어야 할 목록이 아니라, 연주되어야 할 음악과 같기에 복음의 역사가 펼쳐지는 곳마다 찬양이 터져 나오게 된다. 하나님의 역사가 온전히 완성되는 날뿐만이 아니라, 그것의 성취를 선취적으로 맛본 우리는 이곳, 여기서도 그 찬양의 대열에 서야 할 것이다. 왕이신 그분께서 어린 양을 통해 이루신 위대한 역전의 드라마에 압도당하고, 그분의 탁월함과 위대함, 그분의 성품, 사역에 압도당하면, 삶이 힘들어도 찬양이 터지게 되는 것이다.

그렇다면 영광의 찬양을 부르는 방법은 무엇일까? 왕이신 하나님의 탁월함에 완전히 집중하는 것이다. 청교도 신학자 찰스가 말했듯이, "하나님의 완전한 시야 속에서 자아는 온전히 잊힌다." 하나님을 바라보는 완전한 시야, 하나님의 탁월함에 매료되면 자아는 잊힌다. 모세의 노래와 어린 양의 노래를 부르는 자들은 하나님의 놀라운 영광 앞에 압도되어 자신들이 수고한 것들은 중요한 것으로 여기지 않게 된다. 오직 왕이신 하나님과 그분의 역사에만 매료된다. 그것만 가슴 속에 반짝이기 때문에 위대한 연주회가 이루어지는 것이다. 살면서 만나게 된 역경은 중요하지 않다. 정말 중요한 것은 주님의 인격과 성품의 고상함과 아름다움에 있다.

우리 시대의 뛰어난 설교자 팀 켈러(Timothy Keller)는 고통, 근심이 없는 삶을 구하지 말고 하나님의 임재를 구하라고 권면한다. 그분의 탁월함 앞에 압도당하라는 것이다(Keller, 2018, 215). 그러면 악의 세력 앞에서 이길 수 있다. 하나님에게 압도당하면 그 어떤 어려움 앞에서도 승리하게 된다. 스데반이 돌에 맞아 죽으면서도 주님에게 압도당하여 승리하는 것을 볼 수 있다. 돌에 맞아 죽어가는, 인간적으로 볼 때는 비참한 현실을 영적인 시각으로 이겼다. 그의 얼굴빛이 천사와 같이 된 것에서 그 증거를 확인할 수 있다. 돌에 맞아 죽는 그 순간에도 주님 영광의 빛에 압도되니, 얼굴이 천사의 빛이 된 것이다. 자신에게 돌을 던지는 사람들을 향한 용서의 기도를 드리는 자리로 나아간 것이다.

　오늘도 스데반의 삶은 계속되어야 한다. 우리를 둘러싼 현실에 따라 움직이는 사람이 아니라 스데반이 응시한 보좌 우편에 서신 주님을 바라보며 역전 드라마의 주인공이 되어야 할 것이다. 우리에게 마땅한 진노와 심판을 거두시고, 주님에게 마땅한 영광과 승리를 우리에게 허락하신 하나님의 은혜를 한시도 잊지 말고, 천사의 얼굴로 패악한 세상을 끌어안는 사람이 되자.

맺음말

　무시무시한 재앙이 펼쳐지는 현실 속에서, 그것을 크고 놀라운 이적으로 바라본 사도 요한의 시선이 우리의 것이 되게 하자. 혹독한 현실에서, 이 재앙만을 바라보지 않고 재앙 너머로 펼쳐지게 될 소망의 언덕을 바라보는 안목이 있어야 할 것이다. 그 소망의 언덕에서 이루어질 연주회를 마음속에 품으며, 힘들지만 미소를 잃지 않고 하루하루를 버텨내는 우리가 되자. 이렇게 상상의 눈으로 소망의 언덕을 바라보며, 멋진 거문고 연주를 앞당겨서 듣는 것이야말로 슬기로운 대처법이 될 것이다.

요한계시록 16:1-21

¹ 또 내가 들으니 성전에서 큰 음성이 나서 일곱 천사에게 말하되 너희는 가서 하나님의 진노의 일곱 대접을 땅에 쏟으라 하더라 ² 첫째 천사가 가서 그 대접을 땅에 쏟으매 짐승의 표를 받은 사람들과 그 우상에게 경배하는 자들에게 악하고 독한 종기가 나더라 ³ 둘째 천사가 그 대접을 바다에 쏟으매 바다가 곧 죽은 자의 피 같이 되니 바다 가운데 모든 생물이 죽더라 ⁴ 셋째 천사가 그 대접을 강과 물 근원에 쏟으매 피가 되더라 ⁵ 내가 들으니 물을 차지한 천사가 이르되 전에도 계셨고 지금도 계신 거룩하신 이여 이렇게 심판하시니 의로우시도다 ⁶ 그들이 성도들과 선지자들의 피를 흘렸으므로 그들에게 피를 마시게 하신 것이 합당하니이다 하더라 ⁷ 또 내가 들으니 제단이 말하기를 그러하다 주 하나님 곧 전능하신 이시여 심판하시는 것이 참되시고 의로우시도다 하더라 ⁸ 넷째 천사가 그 대접을 해에 쏟으매 해가 권세를 받아 불로 사람들을 태우니 ⁹ 사람들이 크게 태움에 태워진지라 이 재앙들을 행하는 권세를 가지신 하나님의 이름을 비방하며 또 회개하지 아니하고 주께 영광을 돌리지 아니하더라 ¹⁰ 또 다섯째 천사가 그 대접을 짐승의 왕좌에 쏟으니 그 나라가 곧 어두워지며 사람들이 아파서 자기 혀를 깨물고 ¹¹ 아픈 것과 종기로 말미암아 하늘의 하나님을 비방하고 그들의 행위를 회개하지 아니하더라 ¹² 또 여섯째 천사가 그 대접을 큰 강 유브라데에 쏟으매 강물이 말라서 동방에서 오는 왕들의 길이 예비되었더라 ¹³ 또 내가 보매 개구리 같은 세 더러운 영이 용의 입과 짐승의 입과 거짓 선지자의 입에서 나오니 ¹⁴ 그들은 귀신의 영이라 이적을 행하여 온 천하 왕들에게 가서 하나님 곧 전능하신 이의 큰 날에 있을 전쟁을 위하여 그들을 모으더라 ¹⁵ 보라 내가 도둑 같이 오리니 누구든지 깨어 자기 옷을 지켜 벌거벗고 다니지 아니하며 자기의 부끄러움을 보이지 아니하는 자는 복이 있도다 ¹⁶ 세 영이 히브리어로 아마겟돈이라 하는 곳으로 왕들을 모으더라 ¹⁷ 일곱째 천사가 그 대접을 공중에 쏟으매 큰 음성이 성전에서 보좌로부터 나서 이르되 되었다 하시니 ¹⁸ 번개와 음성들과 우렛소리가 있고 또 큰 지진이 있어 얼마나 큰지 사람이 땅에 있어 온 이래로 이같이 큰 지진이 없었더라 ¹⁹ 큰 성이 세 갈래로 갈라지고 만국의 성들도 무너지니 큰 성 바벨론이 하나님 앞에 기억하신 바 되어 그의 맹렬한 진노의 포도주 잔을 받으매 ²⁰ 각 섬도 없어지고 산악도 간 데 없더라 ²¹ 또 무게가 한 달란트나 되는 큰 우박이 하늘로부터 사람들에게 내리매 사람들이 그 우박의 재앙 때문에 하나님을 비방하니 그 재앙이 심히 큼이러라

Αποκάλυψις Ιωάννου

33. 대접 재앙과 예배로의 부르심

들어가며

일곱 재앙 시리즈와 그것과 밀접하게 연결된 막간으로 구성된 부분이 요한계시록 6-16장을 차지하는 것을 볼 때, 요한계시록의 중심에 재앙 시리즈가 자리 잡고 있다고 할 수 있다. 다시 간략하게 6-16장을 살펴보자. 6장에서는 인 재앙을, 8-9장에서는 나팔 재앙, 15-16장에서는 대접 재앙을 다루고 있다. 그 사이에 7장의 십사만 사천 장면의 막간, 10-11장에 증인들의 사역에 대한 장면을 소개하는 막간 그리고 12-14장에 악의 세력들과 전투 장면이 막간으로 구성되어 있다. 그렇다면 이번에 다루게 될 요한계시록 16장은 재앙 시리즈의 마지막 재앙인 셈이다. 이 마지막 대접 재앙으로, 재앙 이야기의 대단원의 막이 내린다. 던지고 싶은 중요한 질문은 마지막 대접 재앙을 과연 어떤 시각으로 읽어야 하느냐이다. 이에 대하여 결론부터 말하면 대접 재앙을 예배의 관점으로 읽어야 한다는 것이다. 대접 재앙의 목적은 그저 두려움을 주어 경각심을 주려는 것이 아니라 거짓된 예배의 자리에서 돌아서서 하나님만을 예배하라고 교훈을 주려는 것이다. 대접 재앙의 간략한 내용 설명과 예배로 초대하는 교훈을 집중해서 살펴보고자 한다.

대접 재앙에 관한 강해: 네 가지 대접 재앙

15장이 대접 재앙에 대한 무대 설정이라면 16장은 무대 위에서 펼쳐지는 공연이다. 16장의 처음 네 가지 재앙은 자연계에 대한 재앙이고, 나머지 세 가지는 사탄의 보좌에 대한 직접적인 재앙이다. 하나님의 목적이 구속(救贖)하는 것이므로, 이 대접들을 자연계에 쏟아도 궁극적인 목적은 구속을 위한 것이다. 악의 지배 아래 있는 모든 피조물을 해방하기 위해서 진노를 집행하신다(롬 8:21). 이 재앙은 출애굽 당시 애굽에 내린 진노와 평행을 이루고 있다.

첫 번째 대접 재앙의 내용
....

첫 번째 대접은 땅 위에 임한다. 이는 하나님이 애굽에 내린 독종 재앙과 관련이 있다. 재앙의 대상자는 짐승의 표를 받아 경배한 자들이다. 이 점은 하나님의 인치심을 받은 자들이 이 재앙을 벗어난 존재들임을 간접적으로 유추할 수 있게 한다. 재앙의 영향을 받아도 그것은 성도들로부터 불순물을 제거하고 거룩하게 하는 성화적 차원에 속하는 것이다.

두 번째와 세 번째 대접 재앙의 내용

두 번째 천사와 세 번째 천사가 대접을 바다와 강과 물 근원에 쏟으니, 물이 피가 되었다. 이 심판의 목적은 무엇인가? 저희가 성도들과 선지자들의 피를 흘리게 하였으므로 저들에게 피를 주어 마시게 하려는 것이다. 하나님이 세상을 판단하시는 방식은 정확하므로 의로우시다. 이것이 바로 하나님의 공의의 축이다. 그렇다면 우리가 구원받는 것도 합당한가? 그렇지 않다. 이것이 하나님의 은혜의 축이다. 천사가 "의로우시도다", "합당하니이다"라고 수없이 외치는 소리가 우리에게는 감격으로 다가온다. 거룩하신 이 앞에 누구도 감히 설 수 없는데 우리는 은혜의 자리에 들어가게 되었고 "합당하니이다"라는 외침이 선포되고 있으니 말이다.

네 번째 대접 재앙의 내용

네 번째 대접을 해에다 쏟았다. 이것은 과학적 관점으로 접근할 문제가 아니다. 해가 권세를 받아, 불로 사람들을 태운다. 여기서 "받아"라는 동사는 신적 수동태로서 그 권세가 하나님에게서 주어진 것임을 강조하고 있다. 다시 한번 더 하나님의 주권이 강조되고 있다. 해가 사람들을 크게 태운다는 게 구체적으로 무엇을 말하고 있는지 상상하기가 힘들다. 이 재앙들에 관한 사람들의 반응은 하나님의 이름을 비방하며 회개치 않는 것이었다. 그들은 적그리스도를 따르는 일을 포기하지 않는다. 주님은 고통으로 인하여 사람들이 돌아오기를 기다리셨지만, 인생들은 그런 기미를 전혀 보이지 않고 있다. 마지막까지 그들은 하나님께 영광을 돌리지 않는다.

나머지 세 가지 대접 재앙

다섯 번째 대접 재앙의 내용

다섯 번째 대접 재앙은 애굽의 흑암 재앙과 비슷하다. 주목할 대목은 이 재앙이 적그리스도의 보좌에 직접 쏟아지고 있다는 부분이다. 짐승의 나라가 어두워지고 있다는 것은 세상이 온통 혼돈과 흑암에 의해 지배당하게 되는 것을 의미한다. 다시 등장하는 회개에 대한 거절은 이제 최종적으로 남은 두 재앙의 정당성을 증명한다. 심한 고난을 겪으면서도 절대로 하나님께 고개 숙이지 않고 오히려 더 심령이 굳어지고 있는 세상을 보게 된다. 끝내 회개하지 않고 있는 그들에게 아직도 2개의 대접 재앙이 남아 있다.

여섯 번째 대접 재앙의 내용

여섯 번째 재앙은 종말의 마지막 전쟁, 아마겟돈 전쟁을 준비하는 장면이 소개되고 있다. 아마겟돈 전쟁을 중동에서 일어날 3차 세계 대전이라고, 문자적으로 이해하기보다 상징적으로 해석하는 것이 묵시적인 성격과 조화를 이룬다. 유브라데 강이 마르는 것은 로마제국의 방위선이 무너짐을 상징하는 것이다. 동방에서 오는 왕들은, 최초의 독자들인 로마 시대 초대 교인들에게는 1세기 동쪽에서 끊임없이 위협하던 파르티아인들을 연상케 한다. 드디어 아마겟돈 전쟁이 벌어진다. 동방에서 오는 위협 앞에서 사탄 삼위일체가 총력전을 펼치기 위해 군대를 모은다. 사탄은 이적을 행하여 온 천하 임금들의 지원을 받아 낸다. 주의 날에 임할 전쟁은 심판의 성격을 강하게 드러내고 있다(벧후 3:12).

이 전쟁은 주님의 재림으로 종결된다. 이것은 우리의 미래에 있을 무서운 사건을 예견케 하고 있지만, 문제는 신자가 이런 종말의 사건들을 두려워해서는 안 된다는 점이다. 오직 깨어 있기만 하면 되는 것이다. 복 있는 사람은 구원의 반열에 서 있는 자이면서, 동시에 기름을 준비한 다섯 처녀의 삶을 사는 자이다.

본문에서 사용하고 있는 아마겟돈은 히브리어로 '하르', 즉 언덕이라는 말과 '므깃도'라는 지명의 합성어로서 '므깃도 언덕'이라는 뜻이다. 므깃도는 구약에서의 격전지였다(삿 5:19; 수 12:21; 대하 35:22). 요한은 전쟁의 기억과 또 잔인하고 두려운 감정을 환기하기 위해서 이 전통적인 전투지를 언급하고 있다.

일곱 번째 대접 재앙의 내용

일곱 번째 대접 재앙은 요한계시록 14장 8절에서 이미 간략하게 소개된 것처럼 바벨론에 진노가 부어지는 것이다. 공중에 재앙이 임한다. 그러자 보좌에서 큰 음성이 나서 "성취되었다(it is done)"라는 선언이 울려 퍼진다. 요한복음 19장 30절과 유사하다. 창세 이래로 본 적이 없는 지진이 일어나게 된다. 이것은 지구를 파괴하는 최종적인 지진이다. 여기 세 갈래 파괴는 완전한 파멸을 의미한다. 안타까운 것은 큰 우박이 떨어져 무서운 재앙을 당하지만, 사람들은 끝내 하나님을 거절하고 오히려 더 패역해진다. 재앙은 인생이 하나님을 떠난 대가라는 것을 성경은 누누이 강조하고 있다.

대접 재앙의 적용: 진정한 왕이신 하나님을 향한 예배로의 초대

다시 강조하지만, 대접 재앙 전체(계 15-16장)를 예배의 이슈로 풀 수 있다. 하나님의 진노와 대접 재앙을 받는 이들은 끝내 왕께 예배드리기를 거절한 사람들이다. 반대로 하나님의 진노에서 살아남을 수 있는 자들은 끝까지 왕께 예배드리기를 고집한 사람들이다. 이 두 사람의 갈림길이 바로 대접 재앙이다. 정말 이런 적용이 타당한지를 차근히 풀어가 보자.

다음 단어들이 나열될 때 독자 여러분 머릿속에 떠오르는 이미지의 공통점이 무엇인지를 찾아보는 것에서 논의를 시작해 보기로 하겠다.

> 유리 바다(물)
> 증거 장막
> 세마포 옷을 입고 가슴에 금띠를 띤 천사
> 금 대접
> 일곱 개의 대접들

이 모든 표현을 하나로 묶을 수 있는 공통점은 무엇일까? 그것은 바로 구약의 제단에서 드려지는 제사와 관계되어 있다. 이것들은 신약으로 표현하면 예배의 장면과 연결된 비품들이다. 탁월한 영성 신학자였던 유진 피터슨(Eugene H. Peterson)은 '물'을 세례용이라고 말하고 있다. "세례용 수반에서 우리는 죄를 깨끗이 씻고, 성찬대에서 그리스도의 살과 피를 먹고 마신다(Peterson, 2002, 277)." '증거 장막'은 모세가 받은 증거의 판을 중심으로 하는 광야의 성막을 의미한다. 천사의 모습은 제사를 집례하는 제사장의 모습을 기억나게 한다. '대접'들은 성전 안에서 사용된 접시들을 연상케 한다.

우리는 이 마지막 재앙이 제사 혹은 예배를 연상시키는 비품과 그림들로 배경을 삼고 있음을 확인하게 된다. 제기하고 싶은 질문은 이것이다. 왜 마지막 재앙이 하나님께 제사하는 모티브(motif)와 관계가 있을까? 이 질문에 답하기 위해 재앙 장면 중에 반복되는 구절을 자세히 살펴볼 필요가 있다.

첫 번째 대접 재앙을 보자. 재앙의 대상이 짐승의 표를 받은 사람들과 그 우상에게 절한 자들이다. 넷째 재앙에 다시 이 재앙을 당하는 사람들의 모습을 그리고 있다. 그들은 하나님의 이름을 비방하며 영광을 주께 돌리지 않은 자들이라고 한다. 다섯째 재앙 후에는 이들을 단순히 예수 안 믿는 사람들이라고 말하지 않고, 하늘의 하나님을 비방하고 저희 행위를 회개치 않은 자들이라고 말한다. 그렇다면 이들의 정체가 무엇일까? 무엇과 연관되어 있을까?

그것은 바로 예배와 관련되어 있다. 한마디로 그들은 하나님께 예배드리지 않은 자이다. 예배드려야 할 필요성을 몰라서가 아니라 고의로 거절한 사람들이다. 또 다른 왕인 사탄(용)과 짐승에게 예배하기 위해 하나님께 예배드리기를 싫어한 사람들이다. 예배가 하나님께 올려드려야 할 온전한 영광을 드리는 것이라면, 그들은 하나님께 드려야 할 영광과 최상의 가치를 사탄에 드린 사람들이다. 극단적 예외 상황을 제외하고는, 하나님은 모든 인생에 세상의 삶이라는 일정한 시간을 주셨다. 그 삶의 시간은 기회이다. 그 시간은 내가 쓰는 것이지만, 쓰인 시간에 대하여 반드시 평가받게 된다. 그 시간에 대한 평가는 얼마나 시간을 열심히 선용했는가보다 더 본질적인 것을 기준으로 내려진다. 주님은 주어진 기회 안에서 참된 인생의 주인을 인정했는지를 우선으로 물으실 것이다.

오늘 마지막 최종적인 심판의 갈림길이 놀랍게도 예배 여부에 달려 있다. 참 예배자와 거짓 예배자를 구분하신다. 더 정확히 말하면, 하나님을 예배하는 자와 세상에 속한 것을 예배한 자의 운명을 결정짓는 것이 바로 대접 재앙의 최종 심판이다.

불신자의 첫 번째 가장 큰 죄목은 이것이다. "주어진 시간에 하나님보다 물질을 경배하다가, 하나님께 돌릴 영광을 거절하되 끝까지 거절하는 죄"이다. 불신자의 중한 죄목의 두 번째는 이것이다. "자신만 예배하기를 거절할 뿐 아니라 온갖 방법을 다 써서 하나님께 영광을 돌리려는 사람들의 진로를 훼방하는 것"이다. 이것 때문에 하나님은 그들을 향해 무자비한 방식으로 재앙을 내리신다. 어느 인생도 감히 이 진노의 레이더를 피할 수 없다. 하나님의 진노로 인하여 철저하게 악이 무너지고 있다.

왜 하나님은 세상을 심판하시는가? 불신자 편에서는 예배하지 않았기 때문이지만, 이것을 신자 편에서 다시 표현해 보면, 우리를 방해받지 않고 하나님만을 예배할 수 있는 예배자들로 세우시기 위해서라고 할 수 있다. 성경의 재앙 주제와 밀접한 관련이 있는 출애굽 사건에서, 하나님이 이스라엘을 애굽의 속박으로부터 구출하신 주요한 이유가 무엇인가? 이스라엘을 온전한 예배자로 세우기 위함이다. 그래서 바로가 재앙을 만날 때, 너희 하나님 여호와를 섬길 수 있게 하고 그분에게 희생을 드리게 할 테니, 이 재앙을 거두어 달라고 모세와 협상을 하게 되는 것이다. 이와같이 예수님을 통한 출애굽의 이유는, 우리를 신령과 진정으로 드리는 예배자로 세우기 위함이다. 마지막 하나님 나라의 완성도, 우리를 온전한 예배자로 받으시기 위함이다. 성경의 전 구원 역사의 중심이 되는 주님의 관심은 이렇게 예배, 또 예배다. 이러한 사실이 우리에게 던져주는 도전과 확신은 무엇일까?

초대교회 핍박은 "하나님을 예배하느냐? 하나님을 향한 예배를 포기하느냐?"에 있었다. 고난이 올 때 가장 심각한 마음의 갈등은 "우리가 추구하는 가치, 우리가 붙잡은 선택과 결정이 참으로 올바른 것인가?"라는 물음일 것이다. 내가 최상의 가치로 여기는 하나님만 바라보고 경배하는 것이 과연 옳은 일일까? 우리 주님을 믿는 것과 증거하는 일 때문에 어려움을 겪게 될 때 우리는 흔들리게 된다. 주님은 말씀을 통해 우리가 아무리 고달파도, 왕께 드리는 경배를 목숨을 걸고 지켜야 한다는 것을 강조하신다. 그것이 바른 선택이라고 선포하고 있다. 이것을 우리에게 분명히 확인시키는 방식이 바로, 거짓된 세상의 왕에게 경배한 사람들을 철저히 파괴하시는 대접 재앙이다. 이것이 대접 재앙의 의도라면, 우리를 향한 메시지는 분명하다.

고달픈 시절에도 놓치지 말아야 하는 것은, 하나님이 왕 되심을 고백하는 것이다. 역경을 만나도 중단 없이 주님을 주인으로 인정하고 나아가야 한다. 인생 시련의 바람이 휘몰아쳐도 우리가 굳게 붙잡아야 하는 것은, 그분의 영광 앞에 거룩한 입맞춤으로 나아가는 것이다. 이것이 바른 선택이다. 이것이 심판 앞에 살아날 수 있는 신자의 외길이다. 이것이 세상의 재앙 앞에서도 든든히 설 수 있는 담대함이다.

요한계시록 16:1-21

1 또 내가 들으니 성전에서 큰 음성이 나서 일곱 천사에게 말하되 너희는 가서 하나님의 진노의 일곱 대접을 땅에 쏟으라 하더라 2 첫째 천사가 가서 그 대접을 땅에 쏟으매 짐승의 표를 받은 사람들과 그 우상에게 경배하는 자들에게 악하고 독한 종기가 나더라 3 둘째 천사가 그 대접을 바다에 쏟으매 바다가 곧 죽은 자의 피 같이 되니 바다 가운데 모든 생물이 죽더라 4 셋째 천사가 그 대접을 강과 물 근원에 쏟으매 피가 되더라 5 내가 들으니 물을 차지한 천사가 이르되 전에도 계셨고 지금도 계신 거룩하신 이여 이렇게 심판하시니 의로우시도다 6 그들이 성도들과 선지자들의 피를 흘렸으므로 그들에게 피를 마시게 하신 것이 합당하니이다 하더라 7 또 내가 들으니 제단이 말하기를 그러하다 주 하나님 곧 전능하신 이시여 심판하시는 것이 참되시고 의로우시도다 하더라 8 넷째 천사가 그 대접을 해에 쏟으매 해가 권세를 받아 불로 사람들을 태우니 9 사람들이 크게 태움에 태워진지라 이 재앙들을 행하는 권세를 가지신 하나님의 이름을 비방하며 또 회개하지 아니하고 주께 영광을 돌리지 아니하더라 10 또 다섯째 천사가 그 대접을 짐승의 왕좌에 쏟으니 그 나라가 곧 어두워지며 사람들이 아파서 자기 혀를 깨물고 11 아픈 것과 종기로 말미암아 하늘의 하나님을 비방하고 그들의 행위를 회개하지 아니하더라 12 또 여섯째 천사가 그 대접을 큰 강 유브라데에 쏟으매 강물이 말라서 동방에서 오는 왕들의 길이 예비되었더라 13 또 내가 보매 개구리 같은 세 더러운 영이 용의 입과 짐승의 입과 거짓 선지자의 입에서 나오니 14 그들은 귀신의 영이라 이적을 행하여 온 천하 왕들에게 가서 하나님 곧 전능하신 이의 큰 날에 있을 전쟁을 위하여 그들을 모으더라 15 보라 내가 도둑 같이 오리니 누구든지 깨어 자기 옷을 지켜 벌거벗고 다니지 아니하며 자기의 부끄러움을 보이지 아니하는 자는 복이 있도다 16 세 영이 히브리어로 아마겟돈이라 하는 곳으로 왕들을 모으더라 17 일곱째 천사가 그 대접을 공중에 쏟으매 큰 음성이 성전에서 보좌로부터 나서 이르되 되었다 하시니 18 번개와 음성들과 우렛소리가 있고 또 큰 지진이 있어 얼마나 큰지 사람이 땅에 있어 온 이래로 이같이 큰 지진이 없었더라 19 큰 성이 세 갈래로 갈라지고 만국의 성들도 무너지니 큰 성 바벨론이 하나님 앞에 기억하신 바 되어 그의 맹렬한 진노의 포도주 잔을 받으매 20 각 섬도 없어지고 산악도 간 데 없더라 21 또 무게가 한 달란트나 되는 큰 우박이 하늘로부터 사람들에게 내리매 사람들이 그 우박의 재앙 때문에 하나님을 비방하니 그 재앙이 심히 큼이러라

Αποκάλυψις Ιωάννου

34. 대접 재앙과 연대 관계(solidarity)

들어가며

성경은 어떤 관점으로 읽느냐에 따라서 천양지차의 해석이 나온다. 어떤 관점으로 성경을 읽느냐가 건전한 성경 읽기의 첫걸음이라고 해도 지나치지 않다. 비단 성경 읽기만이 아니다. 신앙의 삶에서도 마찬가지이다. 기독교 신앙의 승리도 '환경의 승리'보다는 '관점의 승리'가 우선되어야 한다. 대접 재앙에서 더 중요한 것은 재앙의 내용보다 의도이다. 대접 재앙의 의도를 파악하려면, 그 대접 재앙을 보는 시선에 초점을 맞추어야 한다. 앞에서는 성경 가운데 가장 험한 봉우리로 알려진 대접 재앙을 해석하는 관점으로 '대접 재앙과 예배'라는 키워드를 통해 접근해 보았다. 이번에는 '대접 재앙과 연대 관계'라는 키워드로 풀어보려고 한다.

이미 여러 차례 언급한 것처럼, 요한계시록의 본론에 해당하는 6-16장에서는 인 재앙 – 나팔 재앙 – 대접 재앙이라는 일련의 재앙 시리즈가 제시되어 있다. '세 가지 재앙'이라기보다는 하나의 재앙이 가지고 있는 세 가지 국면이 제시되었다. 요한이 환상 가운데 보게 된 재앙 시리즈에 따르면, 세상은 인 재앙으로 사 분의 일이 파괴되고, 나팔 재앙으로 삼 분의 일이 타격을 입고 그리고 마지막 대접 재앙으로 전체적이고 전면적인 재앙이 쏟아지는 것을 알 수 있다. 이러한 최종적인 심판에 해당하는 대접 재앙은 세상 사람들이 악의 세력과의 '연대 관계'로 인하여 맞이하게 된 비극적인 현실이다. 이것이 이번 중심 주제이다.

최종 심판을 당하는 사람들의 연대 관계

다시 한번 더 분명히 선을 그을 대목이 있다. 인 재앙과 나팔 재앙을 포함한 대접 재앙의 주된 대상자가 누구인가의 문제이다. 아무리 봐도 신실한 성도가 이 재앙의 직접적인 목표(target)는 아니다. 오히려 인생의 마지막 시간까지 하나님께 예배하기를 거절한 사람들이 대상자이다. 또한 요한계시록이 로마의 도미티안(Titus Flavius Domitianus) 황제 숭배를 거절한 자들이 극심한 핍박을 당하는 가운데 쓰인 책이라면, 교인들 가운데에는 신앙을 버린 사람도 분명히 있었을 것이다. 이런 변절자들이 대접 재앙의 또 다른 대상자일 것이다. 이런 불신자와 변절자들이 왜 대접 재앙으로 최종 심판을 당해야 할까? 이에 대한 답은 "악의 세력과 연대했기 때문"일 것이다.

악의 세력과의 연대

　대접 재앙의 심판을 당해야 하는 사람들은 우상의 세력에 이끌리고 있고 연대 되어 있다. 이 땅에 발 딛고 살아가는 모든 사람은 독립적으로 보이지만, 독자적이지 못하다. 무엇인가에 이끌려 움직이는 존재다. 하나님에 의해 움직여 그분의 인도하심을 따라 살든지, 그렇지 않으면 우상의 세력에 이끌려 살아가게 된다. 중간은 없다. 하나님이 존재하시지만, 또한 공중 권세 잡은 자인 우상의 세력이 있다. 이러한 차원에서 하나님을 믿지 않는 사람은 있어도 무신론자란 없다. 하나님을 거절하며 살아가는 사람도 끝없이 무엇인가에 이끌려 살아가며, 누군가를 끝없이 숭배하는 까닭이다. 가장 절대적인 숭배의 대상은 아마도 요한계시록 17-18장에서 본격적으로 그 실체를 드러내게 될 큰 음녀 바벨론일 것이다. 음녀 바벨론은 세상을 온통 '큼의 가치'로 치달아가게 하는 존재이다. 맘몬의 가치로 유혹하는 세력이다. 하나님을 거절하고 살아가는 대부분이 이 음녀 앞에서 무너지고 그녀의 노예로 살아간다. 불신자는 모두 음녀의 시녀이며, 절대 무신론자는 없다. 공중의 권세 잡은 자, 마귀가 온통 세상을 점령하고 있기에, 종교를 가지지 않고 중립의 위치에 있는 것으로 보이는 사람도 역시 우상숭배의 자리에 있는 것이다. 공중의 권세 잡은 자인 마귀와의 악의 연대로 인하여 사람들은 끝내 대접 심판을 받게 된다. 악과의 연대를 거론하는 것으로 그와 연대한 심판의 대상자들에게 무슨 면죄부를 주려는 것이 아니다. 반대로 강조하려는 것은 사람이 누구에게 속해 있느냐에 대한 '소속의 문제'가 그/그녀의 운명을 결정하게 된다는 것을 분명히 하려는 것이다.

악의 세력과의 연대가 주는 무서움

이제 악의 세력과 연합 혹은 결속이 주는 무서움에 대하여 논의해 보자. 크게 두 가지인데 심판 속에 살아가는 것과 회개의 자리로 나아가지 못하는 것이다.

심판 속에 살아가는 것: 예수님의 울타리 밖에 있는 사람들이 최종적으로 심판의 자리로 떨어질 것이 불행한 결과라는 것은 두말할 필요가 없다. 그들이 복음을 들어야 하는 이유는 그 최종적인 불행을 피하게 하려는 데 있다. 그러나 그것만큼, 혹은 그보다 더 불행한 것이 있다. 그것은 바로 세상 사람들이 현재 최종적인 심판을 받으며 살고 있다는 것이다. 끝내 하나님을 향한 경배와 예배의 자리로 나오지 않아서 최종 심판을 당하는 것에 버금가는 비극은, 하나님을 향한 예배를 상실한 자리에서 한평생 살아가는 것이다. 20세기 최고의 정신의학자이면서 동시에 호스피스 사역의 선구자이 엘리자베스 퀴블러 로스(Elisabeth Kübler-Ross)와 그녀의 제자 데이비드 케슬러(David Kessler)가 저술한 〈인생 수업〉이라는 유명한 책이 있다. 죽음을 앞에 둔 사람들을 인터뷰하면서 그들이 후회하는 것이 무엇인지를 밝혀, 살아온 세월 동안 인생에서 배운 것들을 적었다. 이 책의 서문에서 류시화 작가는 이런 말을 한다.

> 죽음은 삶의 가장 큰 상실이 아니다. 가장 큰 상실은 우리
> 가 살아있는 동안 우리 안에서 어떤 것이 죽어 버리는 것이다
> (Kubler&Kessler, 2014, 2).

멋진 말이다. 비록 류시화가 죽음으로 모든 것이 끝난다는 생각을 전제로 이런 말을 하는 것이겠지만, 깊이 음미해 볼 대목이다. 죽음이 비극이지만 그보다 더 큰 비극은 죽음 전에 죽어가는 것이다. 죽음 전에 생명을 살아내지 못하고, 생존으로 죽어가는 것이 비극 중의 비극이다. 진정한 삶의 방향과 의미를 찾지 못하고 사는 것이 불행이다. 세상은 하나님을 등진 채 심판을 현재 진행형으로 살아가고 있다. 용, 바다짐승 그리고 땅 짐승으로 구성된 사탄 삼위일체 세력에 이끌려 살아간다. 또한, 바벨론을 상징하는 큰 음녀의 유혹에 넘어가 영혼을 팔며 살고 있다. 일생을 그들의 가치에 지배당하는 일상으로 사는 것은 비극 중의 비극이다.

회개의 자리로 나아가지 못함: 회개하지 않는 것은 심령의 가난함과 뉘우치는 마음이 없는 것이다. 자신들의 적나라한 실상에 직면해야 하는데 끝내 그러지 못하는 것이다. 어쩌면 대접 재앙의 심판을 당하는 사람들은 죄로 인해 소망이 없는 자들이 아닌, 끝까지 회개하지 못하는 자들일지도 모른다. 우리는 모두 인간이기에 죄를 짓는다. 죄를 지어도 방향 감각이 있으면 된다. 궤도 수정을 할 수 있으면 된다. 차를 타고 가다가 길을 잘못 들어서도 되돌아가면 목적지에 이를 수 있다. 죄로부터 돌이키면 되는 것이다. 그것이 바로 회개이다.

회개는 자기 성찰을 기본으로 한다. 늘 자신의 한계를 보아야 회개에 이르게 되는데, 이들은 결코 그러지를 못하기 때문에 회개할 수 없다. 사탄 삼위일체 세력의 핵심은 바다짐승으로 대변되는 적그리스도이다. 바다짐승의 무기는 과장되고 신성모독적인 말이다(계 13:5). 큰 것을 추구하게 하는 존재이다. 자기 확장으로 사람들을 꼬이는 세력이다. 그의 수하에 있는 사람들이 언제나 큰 성공의 가치를 추구하게 만든다. 또한, 인생이 현실에서 피부로 만나게 되는 세력은 앞에서 언급한 바벨론이다. 역시 바벨론도 큰 것, 화려한 것을 추구하게 하는 악의 세력이다 (계 17:1). 큰 것을 추구하는 정신으로 세상을 광란의 경주장으로 만들어 놓는다. 늘 세상을 향해 권면한다. 한계를 모르는 인생이 되라고. 큰 성공이 만족을 줄 것이라고.

이렇게 인생을 미혹하는 악의 세력들은 사람이 성찰하지 못하게 한다. 대신에 사람을 자기기만으로 나아가게 한다. 그러기에 세상에서 자기 성찰로 만들어지는 '회개'는 참으로 생소한 단어이다. 오히려 자기기만으로 인한 '자만'이 익숙한 단어이다.

최후 승리를 맞이하는 사람들의 연대

이제 마지막으로 예수 안에서 최후 승리를 얻게 되는 신자의 인생이 복된 이유는 우리의 왕이자 통치자이신 예수님과의 연대 관계 때문이다. 우리가 선한 목자 되신 주님에게 이끌림을 받은 자리, 소위 말해서 연대 관계 속으로 참여케 된 것이다. 어떻게 그토록 복된 자리로 들어가게 되었는지에 대한 내막을 밝힐 필요가 있다. 그 내막을 소상히 알아야 우리가 서 있는 자리에 대하여 감격하게 된다.

우리들의 마땅한 자리는 심판

원래 우리가 마땅히 맞이하게 될 자리는 심판의 자리이다. 최종적인 재앙을 맞이하는 것이 우리의 운명이다. 이전의 우리의 모습은 말 그대로 어두움이었다. 죄를 지어서 죄인이 아니라 죄인이기에 죄를 지으며 살아온 인생이다. 아무리 결심해도 죄에서 벗어날 수 없는 존재가 우리다. 그런 우리가 예수님으로 인하여 운명이 바뀌게 되었다. 여전히 본질은 죄 덩어리이지만 예수님과의 유대관계 안에서 새로운 신분을 얻게 되었다. 사도바울이 강조하는 표현으로 "주 안에서"이다. 주 안에서란 그리스도와 연합의 관계 안에서 우리가 새로운 신분을 얻게 된 것이다. 우리의 새로운 신분은 바로 그의 자녀이다.

우리의 실력이 아닌 주님의 긍휼

우리가 이렇게 새로운 신분으로 새로운 운명이 된 것은 무엇 때문일까? 우리 실력으로는 실격이다. 그러나 주님의 긍휼과 사랑으로 인하여 복된 사람이 된 것이다. 우리는 머리부터 발끝까지 죄악 된 존재이기에 주님을 내 편으로 만들 수 없다. 우리가 주님의 편이 되는 길은 오직 한 방법뿐이다. 주님이 우리를 그분의 편에 끼워주시는 것이다. 어린 시절 동네에서 축구를 하면 양쪽 대표가 가위바위보를 해서 잘하는 선수들을 자기 편으로 삼는다. 우리는 잘하는 선수가 아니다. 경기에 뛸 수 없는 사람이다. 그런 우리를 주장이 끼워주면 뛸 수 있다. 이렇게 영원한 대장이신 주님께서 우리를 그분의 편이 되게 해 주신 것이다. 그 어떤 노력으로도 그분 편에 속할 수 없지만, 그런 우리를 그분이 한 편이 되게 해 준 것이다. 이것을 기독교에서는 은혜라고 말하는 것이다.

구원을 벅차게 살아내는 삶

앞에서 필자는 하나님을 알지 못하는 세상 사람들이 그들의 왕 사탄의 세력에 붙들려 최종적인 심판의 운명에 처한 것만이 아니라 현재 심판을 받으며 산다고 했다. 이처럼 구원도 마찬가지이다. 단지 마지막 날에 구원을 받는 게 아니라 현재 구원을 받아 살아가는 것이다. 구원은 그저 과거 시제로부터 미래 시제로 이동해 가는 것이 아니라 현재 시제를 통하여 미래 시제로 나아가는 것이다. 그러기에 우리가 구원을 받는다는 것은 현재를 공백기로 놔두고 미래에 구원이 이루어지는 것이 아니다. 우리는 현재를 벅찬 감격으로 살아내야 한다. 자격 없는 우리가 주님의 편이 된 감격을 가지고 날마다 구원을 이루어 가야 한다. 이 면에서 구원은 '명사'가 아니라 '동사'인 것이다. 기독교를 원색적으로 말하면, 우리가 주님 안에서 받게 된 복은 죽어서 천국에 가는 것이 맞다. '예수 천당, 불신 지옥'이라고 했듯이 예수를 믿음으로 천국에 가는 것은 중요한 구원의 결과임이 분명하다. 그러나 그것이 전부가 아니다. 더 위대한 복을 누려야 한다. 먼 훗날 받는 것이 아니라, 여기 이 땅에서 구원을 이루어 가야 한다. 구원받은 삶을 멋지고 품위 있게 그리고 감격적으로 사는 것이다.

가슴 치는 회개로 나아가는 삶

구원받은 삶을 살아가는 것이 마땅할진대, 그렇다면 우리의 현주소는 어디인가? 대부분은 늘 구원받은 삶을 살아내지 못한다. 때론 구원의 반대편에서 산다. 주님에 의해서 구원을 받았음에도 불구하고 하루하루를 사탄과 연대하며 살아가는 경우도 비일비재하다. 소속은 주님인데, 늘 첩자 노릇을 하며 산다. 세상을 기웃거리며 산다. 왔다 갔다 양다리 걸치며 산다. 그러다 보니 구원의 감격도 없고 구원의 열매도 없다. 우리는 그것을 아파해야 한다. 그것으로 인해 울어야 한다. 그렇게 귀하신 주님을 이렇게 초라하게 섬기는 우리의 모습으로 인하여, 우리는 늘 울면서 그분이 보이신 길을 따라가야만 하는 것이다. 한국 교회가 청교도 신앙을 계승하는 데 이바지한 어느 설교자의 가슴 절절한 기도문으로 마무리하고자 한다.

> 부흥이 오지 않아도 우리는 항상 하나님을 섬길 것입니다. 한 편의 설교로 수많은 죄인을 거꾸러뜨릴 수 있는 능력이 없다고 할지라도 우리는 죄를 지적하고 회개를 촉구하는 설교를 그치지 아니할 것입니다. 말씀을 가르칠 때, 많은 사람이 회심하는 축복이 없다고 할지라도, 우리는 진리와 양심을 따라 가르칠 것입니다. 크게 감동하여 그렇게 살기로 한 사람이 없어도 우리는 성도들에게 거룩한 삶을 살도록 촉구할 것입니다. 우리는 죽는 날까지 그 일을 계속할 것입니다. 그러나 우리는 울면서 그 일을 할 것입니다. 하나님이 거룩한 부흥을 주시면 이룰 수 있는 위대한 결과와 그렇게 수고하여서야 얻을 수 있는 적은 성과 사이의 차이 때문에 우리는 눈물을 흘릴 것입니다. 우리가 힘을 다하여 애써도 변화되지 않는 교회와 세상 때문에, 좋으신 주님을 그렇게 초라하게 섬기는 처지 때문에 흐느끼면서 섬길 것입니다. 부흥을 주시도록 기도하면서(김남준, 1999, 403).

요한계시록 16:1-21

1 또 내가 들으니 성전에서 큰 음성이 나서 일곱 천사에게 말하되 너희는 가서 하나님의 진노의 일곱 대접을 땅에 쏟으라 하더라 2 첫째 천사가 가서 그 대접을 땅에 쏟으매 짐승의 표를 받은 사람들과 그 우상에게 경배하는 자들에게 악하고 독한 종기가 나더라 3 둘째 천사가 그 대접을 바다에 쏟으매 바다가 곧 죽은 자의 피 같이 되니 바다 가운데 모든 생물이 죽더라 4 셋째 천사가 그 대접을 강과 물 근원에 쏟으매 피가 되더라 5 내가 들으니 물을 차지한 천사가 이르되 전에도 계셨고 지금도 계신 거룩하신 이여 이렇게 심판하시니 의로우시도다 6 그들이 성도들과 선지자들의 피를 흘렸으므로 그들에게 피를 마시게 하신 것이 합당하니이다 하더라 7 또 내가 들으니 제단이 말하기를 그러하다 주 하나님 곧 전능하신 이시여 심판하시는 것이 참되시고 의로우시도다 하더라 8 넷째 천사가 그 대접을 해에 쏟으매 해가 권세를 받아 불로 사람들을 태우니 9 사람들이 크게 태움에 태워진지라 이 재앙들을 행하는 권세를 가지신 하나님의 이름을 비방하며 또 회개하지 아니하고 주께 영광을 돌리지 아니하더라 10 또 다섯째 천사가 그 대접을 짐승의 왕좌에 쏟으니 그 나라가 곧 어두워지며 사람들이 아파서 자기 혀를 깨물고 11 아픈 것과 종기로 말미암아 하늘의 하나님을 비방하고 그들의 행위를 회개하지 아니하더라 12 또 여섯째 천사가 그 대접을 큰 강 유브라데에 쏟으매 강물이 말라서 동방에서 오는 왕들의 길이 예비되었더라 13 또 내가 보매 개구리 같은 세 더러운 영이 용의 입과 짐승의 입과 거짓 선지자의 입에서 나오니 14 그들은 귀신의 영이라 이적을 행하여 온 천하 왕들에게 가서 하나님 곧 전능하신 이의 큰 날에 있을 전쟁을 위하여 그들을 모으더라 15 보라 내가 도둑 같이 오리니 누구든지 깨어 자기 옷을 지켜 벌거벗고 다니지 아니하며 자기의 부끄러움을 보이지 아니하는 자는 복이 있도다 16 세 영이 히브리어로 아마겟돈이라 하는 곳으로 왕들을 모으더라 17 일곱째 천사가 그 대접을 공중에 쏟으매 큰 음성이 성전에서 보좌로부터 나서 이르되 되었다 하시니 18 번개와 음성들과 우렛소리가 있고 또 큰 지진이 있어 얼마나 큰지 사람이 땅에 있어 온 이래로 이같이 큰 지진이 없었더라 19 큰 성이 세 갈래로 갈라지고 만국의 성들도 무너지니 큰 성 바벨론이 하나님 앞에 기억하신 바 되어 그의 맹렬한 진노의 포도주 잔을 받으매 20 각 섬도 없어지고 산악도 간 데 없더라 21 또 무게가 한 달란트나 되는 큰 우박이 하늘로부터 사람들에게 내리매 사람들이 그 우박의 재앙 때문에 하나님을 비방하니 그 재앙이 심히 큼이러라

Αποκάλυψις Ιωάννου

35. 대접 재앙과 모순적 조합

들어가며

지금까지 요한계시록 16장의 대접 재앙을 "예배"와 "연대 관계"라는 관점으로 설명했다. 이번에는 대접 재앙을 "대조적(또는 모순적) 조합"이라는 관점으로 생각해보려고 한다. 대조적 조합의 의미를 살피기 위해 먼저 대조적인 성격으로 가득 찬 인생과 하나님의 특성으로 시작해 보자.

대조적인 성격들이 조합하는 인생살이

우리 인생은 대조적 또는 모순적 성격의 조합으로 설명될 경우가 적지 않다. 다음의 실례를 보면 인생살이가 모순적인 조합으로 가득 차 있다.

"훈련은 치열하게 하되 훈련으로 힘을 빼지 말라." 어느 야구 감독의 말이다. 훈련은 죽을 힘을 다해야 하지만, 훈련을 지나치게 하면 실전에서 힘이 빠져서 못 뛰는 경우가 생기기에 훈련을 치열하게 하되 훈련으로 모든 에너지를 소비해서는 안 되는 모순적인 조합이 생기게 되는 것이다.

"팀 경기는 한 사람만 잘해서는 안 되지만, 한 사람으로도 팀이 살아난다." 팀으로 경기하기에 한 사람만 잘한다고 승리하게 되는 것은 아니다. 그러나 만일 한 사람이 잘하게 되면 팀 전체가 살아나게 되기도 하기에 팀 전체와 한 사람의 관계가 모순적인 조합으로 연결될 수 있다.

"최대한 마늘을 많이 넣되 적당히 넣으세요." 요즘 요리 프로가 대세이다. 대부분 요리 프로는 전문가가 나와서 요리 초보자들에게 요리법을 알려주는 것인데, 역발상의 요리 프로가 있다. 그것이 바로 '수미네 반찬'일 것이다. 김수미라는 요리의 비전문가인 배우가 전문 쉐프들을 가르친다. 60년 요리 실력으로, 이름만 대면 알 수 있는 요리 대가들에게 요리를 가르친다. 재미난 부분은 간을 맞출 때이다. 요리사들이 간을 위해 계량컵으로 얼마나 넣어야 하느냐고 묻는데 김수미 씨의 답이 웃기다. "넣는 둥 마는 둥 하라." "자박자박하게 하라." "노골노골하게 하라." 어느 날 묵은지로 김치찌개를 만드는데, 마늘을 많이 넣는 것이 제일 중요하다고 하면서 마늘을 최대한 많이 넣되 적당하게 넣으라고 한다. 가급적 많이 넣는 것과 적당하게 넣는 것은 모순적인 조합이다.

"청소를 대충 잘하라." 청소를 어떻게 하느냐고 묻는 말에 대충 잘하라고 대답해 주는 경우가 종종 있다. 대충하는 것과 잘하는 것은 서로 모순적이다.

열거한 실례들을 보면, 우리의 인생살이는 둘 가운데 딱 부러지게 하나를 선택하며 사는 것이 아니라 대조적인 조합을 살아가고 있다고 해도 지나친 표현은 아닐 것이다. 모순적이고 대조적으로 산다는 것이 불가능해 보이지만 항상 그런 것은 아니다.

대조적인 성격들이 조합하는 신앙생활

인생살이만 그런 것이 아니다. 우리 하나님도 역시 이런 대조적인 성격의 조합이시다. 하나님은 이것이냐 저것이냐(either-or)의 하나님이 아니라 이것도 취하고 저것도 버리지 않으시는(both-and) 분이시다. 대표적인 것이 기독교의 상징인 십자가이다. 십자가는 심판과 사랑이 만나는 곳이다. 심판하시되 사랑하는 것의 조합이라고 할 수 있다. 그렇다면 인생살이와 마찬가지로 신앙생활도 역시 오직 둘 가운데 선명하게 하나를 선택하는 때도 있지만, 대조적인 조합을 살아야 하는 일도 있는 것이다. 신자는 세상의 이데올로기(ideology)나 진영 논리를 뛰어넘어야만 한다. 우리는 세상이 갈라놓은 보수와 진보 가운데 하나를 선택하지 않아도 된다. 하나님은 진보도 아니고 보수도 아니시기 때문이다. 하나님은 제3의 길, 즉 신적인 길을 요청하신다. 통합과 대안적인 길을 말씀하신다. 하나님을 보수로 보는 것도 잘못이고, 진보로 보는 것도 잘못이다. 이 둘은 양극단의 자리에 서 있지만, 그 대조적인 모습이 하나님 안에서는 조화를 이룰 수 있다.

지금까지 조금 장황하게 쓴 이유가 있다. 이제 우리가 살펴봐야 할 '두려움'이라는 주제를 이러한 측면에서 살펴보기 위해서이다. 대접 재앙에 대한 두려움을 대조적인 조합으로 살펴봄으로써 두려움에 대한 양면적인 메시지를 생각해 보려는 것이다.

적군이자 아군인 두려움 (1): 두려워하지 말라

두려움은 신자의 적이다. 우리는 결코 두려워하지 말아야 한다. 무시무시한 대접 재앙이 펼쳐지는 자리에서도 신자는 주님 안에 있으니 두려워할 필요가 없다. 이 재앙은 하나님의 자녀라는 우리 신분을 박탈할 수 없다. 혹시 우리의 자녀 신분이 취소당할 수 있다는 염려를 한다면 이것은 잘못된 생각이다. 이렇게 하나님과의 관계를 단절하게 만드는 모든 것을 총칭해서 미신적 두려움이라고 할 수 있다. 우리는 이런 미신적 두려움을 갖지 말아야 한다. 그동안 한국 교회가 요한계시록을 통해 건전하지 못한 두려움을 강조했던 것은 매우 유감이다. 미신적 두려움은 주님과 우리의 관계, 자녀로서의 우리의 신분을 잊게 하고 자녀로서 마땅히 누려야 하는 축복과 감격도 놓치게 만든다.

"보라 내가 도둑 같이 오리니 누구든지 깨어 자기 옷을 지켜 벌거벗고 다니지 아니하며 자기의 부끄러움을 보이지 아니하는 자는 복이 있도다(계 16:15)." 대접 재앙은 언뜻 보면 무섭고 두렵지만, 실상은 신자들에게는 복이 되게 하려는 것이다. 이렇게 대접 재앙의 문맥에 복이 등장하는 이유는, 대접 재앙의 의도가 결코 두려움을 주기 위한 것이 아니기 때문이다. 하나님은 그의 자녀에게 무시무시한 재앙을 쏟아부으시는 무자비한 심판자가 결코 아니다. 그의 자녀들을 힘들게 하는 악인에게 재앙을 내리는 것이다. 이 대접 재앙 때문에 우리를 향하신 하나님의 구원 계획이 온전히 성취되는 것이기에 결코 두려워할 필요가 없다. 오히려 다음과 같이 위대한 하나님 나라의 승리에 대한 노래를 부르게 된다. "…세상 나라가 우리 주와 그의 그리스도의 나라가 되어 그가 세세토록 왕 노릇 하시리로다 하니(계 11:15)."

적군이자 아군인 두려움 (2): 두려워하라

대접 재앙으로 인하여 두려워할 필요는 없으나, 동시에 대접 재앙을 두려워해야 한다. 두려움은 적군이면서도 동시에 아군이다. 두려워 말고 두려워해야 한다는 것은 미신적 두려움은 가지지 않아야 하지만, 하나님을 향한 인격적(경건한) 두려움은 가져야 한다는 의미이다. 하나님은 결코 두려운 대상이 아니지만, 그렇다고 해서 우리가 함부로 조작하거나 마음대로 이끌고 다닐 수 있는 분이 아니시다. 오히려 우리가 그분에 의해서 이끌림을 받아야 한다. 하나님은 경외의 대상이시다.

대접 재앙의 이야기는 하나님께서 정말 미워하시는 것이 죄라는 것을 다시금 뼈저리게 깨닫게 한다. 그분 안에서 죄는 어떤 모양이라도 버려야 한다. 그렇지 않으면 죄에 대한 맹렬한 심판과 재앙을 피할 수 없다. 그래서 그분 앞에 경건한 두려움으로 한 생애를 살아가야 한다. 벌이 무서워서 두려워하는 것이 아니다. 죄 자체가 주는 하나님과의 인격적인 관계 단절로 인해 아파하면서 우리는 그분 앞에 경외감으로 서야 한다.

맺음말

이렇게 하나님 앞에 나아가야 하는 우리의 신앙생활은 모순적이고 대조적이다. 두려워하지 말고 또한 두려워해야 한다. 하나님을 좋으신 분으로 친근하게 여겨야 하지만, 절대적인 초월성과 거룩성을 가지신 분으로 섬겨야 한다. 그런 면에서 주기도문의 하나님에 대한 호칭은 "하늘에 계신 우리 아버지"이시다. 대조적인 모순의 조합이다. 하나님을 아빠라고 한다. 너무 자애롭고 인자하고 친근하고 가까이 계신 분이다. 우리의 모든 아픔과 고뇌, 슬픔도 내려놓게 하시는 분이다. 우리들의 숨소리도 들으시고, 스쳐 가는 생각도 포착하시어 함께 고민해 주시는 아빠이시다. 그런데 그분은 하늘에 계신다. 어느 학자의 표현처럼, 전적인 타자라는 의미이다. 감히 우리가 가까이 갈 수 없는, 질적으로 차원이 다른 거룩성을 가지신 분이시다.

다시 강조하지만, 하나님은 두려워해서는 안 되지만, 동시에 두려워해야 하는 분이시다. 어렵지만 이 두 가지 모순의 조합으로서의 신앙을 가져야 한다. 모순의 조합으로서의 기독교를 붙잡고 살아가야 한다. 대접 재앙을 보면서 두려움이 없어져야 한다. 그러나 동시에 두려워해야 한다.

이러한 모순적 조합이 가능하다면, 이제 우리는 흑백 논리에 빠져 그것에 이념화되지 말아야 한다. 정치 이데올로기에 종속되거나 함몰되어 진영 논리를 따라 살지 말자. 하나님 나라의 비전을 품으면 진영 논리에 빠지지 않을 수 있다. 하나님은 보수의 편도 진보의 편도 아니다. 하나님은 언제나 보수와 진보를 초월한 신적인 가치를 말씀하신다. 하나님 나라의 대안적 세계(alternative world)를 살아야 한다고 말씀하신다. 언제나 "이것이냐 저것이냐?" 선택으로만 치달아 가지 말아야 한다. 이것도 답이 되고 저것도 답이 될 가능성 가운데 사람을 대하고, 어떤 문제 앞에서도 유연한 태도를 보여야 할 것이다.

우리는 서로 다르지만 하나가 될 수 있다. 차이가 분열이 아니라 조화로 갈 수 있다. 모순처럼 보이는 대조적인 가치들이 하나가 되어야 한다. 공의와 사랑이 멋지게 조화되어야 한다. 어떤 사람은 공의를 붙잡고 가고 어떤 사람은 사랑을 붙잡고 가면 분열된다. 서로 상처를 입고 하나가 되지 못한다. 그래서 이 두 대조적인 조합을 함께 살아가는 우리가 되는 것이 너무도 중요할 것이다.

요한계시록 16:1-21

¹ 또 내가 들으니 성전에서 큰 음성이 나서 일곱 천사에게 말하되 너희는 가서 하나님의 진노의 일곱 대접을 땅에 쏟으라 하더라 ² 첫째 천사가 가서 그 대접을 땅에 쏟으매 짐승의 표를 받은 사람들과 그 우상에게 경배하는 자들에게 악하고 독한 종기가 나더라 ³ 둘째 천사가 그 대접을 바다에 쏟으매 바다가 곧 죽은 자의 피 같이 되니 바다 가운데 모든 생물이 죽더라 ⁴ 셋째 천사가 그 대접을 강과 물 근원에 쏟으매 피가 되더라 ⁵ 내가 들으니 물을 차지한 천사가 이르되 전에도 계셨고 지금도 계신 거룩하신 이여 이렇게 심판하시니 의로우시도다 ⁶ 그들이 성도들과 선지자들의 피를 흘렸으므로 그들에게 피를 마시게 하신 것이 합당하니이다 하더라 ⁷ 또 내가 들으니 제단이 말하기를 그러하다 주 하나님 곧 전능하신 이시여 심판하시는 것이 참되시고 의로우시도다 하더라 ⁸ 넷째 천사가 그 대접을 해에 쏟으매 해가 권세를 받아 불로 사람들을 태우니 ⁹ 사람들이 크게 태움에 태워진지라 이 재앙들을 행하는 권세를 가지신 하나님의 이름을 비방하며 또 회개하지 아니하고 주께 영광을 돌리지 아니하더라 ¹⁰ 또 다섯째 천사가 그 대접을 짐승의 왕좌에 쏟으니 그 나라가 곧 어두워지며 사람들이 아파서 자기 혀를 깨물고 ¹¹ 아픈 것과 종기로 말미암아 하늘의 하나님을 비방하고 그들의 행위를 회개하지 아니하더라 ¹² 또 여섯째 천사가 그 대접을 큰 강 유브라데에 쏟으매 강물이 말라서 동방에서 오는 왕들의 길이 예비되었더라 ¹³ 또 내가 보매 개구리 같은 세 더러운 영이 용의 입과 짐승의 입과 거짓 선지자의 입에서 나오니 ¹⁴ 그들은 귀신의 영이라 이적을 행하여 온 천하 왕들에게 가서 하나님 곧 전능하신 이의 큰 날에 있을 전쟁을 위하여 그들을 모으더라 ¹⁵ 보라 내가 도둑 같이 오리니 누구든지 깨어 자기 옷을 지켜 벌거벗고 다니지 아니하며 자기의 부끄러움을 보이지 아니하는 자는 복이 있도다 ¹⁶ 세 영이 히브리어로 아마겟돈이라 하는 곳으로 왕들을 모으더라 ¹⁷ 일곱째 천사가 그 대접을 공중에 쏟으매 큰 음성이 성전에서 보좌로부터 나서 이르되 되었다 하시니 ¹⁸ 번개와 음성들과 우렛소리가 있고 또 큰 지진이 있어 얼마나 큰지 사람이 땅에 있어 온 이래로 이같이 큰 지진이 없었더라 ¹⁹ 큰 성이 세 갈래로 갈라지고 만국의 성들도 무너지니 큰 성 바벨론이 하나님 앞에 기억하신 바 되어 그의 맹렬한 진노의 포도주 잔을 받으매 ²⁰ 각 섬도 없어지고 산악도 간 데 없더라 ²¹ 또 무게가 한 달란트나 되는 큰 우박이 하늘로부터 사람들에게 내리매 사람들이 그 우박의 재앙 때문에 하나님을 비방하니 그 재앙이 심히 큼이러라

Αποκάλυψις Ιωάννου

36. 마음 없는 심판

들어가며

요한계시록 16장의 대접 재앙에 대한 네 번째 글로 '마음 없는 심판 (empty punishment)'을 다뤄 보고자 한다. 세상은 심판하시는 하나님에 대해 불편한 심기를 드러낸다. 그들은 만일 기독교가 말하는 하나님이 사랑이시라면 심판이 없어야 한다는 논리를 편다. 일리가 있다. 하나님이 사랑이시라면 심판은 없어야 하는 것처럼 보인다. 이에 대해 성경은 무엇이라고 말하는가? 심판이 '있다'와 심판이 '없다'라는 두 가지 측면에서 답을 찾아보고자 한다.

심판은 있다

하나님은 세상을 통치하시는 의로운 통치자이시기 때문에 심판이 있어야 한다. 인생의 죄악에 대해 심판하시지 않는다는 것은, 불의한 세력과 하나 되는 것을 의미한다. 삶의 자리에서는 온전한 인과응보가 성취되지 않아도, 최종적으로 악인들은 그에 상응하는 벌을 받고, 의인들이 승리해야 하므로 심판은 반드시 존재해야 한다. 요한계시록 16장에 나타난 하나님은 악에 대하여 철저한 심판을 내리시는 분이시다.

1-4번째 대접 재앙의 심판 내용

1절에 보면 성전에서 큰 음성이 나서 일곱 천사에게 일곱 대접 재앙을 땅에 쏟으라는 명령이 주어진다. 첫째 천사가 그 재앙을 땅에 쏟자, 예수님을 믿지 않은 자들, 곧 짐승의 표를 받은 자와 우상에게 경배하는 자들에게 악하고 독한 종기가 난다(2절). 그 재앙의 대상자는 예수님을 믿지 않은 불신자이다. 이는 성도는 결코 마지막 대접 재앙의 대상자가 아니라는 것을 간접적으로 암시한다. 이어서 둘째 천사가 대접을 바다에 쏟고, 셋째 천사는 강과 물에 쏟는다. 바다와 강은 다르다. 물의 근원이 되는 강과 그 결과로 물이 모인 바다에 재앙이 쏟아진다. 그것으로 인해 모든 생물이 죽는다. 여기 '모든'이라는 단어는 재앙의 범위가 전체적이고 전면적임을 알게 한다.

계속되는 6절 말씀에는 재앙의 원인이 밝혀진다. 그들이 성도들과 선지자들의 피를 흘리게 했기 때문에 하나님께서 이에 대해 보응하시는 것으로 세상 속에 심판이 이루어진 것이다. 그러기에 이 하나님의 심판은 너무도 합당한 것임을 6절과 7절에 반복해서 언급하고 있다. 하나님의 심판이 참되고 의로운 심판임을 말씀하는 것이다. 누구도 이 심판이 잘못되었다고 말할 수 없다. 하나님의 대접 재앙 혹은 심판은 정당하고 의롭다. 심판이 하나님의 공의로우심을 입증해 주기 때문이다. 이제 넷째 천사가 그 대접을 해에 쏟는다. 해에 쏟으매 해가 권세를 받아 사람을 태우는 재앙이 임하게 된다. 해가 권세를 받았다는 표현이 특이하다. 이는 그 권세가 하나님에게서 나왔음을 의미한다. 사람들이 네 번째 재앙으로 크게 태움을 입게 되지만, 자신들의 행위를 회개하지 않고 돌아오지 않는다. "사람들이 크게 태움에 태워진지라 이 재앙들을 행하는 권세를 가지신 하나님의 이름을 비방하며 또 회개하지 아니하고 주께 영광을 돌리지 아니하더라(9절)." 이렇게 일련의 4가지 재앙이 한 묶음이다.

5-7번째 대접 재앙의 심판 내용

계속되는 다섯 번째 재앙은 출애굽 재앙의 모티브와의 연결점을 강조한다. 10절에 흑암이 나오고 11절에 종기 재앙이 임하는 광경은, 구약의 이스라엘 백성들을 건지시기 위해 애굽에 쏟아부은 재앙과 연관성을 갖는다. 구약 출애굽 재앙의 종말론적인 버전이 대접 재앙(인-나팔 재앙을 포함하여)임을 독자에게 알려준다. 재앙으로 사람들의 형편이 어려워지자 그들은 자신들의 혀를 깨문다. 그런데도 절대로 회개하지 않고 오히려 심령이 더욱더 굳어지는 것을 알 수 있다. 이렇게 고난 때문에 더욱 마음이 완고해지는 사람들이 있다. 그러기에 고난을 자랑할 필요가 없는 것이다. 오히려 고난 가운데 어떻게 변화되었고, 얼마나 내 심령이 부드러워졌는가가 중요하다.

여섯 번째 대접 재앙은 우리에게 잘 알려진 아마겟돈 전쟁이다. 여기 소개된 유브라데는 로마 접경 지역의 강으로 추측할 수 있다. 유브라데 강물이 말라 동방에서 오는 왕들의 길이 열린다. 유브라데가 말랐다는 것은 로마제국의 대적이 건너오기 쉬운 환경이 조성되었다는 뜻이다. 한마디로 방위선이 뚫렸다는 것을 말한다. 그 강에 물이 많을 때는 대적이 쳐들어오기 어려웠다. 그런데 말랐으니 군사들이 쳐들어올 수 있게 된 것이다. 로마는 이 당시에 하나님의 백성을 괴롭히는 악으로 대변되는 세력이다. 이 대접 재앙으로 로마가 타격을 받는다. 이 적을 치기 위해서 하나님께서 물을 마르게 하시고, 동방에서 군사들이 쳐들어오게 하신다. 왕들의 길이 예비 되었다고 한다. 수많은 대적자가 로마를 무너뜨리기 위해서 쳐들어오는 일이 생긴다. 이는 로마 편에서 보면 심판이다. 1세기 당시에 로마를 가장 괴롭혔던 세력은 파르티아 군대였다. 13절의 개구리 같은 세 개의 더러운 영이 용, 짐승, 거짓 선지자의 입에서 나온다. 이들이 동방에서 오는 세력과 싸운다. 동방에서 오는 세력 자체가 의로운 것은 아니지만, 하나님께서 로마를 심판하기 위해서 사용하시는 세력이다. 로마가 이를 막는다는 것은 하나님을 대적한다는 의미다. 하나님은 역사를 이루실 때 여러 도구를 사용하신다. 선한 도구도 사용하시고, 악한 도구도 사용하신다. 요한계시록이 쓰일 당시에 로마를 심판하기 위해 파르티아 군대를 사용하시는데, 그들은 하나님이 사용하시는 도구이다. 하나님은 악한 도구를 사용해 악을 심판하시는데, 그것을 막는 것은 하나님을 대적하는 것이라고 볼 수 있다.

용과 짐승 그리고 거짓 선지자인 사탄 삼위일체 세력이 하나님을 대적하는 것이 바로 아마겟돈 전쟁이다. 아마겟돈이란 히브리어의 언덕이라는 '하르'와 '므깃도'의 합성어이다. 이곳은 일정한 어떤 지역이라 기보다는 상징적인 장소다. 이 아마겟돈 전쟁은 물리적인 전쟁이 결코 아니다. 핵무기 전쟁을 의미하는 것도 아니다. 오히려 이 전쟁은 영적인 전쟁이다. 사탄 삼위일체 존재가 하나님을 대항하고 기독교를 대항하는 그런 전쟁을 말한다. 이를 호기심으로 부풀려서 3차 세계 대전 같은 물리적인 전쟁으로 설명하는 사람이 있는데 그것은 타당한 해석이 아니다. 다시 강조하지만, 이 전쟁은 결코 물리적 전쟁이 아니라 영적 전쟁이다.

마지막으로 일곱 번째 재앙이 땅에 쏟아지니 큰 성이 세 갈래로 갈라진다. 철저하게 무너짐을 의미한다. 바벨론이 무너지는 광경으로 세상을 향한 마지막 대접 심판이 종결된다. 그리고 이제 바벨론의 멸망은 이어지는 17장과 18장에 걸쳐서 설명된다. 바벨론의 멸망의 이유와 결과 그리고 바벨론의 적나라한 민낯을 17장과 18장에서 보여주고 있다. 이상의 내용을 정리하면 성경은 세상 사람들의 생각과는 달리, 하나님의 심판은 반드시 있다고 분명히 선언하고 있다.

심판은 있으나 심판의 마음은 없다

지금까지 악에 대한 하나님의 준엄한 심판은 반드시 집행된다는 것을 입증해 보였다. 그러나 이것은 본문이 강조하는 교훈의 전부가 아니다. 하나님의 심판이 있으나 심판하고자 하는 마음은 없음을 또한 오늘 본문이 강조하고 있다. 하나님은 심판의 하나님이시지만, 동시에 사랑의 하나님이시다. 심판은 하나님이 행하시는 일(사역)이지만, 결코 하나님의 마음은 아니다. 이 땅의 모든 인생을 향한 하나님의 마음은 긍휼이다.

그렇다면 질문하지 않을 수 없다. 하나님이 모든 인생을 긍휼히 여기신다면, 왜 심판하시는 것인가? 그 이유는 하나님의 긍휼과 사랑이 공의와 의로움을 기반으로 삼고 있기 때문이다. 하나님의 사랑은 공의를 실종한 나약한 사랑이 아니라 공의를 통해 세워지는 강인한 사랑이다. 이렇게 심판하시지만 심판할 마음은 없다면, 과연 하나님의 마음이 어디에 있는지 알아볼 필요가 있다.

누구도 심판에 이르기를 원치 않으시는 하나님의 마음

하나님의 마음은 심판에 있는 것이 아니라 심판의 경고를 통해 심판을 받지 않게 하려는 데 있다. 어떤 사람도 결코 최종적인 심판의 대상자가 되지 않게 하는 것이 하나님의 마음이다. 하나님은 회개를 촉구하신다. 하나님은 인생이 회개하기를 원하는 분이시지, 결코 세상이 심판받는 것을 원하시지 않는다. 그래서 이미 언급한 것처럼, 대접 재앙에서 유독 회개가 강조되는 것이다(계 16:9,11). 세상이 끝내 회개하지 않았다고 성경 나레이터가 언급하고 있는 것은, 뒤집어서 말하면 하나님께서 사람들의 진정한 돌아섬 혹은 회개를 기다리신다는 것을 알게 하는 대목이다. 이것이 바로 우리 하나님의 마음이다. 패역한 세상이 하나님에게로 돌아옴을 촉구하는 것이 요한계시록의 중요한 저술 의도 가운데 하나이다. 회개의 자리로 나오지 않아서 영원한 멸망에 처하지 않도록 경종을 울리시는 것이다.

심판을 피하고 복 있는 인생이 되길 바라시는 하나님의 마음

하나님께서는 회개를 통해 심판을 피하는 것을 출발점 삼아 복 있는 인생의 자리로 나아가기를 바라신다. 그러한 하나님의 마음을 반영하는 말씀이 요한계시록(16:15)에 고스란히 담겨 있다. "보라 내가 도둑같이 오리니, 누구든지 깨어 자기 옷을 지켜 벌거벗고 다니지 아니하며, 자기의 부끄러움을 보이지 아니하는 자는 복이 있도다."

이 무시무시한 대접 재앙의 이야기 속에 "복"이라는 말이 나오는 것이 참 의미심장하다. 하나님은 이 재앙의 이야기가 복이 되기를 원하신다. 이 이야기를 읽는 자마다 복 받는 자가 되기를 원하신다. 그러기에 성경 그 어떤 책보다도 요한계시록은 복을 강조한다. 마태복음이 8복을 제시한다면, 요한계시록은 7복을 소개해 주고 있다.

1장 3절, 요한계시록의 서두에서 이 책을 읽는 자와 듣는 자, 지키는 자가 복이 있다고 한다. 이것이 첫 번째 복이다.

두 번째 복은 14장 13절, 주 안에서 죽은 자들이 복이 있다. 주 안에서 누리자는 것이다.

세 번째 복이 16장 15절에 나온다. 깨어있는 자의 복이다.

네 번째 복이 19장 9절에 나온다. 어린 양의 혼인 잔치에 참여한 자, 신부로 결혼식에 초대된 자, 우리 교회이다. 교회가 된 것이 복이다. 신부의 특징은 깨끗한 옷을 입어야 한다(8절). 정결을 지키는 자가 복이 있다.

다섯 번째로 20장 6절에 첫째 부활에 참여하는 자에게 복이 있다고 한다. 이에 대한 다양한 해석이 있으나, 첫째 부활을 중생이라고 보면 된다. 예수님을 믿을 때 살아나는 것이 부활이다. 지금도 우리는 날마다 부활하는 것이다. 그리고 마지막 날에 진정한 부활이 있게 될 것이다.

22장 7절의 여섯 번째 복은 1장 3절과 수미쌍관으로 연결되어 있다. 요한계시록 서두에 언급된 복의 선언이 마지막에 다시 반복되는 것이다. 두루마리 예언을 지키는 자는 복이 있을 것이다. 1장 3절의 읽고 듣는 행위가 빠졌지만, 읽고 듣지 않으면 지킬 수 없다.

22장 14절, 자기 두루마리를 빠는 자는 복이 있다고 한다. 마지막 일곱 번째 복이다. 두루마리는 성결의 옷이다.

이렇게 7가지의 복이 언급되는 것은 복 있는 인생이 되기 위해서 우리가 요한계시록을 읽어야 함을 강조하려는 것이다. 요한계시록은 두려움, 공포의 이야기가 아니라 영·육 간에 참된 복을 받아 누리며 살아가라고 말씀을 하는 책이다. 대접 재앙의 중요한 목적 가운데 하나도 어찌하든지 경종을 통해서 돌아서서 복 있는 인생의 자리로 나아가게 하는 데 있다. 이것이 곧 심판은 있으나 심판하려는 하나님의 마음은 없는 것이다. 오히려 하나님은 심판을 통해 우리가 복된 삶으로 나아가기를 원하신다.

맺음말

세상 사람들이 말하는 것처럼, 하나님이 사랑이시기에 심판이 없어야 한다는 주장은 틀렸다. 심판이 없어야 한다는 말은 공의와 정의가 없어야 한다는 말과 같은 것이다. 하나님은 공의로운 분이시기 때문에 심판은 반드시 있어야 한다. 그러나 하나님은 심판하시고자 하는 마음을 갖고 계시지는 않는다. 진노로 세상을 망하게 하려는 의도가 없으시다. 한마디로 "마음 없는 심판"을 집행하시게 되는 것이다. 이렇듯 하나님의 심판 가운데 깊은 사랑이 있다. 심판과 사랑이 언제나 반대 개념만은 아니다. 심판하시되 마음은 복을 받기를 원하시는 것이기에 하나님은 진정한 의미의 사랑의 하나님이신 것이다.

제6부

바벨론의 정체와
멸망을 통한 애가

요한계시록 17:1-6

¹ 또 일곱 대접을 가진 일곱 천사 중 하나가 와서 내게 말하여 이르되 이리로 오라 많은 물 위에 앉은 큰 음녀가 받을 심판을 네게 보이리라 ² 땅의 임금들도 그와 더불어 음행하였고 땅에 사는 자들도 그 음행의 포도주에 취하였다 하고 ³ 곧 성령으로 나를 데리고 광야로 가니라 내가 보니 여자가 붉은 빛 짐승을 탔는데 그 짐승의 몸에 하나님을 모독하는 이름들이 가득하고 일곱 머리와 열 뿔이 있으며 ⁴ 그 여자는 자주 빛과 붉은 빛 옷을 입고 금과 보석과 진주로 꾸미고 손에 금 잔을 가졌는데 가증한 물건과 그의 음행의 더러운 것들이 가득하더라 ⁵ 그의 이마에 이름이 기록되었으니 비밀이라, 큰 바벨론이라, 땅의 음녀들과 가증한 것들의 어미라 하였더라 ⁶ 또 내가 보매 이 여자가 성도들의 피와 예수의 증인들의 피에 취한지라 내가 그 여자를 보고 놀랍게 여기고 크게 놀랍게 여기니

Αποκάλυψις Ιωάννου

37. 바벨론의 실상을 알아야 하는 이유

들어가며

요한계시록은 일종의 그림책이다. 이 그림책 안에서 바벨론이 매우 중요한 자리를 차지하고 있다. 바벨론을 묘사하는 그림의 의도는 무엇인가? 단지 로마가 바벨론이라는 사실을 말하는 것이 전부가 아니다. 거기서 더 나아가, 우리가 바벨론 안에서 어디에 있는지 알려주려는 것이다. '바벨론 그림 안에서 우리 찾기'라고 해야 할 것이다. 또한, 우리가 어디로 가야 하는지, 또 그 바벨론에 대해 어떤 태도를 취해야 하는지도 알려준다.

바벨론의 가치 위에 세운 신앙이 되지 않도록

바벨론의 실상을 알아야 하는 첫째 이유는, 우리로 하여금 바벨론의 교묘한 신앙에 속지 않고 참된 신앙의 자리로 나아가게 하려는 것이다.

한마디로 우리의 신앙을 지키도록 하기 위해서이다. 신앙을 지킨다는 것은 바벨론의 정신과 가치 위에 믿음을 건설하지 않는 것이다. 마치 일 층에는 바벨론이 있고, 그 위에 신앙을 살짝 얹어 놓은 이층집 신앙이어서는 안 된다는 말이다. 또한, 포장지는 신앙인데 내용은 바벨론이 되지 않도록 주의해야 한다. 그렇다면 신앙을 굳건하게 지키기 위해 경계해야 할 바벨론화 된 신앙이란 과연 무엇일까? 바로 바벨론의 영향을 받은 신앙의 모습이다. 이제 바벨론화 된 신앙에 대해 더 자세히 알아보자.

바벨론의 가치와 정신: 성취지향적인 삶

바벨론의 가치와 정신을 대변해 주는 것은 "큰"이라는 수식어이다. 바벨론은 큰의 가치 위에 세워진 인간 도성을 총칭한다. 큰의 가치는 한마디로 말하면 '성취지향적 삶'이다. 성취와 업적이 미덕이 되는 세상 도시의 모습을 말한다. 흔히 이런 바벨론에 사람들을 열광시키는 3S – 영화(screen), 섹스(sex), 스포츠(sport)가 있다고 말한다. 그중 스포츠를 생각해보자. 과정보다 결과가 중요시되는 곳이 바로 스포츠의 세계이다. 경기에서 승리하면 모든 것이 다 아름답게 미화되고, 모든 이들에게 박수갈채를 받는다. 그러나 패배하면 모든 것이 다 문젯거리가 된다. 패배와 관계된 모든 이가 질타의 대상이 된다. 이렇게 바벨론은, 사람들에게 승리해야만 자신의 가치를 인정받을 수 있다는 생각을 조장한다. 끝없는 성취 욕구를 따라 살아가도록 부추긴다.

바벨론의 가치 위에 세운 신앙: 종교적 행동주의

이제 바벨론의 유혹 앞에 있는 세상 사람의 모습이 아니라 신자의 모습을 살펴보자. 바벨론의 가치 위에 세워진 신앙의 모습들이 여러 가지일 것이다. 한국의 무속 종교 위에 기독교가 혼합되어 미신적인 기독교 신앙의 형태가 자리 잡았듯이, 바벨론의 가치 위에 그저 구색뿐인 신앙이 자리를 잡으면, 기독교 신앙은 비틀어지게 된다. 그런 비틀림 가운데 가장 교묘한 형태의 신앙의 모습을 하고 있는 것이 바로 "종교적 행동주의"이다.

종교적 행동주의를 잘 대변해 주는 인물이 바로 탕자의 비유 속에 나오는 맏아들이다. 스카이 제서니(Skye Jethani)는 〈종교에 죽고 예수에 살다〉에서, 두 아들을 다음과 같이 정의한다. 집 나간 탕자가 "종교적 소비주의"를 대변한다면, 집 안에 있는 탕자는 "종교적 행동주의"를 대변한다(Jethani, 2017, 70). 집 나간 탕자가 자신의 목표를 위해 하나님을 이용하는 신앙인의 모습이라고 한다면, 집 안에 있는 탕자는 하나님의 목표를 위해 자신이 쓰임 받아야 함을 인정하는 신앙인의 모습이다. 실제로 맏아들은 방황의 종지부를 찍고 돌아온 동생에게 아버지께서 잔치를 배설하시는 것을 보면서 불만을 토로한다. 아버지께 맏아들은 다음과 같이 불평을 쏟아낸다. "아버지께 대답하여 이르되 내가 여러 해 아버지를 섬겨 명을 어김이 없거늘 내게는 염소 새끼라도 주어 나와 내 벗으로 즐기게 하신 일이 없더니(눅 15:29)." 맏아들의 항변은 평생 아버지를 위해 헌신하고 수고하며 자신의 사명을 다했다는 것이다. 그런데 탕자의 비유는 바로 그런 첫째 아들의 모습이 얼마나 아버지가 원하는 것과는 거리가 먼 신앙인지를 알게 한다. 맏아들은 겉으로 보면 정말 손색이 없는 신앙인의 모습이다. 아버지를 이용해서 자신의 목표를 이루려고 한 둘째 아들과 비교해 보면, 첫째 아들은 우리가 그동안 교회에서 배워온 착한 아들의 모습이 아닐까? 그러나 탕자의 비유가 없었다면 우리는 맏아들 같은 신앙인에게 속았을 것이다. 둘째 아들이 걸었던 "종교적 소비주의"의 길과 별반 다를 것 없는 첫째 아들의 "종교적 행동주의"의 길로 나아갔을 것이다. 그러면서도 자신을 성숙한 신앙인으로 여기게 되었을 것이다. 그런데 성경은 첫째 아들과 같은 종교적 행동주의를 교묘한 형태의 유사 신앙이라고 질타한다.

신앙인으로 우리 자신을 곰곰이 생각해보자. 지금까지 한국 교회가 강요한 신앙인의 모습은 어떤 것일까? 혹시 우리는 둘째 아들의 신앙을 못마땅해 하면서, 첫째 아들처럼 되는 것을 향해 달려가지는 않았는지 점검해 볼 필요가 있다. 둘째 아들처럼 되지 않는 것을 강조한 것은 옳다. 그러나 둘째 아들의 길에 대한 대안으로 첫째 아들의 길을 가는 것은 아닌지 묻고 싶다. 종교적 소비주의의 대안으로 종교적 행동주의(사명주의)를 붙잡고 있었던 것은 아닌지. 성경은 전자만큼 나쁜 것이 후자임을 강조하고 있다. 후자의 신앙적인 모습은 아주 그럴싸하고 교묘한 형태로 들어와 있기에 자신마저 속인다. 그러나 우리는 속지 말아야 한다. 개인적으로 필자는 바벨론의 가치 위에 건축된 신앙의 모습 가운데 우리가 가장 구별하기 힘든 영역이 종교적 행동주의라고 말하고 싶다. 외견상으로 볼 때, 종교적 행동주의자는 스스로가 하나님을 위해 무엇인가 귀한 것을 해드린다고 생각한다. 또한, 하나님도 나 없이는 아무것도 하실 수 없기에 내가 그 일을 해야 한다는 사명의식에 불타

기도 한다. 어느 작가의 〈평범하게 살기를 두려워하라〉는 책 제목처럼, 평범하게 살다가 떠나지 말고 큰 삶을 살라는 것이다. 저자가 말하는 평범한 삶을 넘어서는 큰 삶이란, 하나님을 위해 세상에 막대한 영향을 끼치는 삶일 것이다. 그것이 성경적인 기독교인 듯하지만, 실상은 바벨론화 된 기독교 신앙에 불과한 것이다. 다시 강조하고 싶다. 종교적 소비주의의 대안은 종교적 행동주의가 결코 아니다.

맺음말

그렇다면 우리는 어디로 가야 할까? 우리가 가야 할 길은 둘째 아들(집 나간 탕자)도 아니고 그렇다고 해서 첫째 아들(집 안에 있는 탕자)도 아닌, "또 다른 아들"이 나아간 방향으로 가는 것이다. 또 다른 아들은 누가복음 15장 3절에 있는 아흔 아홉마리의 양과 잃어버린 한 마리 양의 비유를 말씀하시는 예수님이다. 그 아들(예수님)의 목표는 하나님을 이용하는 것도, 하나님을 위하여 위대한 업적을 남기는 것도 아니다. 그에게 가장 중요한 것은 하나님 아버지와의 관계이다. 그것도 더욱더 친밀한 관계 안에서 살아가는 것이다. 하나님과의 사랑의 관계 안에서 살아가는 것이다. 그러면 어떤 선한 행동도 하지 않는 것인가? 절대 그렇지 않다. 또 다른 아들의 길은 하나님에 대한 사랑의 관계 안에서 충만함을 놓치지 않고 그분이 명하신 것을 충실하게 실천해 가는 것이다.

정리하면, 바벨론화 된 가장 교묘한 신앙의 모습이 바로 종교적 행동주의임을 잊지 말아야 한다. 우리의 목적은 아버지를 위해 일하는 사람이 되는 것이 아니다. 기본적으로 하나님을 위해(for) 무언가를 행하는 것이 아니다. 하나님과 함께(with) 하나님이 분부하신 것을 이루어 가는 것이다. 존 오트버그(John Ortberg)의 말처럼, "구원의 핵심은 하나님이 '우리에게' 해 주시는 일이 아니라 하나님이 '우리 안에서' 하시는 일이다. 이 구원의 핵심은 하나님 나라의 삶이 한 번에 한 순간씩 우리의 작은 삶 속으로 스며들게 만드는 것이다(Ortberg, 2018, 42)." 바벨론의 실체를 분명히 알고 그 유혹을 분별할 수 있을 때만 우리는 진정한 신자의 길을 걸어갈 수 있음을 명심하자.

요한계시록 17:1
¹ 또 일곱 대접을 가진 일곱 천사 중 하나가 와서 내게 말하여 이르되 이리로 오라 많은 물 위에 앉은 큰 음녀가 받을 심판을 네게 보이리라

Αποκάλυψις Ιωάννου

38. 믿고 난 후(After you believe)

들어가며

바벨론의 실상을 알아야 하는 이유를 어느 신학자의 책 제목 〈After you believe〉를 염두에 두면서 찾고자 한다. 우리는 예수님을 믿은 후에 왜 이곳 — 인간의 도성인 바벨론 — 에 남아 살아야 하는가? 하나님 나라가 그렇게 좋은 곳이라면 즉시 그 나라에 입성하는 것이 나을 것 같은데 왜 바벨론, 즉 음녀가 유혹하고 때로 위협하는 이 세상에서 살아야 하는가? 그 이유를 생각해 보자.

말씀이 육신이 되는 삶

예수님께서 인간의 자리로 육신이 되어 오신 것을 "성육신(incarnation)"이라고 한다. 성육신은 단지 역사적인 차원에서 머무는 것이 아니라 우리들의 삶 가운데 '육화'되어야 한다. 역사적으로 예수님의 성육신은 단

회적으로 이루어진 사건이다. 결코, 반복될 수 없다. 그러나 신앙의 경험적인 측면으로 말한다면, 성육신은 우리의 삶 속에서 계속 재현되어야 한다고 감히 말하고 싶다. 특히 우리가 사는 세상인 바벨론 안에서 성육신의 현장은 지속되어야 한다. 우리의 삶 속에 성육신이 계속될 때, 바벨론 안에서 살지만 바벨론의 정신과 가치가 아니라 예수의 정신과 가치에 사로잡히게 된다. 그것을 이루어 내라고 주님은 우리를 구원 이후에 바벨론 제국 안에 살아가게 하시는 것이다.

요한계시록 17장 1절은 음녀가 받을 심판을 보여주고 있다. 여기서 중요한 것은 단지 음녀가 받을 역사적 심판을 보는 것이 전부가 아니라는 것이다. 음녀 바벨론 정신이 판치는 세상이 정죄를 받게 해야 한다. 비판의 말로 바벨론을 정죄하고 심판하는 것이 아니라 주의 백성들의 가치에 의해 바벨론이 정죄당하고 심판당하도록 해야 한다. 신자 된 우리의 의와 거룩과 다름의 가치로 인해 바벨론의 부끄러운 모습이 드러나게 해야 한다. 이를 위해서 우리는 예수 그리스도의 말씀과 정신으로 무장하여 세상과 차별화된 가치관을 갖고, 그로 인해 형성된 인격과 삶의 변화를 이루어야 한다. 다시 말하면 예수님께서 우리의 존재 안에 육화되어야 한다.

목회자의 참된 사역

유진 피터슨(Eugene Peterson)은 〈껍데기 목회자는 가라〉라는 책에서, 목사의 필요성을 말하기 위해 먼저 목사의 불필요성에 대해서 언급한다. 목사가 하지 않아도 되는 불필요한 사역을 알면, 목사가 왜 필요한지를 알게 된다는 것이다. 목회자는 세상 나라(바벨론) 가운데 살아가는 회중의 세속적인 기대를 충족시키기 위해서는 필요하지 않다. 그의 말을 들어보자.

> 목회는 교인들이 요구하고 주장하는 그런 측면에서 불필요한 자들이다. 그들은 목회자를 자신들이 경쟁에서 앞서도록 도와주는 전문가라고 여긴다. 교인들은 종교적인 경쟁이 벌어지는 세계 속에서 그들을 이끌어주고 세상의 방법과 다른 안전한 대안을 제공해주는 목회자를 원한다. 그들은 자기들 앞에 서서 그들을 이끌어주는 목회자를 원한다. 이스라엘이 왕을 원했던 것 — 블레셋을 박살 내기 위해 — 과 같은 이유에서 목회자를 원한다. 교인들은 성경이 아닌 세상 문화로부터 목회자에 관한 개념을 이끌어온다. 승리자를 원하는 것이다. 그들은 자신들의 욕구를 충족시켜 줄 사람을 찾는다. 그들은 자극적이고 매력적인 무언가가 되기를 원한다 (Peterson, 2014, 18).

유진 피터슨에 따르면 목사는 성도들에게 바벨론의 정신 위에서 자신을 구축하도록 돕는 자가 아니다. 그런 것은 펀드 매니저들이 하는 일이다. 세상 안에서 부강해지고자 하는 기대를 충족시키기 위해 목회자가 필요한 것이 아니라면 목회자는 어떤 부르심과 소명을 받은 자들인가? 이에 대한 답을 유진 피터슨은 다음과 같이 주장하고 있다.

> 크리스천은 영원히 세상 문화에 맞서는 새로운 진리의 증인이다. 기독교 신앙은 하나님 나라가 예수 안에서 도래했다는 선포이며, 세상을 위험한 상태에 이르게 하는 선포다. 예수님께서 직접 선포

하시고 우리가 증인이 된 이 진리는 죄에 물들어 있고 자기중심적인 세상에 대한 유죄선고다. 목회자들은 세상의 거짓과 복음의 진리 사이에 있는 차이점을 선명하게 밝히는 책임을 맡고 있다. 목회자뿐만 아니라 세례받은 모든 크리스천은 문화를 거스르는 중요한 위치에 전략적으로 배치되어 있다. 사회 속에서 목회자의 위치는 매우 독특하다. 목회자들처럼 해를 끼치지 않을 것처럼 보이면서도 실제로는 그 자리에 있다는 사실만으로 사회에 위험한 자들은 어디에도 없다. 목회자들은 말씀을 생생하게 선포하면서 인간의 영혼을 무시하고 평준화시키는 이 시대에 영혼을 돌봐야 하는 일을 위임받았다(Peterson, 2014, 15).

목회자 혹은 설교자의 사명을 예레미야서 말씀으로 다시 풀어서 말한다면, 그것은 '허물기'와 '세우기'의 사역이다.

보라 내가 오늘 너를 여러 나라와 여러 왕국 위에 세워 네가 그것들을 뽑고 파괴하며 파멸하고 넘어뜨리며 건설하고 심게 하였느니느니라 하시니라(렘 1:10).

여기서 뽑고 파괴하고 파멸하고 넘어뜨리기에 해당하는 허물기란 세상(바벨론)의 거짓을 폭로하는 것이다. 또한, 건설하고 심게 하는 것에 해당하는 세우기란 복음의 진리를 선명하게 드러내는 것을 다시 구축하는 것을 의미한다. 삶의 변화를 이루는 목양 사역이란 회중들에게 세상나라의 기짓됨을 폭로시키는 것을 통해 마땅히 허물어져야 할 것이 허물어지게 하고, 마땅히 세워져야 할 것이 세워지도록 하는 것을 의미한다.

일반 성도의 사역

그렇다면 이것이 목회자가 아닌 일반 성도들에게 주는 교훈은 무엇인가? 우리는 바벨론의 정상에 우뚝 서기 위해서 사는 것이 아니다. 오히려 세상의 거짓됨과 복음 진리의 위대함 사이의 편차를 분명히 아는 자로 살아야 한다. 즉 바벨론의 정신이 호령하는 곳에서 세상과는 전혀 다른 논리, 다른 시선으로 살아가는 데 성도의 부르심이 있다. 그러한 사람들 앞에서 바벨론은 자신들의 정체를 여실히 폭로 당하게 되는 것이다. 다시 강조하고 싶다. 세상의 한계를 폭로하는 것이 아니라 폭로 당하게 하는 것이다. 세상을 우리가 심판하는 것이 아니라 심판당하게 하는 것이다. 우리 시대는 세상을 정죄하고 심판하려는 사람이 너무 많다. 그러한 모습으로는 늘 싸움과 분쟁만 난무할 뿐이다. 우리에게서 흘러나오는 다른 삶의 가치로 세상이 자신의 모습을 볼 수 있게 하는 성찰의 시간을 갖게 해야 한다. 그것은 의도적으로 그것을 하려고 할 때 생기는 것이 아니라 우리가 그분의 가치로 빚어질 때, 우리가 그분의 정신으로 굳건하게 형성되고 변화될 때, 가능해지는 것이다. 그런 인생으로 살라고 우리를 부르신 것이다. 우리는 한마디로 세상에서 작은 예수로서 삶 속에서 예수님의 성육신을 보여야 할 책임이 있다.

지금은 우리를 아프게 점검해 볼 때이다. 혹시 우리는 뼛속 깊이 바벨론 사람으로서, 골수 바벨론인의 가치와 이념으로 살면서, 그 위에다가 신앙 혹은 믿음이라는 이층집을 짓고 살아가는 사람은 아닐까? 우리가 예수님을 믿고 구원받은 이후에(After you believe), 이곳에 남아 살게 하시는 이유는 바벨론 구경 잘하고 오라는 것이 아니다. 바벨론 안에서 하나님 나라의 가치를 온몸으로 받아들이게 된 생애를 살아내라고 부르신 것이다. 뼛속 깊이 바벨론에 대한 그리움과 바벨론을 얻고 싶은 갈망으로 살아가는 사람이 아니라 바벨론에서 살면서 바벨론으로 심판 당하게 할 수 있는 사람이 되라는 것이다. 우리 시대의 비극은 교회와 신자들이 점점 바벨론과 함께 심판을 당할 자들의 모습으로 살아가고 있다는 점이다.

말씀이 육화된 자의 사명

이제 마지막으로 말씀이 육신이 된 신자들의 적극적인 사명을 살펴보자. 예수님의 성육신을 삶으로 경험한 사람은 이제 사람들의 궁극적인 필요를 채워주는 사역을 감당해야 한다. 우리의 다름이 세상에 대한 심판을 만들어야 하지만, 그것이 끝이 아니다. 그 심판은 세상을 돌이켜 소생할 기회를 주려는 데 있다. 이를 위하여 꼭 필요한 것이 세상과 소통하는 기술이다. 세상을 향해 그저 '공감 없는 직면'을 한다고 세상을 돌아서게 할 수 없다. 또한, 반대로 '직면 없는 공감'으로도 세상을 변화시킬 수는 없을 것이다. 우리가 가야 할 길은 세상과의 '공감적 직면'의 자리로 나아가는 것이다. 이상의 논의를 팀 켈러(Tim Keller)의 표현으로 하면, 공감 없는 직면은 "미흡한 상황화"를 말하고, 직면 없는 공감은 "과도한 상황화"를 의미하고, 공감적 직면은 "참된 상황화"의 길이다. 참된 상황화의 자세로 바벨론의 가치에 세뇌된 사람들을 우리 주님 앞에 세우는 소중한 사역을 감당하는 교회가 되어야 한다.

맺음말

중요한 것은 바벨론을 향한 전략이나 프로그램이 아니라 바벨론과 다른 이야기를 살아낼 수 있는 사람이다. 어떤 일을 하느냐보다 언제나 더 중요한 것은 어떤 사람으로 그 일을 감당하느냐에 달려 있다.

"After you believe"

우리는 예수님을 믿은 후에, 바벨론의 가치를 상대화시키고 자유롭게 된 사람으로 살아야 한다. 그러한 모습으로 세상의 한계를 폭로하고, 더 나아가서 세상을 돌아오게 해야 한다. 이러한 부르심과 사명을 감당하라고 우리를 신자가 된 이후에도 바벨론에 남겨두신 것이다. 세상의 도성 바벨론에 남겨두신 의도에 따라 주님의 아름답고 존귀한 자태를 드러내는 교회가 되기를 소망해 본다.

요한계시록 17:1

¹ 또 일곱 대접을 가진 일곱 천사 중 하나가 와서 내게 말하여 이르되 이리로 오라 많은 물 위에 앉은 큰 음녀가 받을 심판을 네게 보이리라

Αποκάλυψις Ιωάννου

39. 메뉴와 매너

들어가며

  기독교가 너무 독선적이라는 말을 종종 듣는다. 일반적으로 한국 사회에서 불신자들은 가톨릭에 대해서는 우호적이지만, 기독교에 대해서는 차가운 시선을 보내는 경우가 많다. 여러 가지 이유가 있겠지만, 그 중에 하나는 가톨릭이 더 많은 자유를 허용하기 때문이다. 예를 들어 가톨릭은 술, 담배 그리고 제사까지 허용한다. 종교 간의 대화나 타 종교의 구원에 대해서도 열린 자세를 취한다.

  이에 반해 세상에 비친 기독교인의 모습은 옹졸하고 속 좁은 사람들처럼 보이기 일쑤이다. 편견에 사로잡혀 자신의 것 외에는 아무것도 수용하지 않는 편협한 절대주의자로 여긴다. 세상이 기독교를 독선적이라고 하는 것은 아마도 우리 기독교인들이 구원을 오직 예수 그리스도를 통해서만 얻는 것이라고 주장하기 때문이 아닐까 싶다. 세상의 논리로 그것은 말도 안 되는 일방적인 주장에 불과하기 때문이다.

그렇다면 자연스럽게 생기는 질문은 이것이다. 우리가 절대적인 진리를 사수하는 것이 진정 기독교의 존립과 기독교 신앙을 세상에 전달하는 데 있어서 방해되는 것일까? 세상의 도전 앞에서 기독교 진리를 상대화시키는 것이 해법이 되는가? 이에 대한 성경의 답을 바벨론(왕)의 메뉴를 거절하는 것과 바벨론(왕)을 향한 매너 갖기로 제시해 보고자 한다.

바벨론의 메뉴를 거절하라

바벨론의 메뉴를 거절하라는 것은 세상 나라를 대변하는 바벨론 혹은 바벨론 왕과의 가치 타협이나 어설픈 공존은 용인될 수 없다는 것이다. 요한계시록 17장 1절에 쓰인 것처럼, 세상은 기독교적인 시각에서는 심판의 대상일 뿐이다. 큰 음녀의 정체는 심판으로 끝맺게 될 것이기에 우리는 그 바벨론의 길을 갈 수 없다. 예수님은 바벨론의 통치자가 결코 진정한 왕이 아니라고 말한다. 오히려 바벨론은 심판받을 곳이고, 바벨론의 통치자는 심판받을 왕이다. 이러한 심판을 집행하시는 분이 주님이시니, 기독교는 당연히 세상과는 차별화된다고 할 수 있다. 바벨론의 메뉴가 아무리 근사하고, 설사 산해진미를 차려준다 해도 우리는 그 밥상을 받아들일 수 없는 것이다. 오히려 미혹의 밥상을 과감히 걷어차야 한다.

이쯤에서 질문해 보자. 기독교 신앙이 절대 진리라고 선언하는 것이 문제 된다고 보는가? 세상을 포용하는 진리, 세상과 타협하는 진리가 세상이 찾는 것이기에 우리가 그들의 필요에 맞게 복음을 하향 조절해야 한다고 보는가? 답은 결코 "그렇지 않다"이다. 하향 조절은 기독교 신앙을 스스로 무너뜨려 자기 무덤을 파는 행위이다. 우리가 믿는 복음이 세상과 차별화되는 것은 문제가 되지 않는다. 아니 오히려 차별화된 국면을 드러내야만 한다. 정말 문제가 되는 것은 세상과 어설픈 타협이나 느슨한 통합이다. 선명도가 없는 것이 문제이다. 톰 라이트(Nicholas Thomas Wright)의 말이 정말 사실이다.

> 허리케인이 사람이 되고 불이 육신이 되고 생명 자체가 생명이 되어 걸어 다니셨다는 주장은 받아 들이기에 너무 엄청난 주장이다. 하지만 이 주장이 아니면 기독교는 아무것도 아니다. 이는 세상의 가장 깊은 현실을 더없이 분명하게 밝혀 준 주장이거나 얼토당토 않은 거짓이거나 둘 중 하나이다. 우리 대부분은 감히 이렇다 저렇다 확실히 말하지 못하고 안타깝게도 그 중간의 얄팍한 세상에서 살고 있다(Wright, 2019, 292).

그렇다면 절대를 가진 자의 모습은 바벨론 안에서 어떻게 드러나야 할까? 거짓에 대해 "노"라는 선언을 할 줄 아는 신앙인의 모습으로 서야 한다. 바벨론(왕)의 메뉴가 아무리 탐스러운 것이라고 해도 거절할 줄 알아야 한다. 우리가 절대를 주장해서가 아니라 절대를 상실해서 세상으로부터 질타가 쏟아지는 것이 아닐까! 바벨론의 메뉴를 거절해서, 바벨론을 심판의 가치로 여겨서 우리와 세상 사이에 장벽이 생기는 것이 아니라 오히려 바벨론의 메뉴를 거절하지 못하고 다 취한 결과 우리가 세상에 제시해야 할 것을 제대로 전달하지 못하는 것이다. 어설픈 절대로 서 있는 것이 문제이지, 진정한 절대가 문제가 되지 않는다고 본다.

일찍이 어린 소년이었던 다니엘은 바벨론 왕의 진미와 포도주를 거절했다. 왕의 메뉴를 거절하는 것으로 세상을 설득하게 된다. 그러한 행동으로 세상에 하나님의 위대하심과 영광을 드러낸 것이다. 세상과 다른 가치로 살아가는 신앙인의 고상함과 품격으로 세상에 충격을 던져 주었다. 다니엘의 모습은 우리가 가야 할 길을 선명하게 보여 주고 있다. 다니엘의 행동으로 바벨론은 어떤 의미에서 보이지 않는 심판을 받게 된 것이다.

우리 시대는 더더욱 다니엘과 같이 왕의 메뉴를 거절하는 모습이 필요하다. 왜일까? 세상 앞에서 딴지를 걸거나 까칠한 성도가 되라는 뜻이 아니다. 절대적인 가치 앞에 붙들려 사는 모습을 보여 주어야 한다는 것이다. 우리가 사는 세상이 잃은 것은 '절대'이다. 지금 우리가 사는 시대정신은 포스트모던적인 가치이다. 어느 사람은 이런 시대를 '터가 무너진 시대'라고 명명했다. 세상은 절대를 잃고 표류하고 있다. 절대 자체가 나쁜 것은 아님을 분명히 해두자. 진정한 절대가 있어야 우리가 방황의 종지부를 찍고, 거기에 우리의 전 존재를 던지게 되는 것이다. 우리의 사명은 바벨론의 메뉴를 거절하면서도 흔들림 없이 다른 메뉴를 공급받아 바벨론의 음식을 먹은 사람보다 더 힘 있게 이 세상을 살아내는 모습을 보이는 데 있다. 그러한 신앙인의 자태를 보이라고 바벨론 시대 가운데 다니엘의 공동체인 교회를 세우신 것이다.

바벨론을 향한 매너를 가져라

그런데 아직 우리가 고민해야 할 문제가 한 가지 더 있다. 그것은 바로 메뉴 선택의 문제가 아닌 매너의 문제이다. 그저 '절대'를 고수하는 것이 전부면 얼마나 쉬울까? 그러나 기독교 신앙은 그리 쉽지 않다. 신앙의 어려움은 내가 진리를 가지고 행동해도 주변이 움직이지 않을 때이다. 진리를 사수하는 것만을 붙들고 있으면 자칫 잘못하여 더 중요한 관계가 깨질 수도 있다. 예를 들어 자기 스스로를 의롭다고 생각하는 남편일수록 아내와 관계가 틀어질 확률이 높다. 살아보니까 아내는 남편이 말하는 것이 옳으냐, 그렇지 않으냐를 그리 중요시하지 않는다. 그 옳음으로 나를 고치려는 것을 못마땅해한다. 그 옳음을 빙자해 나에게 화내는 것을 못 참는 것이다. 비단 부부관계뿐만 아니라 이것이 모든 인생의 모습이다. 그래서 절대를 고수하는 것만이 전부가 아니다. 성경은 또 한 가지를 강조한다. 그것은 바로 절대를 담아내는 그릇이다. 태도의 문제가 절대를 굳게 붙잡고 나아가는 것만큼 중요하다. 다시 다니엘의 예로 돌아가 보자. 다니엘은 하나님의 말씀을 잣대 삼아 바벨론의 가치를 거절하고, 왕의 메뉴에 대해 "노" 하는 것으로 바벨론을 심판할 뿐만 아니라, 그 일을 하는 과정에서 매너를 갖추었다. 그 일을 하는 사람의 매너가 동시에 돋보인다. 왕의 진미(메뉴)를 거절할 때 왕의 신하 환관장 아스부나스에게 매우 예의를 갖추어 간청한다. 결코, 절대를 가진 자의 모습으로 주장하거나 경고하거나 우월함을 가지고 선포하지 않는다. 자신이 지금 하는 행동이 왕의 명령이나 바벨론 나라의 정책을 깨려는 것이 아님을 밝힌다. 그것은 높이 계신 하나님에 대한 신앙을 지키기 위한 것임을 예의 있고 지혜로운 말로 설명한다. 왕을 무시하는 것이 아니라 자신이 믿는 하나님을 존중해야 하기에 왕의 진미와 포도주를 거절하는 것이다. 시대를 초월해 이러한 자세는 요한계시록 시대와 우리 시대에도 귀감이 되어야 한다.

오늘을 향한 연결과 적용

때로 절대 진리가 외면당하는 이유는 우리가 절대 진리를 따라 살아가기 때문이 아니라 우리가 절대 진리 노릇을 하기 때문이다. 절대 진리를 사수하는 것으로 절대자이신 주님을 드러내야 하는데, 그것을 전달하는 통로인 우리가 절대의 자리에 서 있기 때문이다. 바벨론 왕의 메뉴를 거절하는 것과 바벨론 왕을 향한 매너를 구분하지 못하기 때문이다. 그러기에 다른 이들을 향한 예의를 잃지 않고, 절대 진리를 고수하는 자리로 가야 한다. 그때 우리가 전하는 절대 진리로 세상은 설득되는 것이다. 톰 라이트(T. Wright)가 이런 일화를 말한다.

> 한 유명 목사에게 성질이 급하기로 소문난 친구가 한명 있었다. 어느 날 파티 석상에서 목사는 친구에게 음료수를 대접하는 일을 도와 달라고 부탁했다. 그리고 일부러 유리컵 여러 개를 쟁반에 올리고 음료수를 가득 채웠다. 그리고는 그 쟁반을 친구에게 넘겨주었다. 목사는 친구와 함께 음료수를 나눠주려고 방으로 들어갔다. 그리고 고의적으로 친구에게 부딪혀서 음료수가 흘러넘치게 만들었다. "이 사람아, 그것 보게. 자네가 덜컹거리면 자네를 잔뜩 채우고 있는 것이 무엇이든 그게 흘러넘치게 되어 있네." 목사가 말했다 (Wright, 2019, 298).

음미해 보게 되는 이야기이다. 위기의 순간, 우리 안에 잔뜩 채워져 있는 것이 흘러넘치게 된다. 우리 안에 주님을 닮은 인격적인 품성이 가득해야 하는 이유가 바로 여기에 있다. 주님에게 배운(세상을 부드럽게 할 수 있는) 매력적인 매너로 가득해야 한다. 그러한 매력이 제대로 드러날 때 우리는 세상을 절대 진리 앞으로 세울 수 있는 것이다. 절대 진리와 함께 매너를 가져야 한다. 그것을 계발하고 훈련하는 우리가 되어야 한다. 그것이 있어야 세상을 돌아오게 할 수 있다. 그저 세상에 대한 저항만으로 세상이 충격을 받는 것이 아니다. 세상에 저항하되 인격적으로 저항해야만 세상의 변화를 경험케 될 것이다. 그렇다고 인격적 방식으로 저항해야 한다는 것이 결코 나약해지라는 의미가 아니다. 모든 죄에 대해 허허실실 하라는 뜻도 아니다. 타락한 세상 죄악의 요구에 대해 단호하되, 그러나 매너 있는 방식으로 전달해야만 한다.

맺음말

이제 우리가 가야 할 길은 분명해졌다. 그것은 수직적 강직함과 수평적 온화함의 조화를 이루는 것이다. 절대를 절대로 양보하지 말자. 그러나 절대적이 되지는 말자. 절대적인 분은 하나님 한 분이시다. 하나님만이 절대이셔야 한다. 우리가 절대여서는 안 된다. 우리는 그 절대를 담는 그릇임을 잊지 말자. 우리는 질그릇이다. 질그릇 속에 보배만 드러내는 것이다. 내가 보배가 되면 안 된다.

우리의 문제는 메뉴와 매너 중에 하나만 주장하는 것이다. 이보다 더 심각한 문제는 두 가지 모두를 주장하기는 하지만 잘못된 적용을 하는 데 있다. 왕의 메뉴를 거절해야 할 때 왕을 향한 매너를 찾고 있고, 왕을 향한 매너를 가져야 할 때 왕의 메뉴를 거절하겠다고 잘못 적용하는 것이 정말로 문제인 것이다. 주님께서 우리에게 이 두 가지를 제대로 분별할 수 있는 지혜를 주시기를 바란다. 비둘기처럼 순결하고 뱀처럼 지혜로운 공동체로 세상 앞에 서는 이 땅의 교회들이 되기를 소망해 본다.

요한계시록 17:7-18

7 천사가 이르되 왜 놀랍게 여기느냐 내가 여자와 그가 탄 일곱 머리와 열 뿔 가진 짐승의 비밀을 네게 이르리라 8 네가 본 짐승은 전에 있었다가 지금은 없으나 장차 무저갱으로부터 올라와 멸망으로 들어갈 자니 땅에 사는 자들로서 창세 이후로 그 이름이 생명책에 기록되지 못한 자들이 이전에 있었다가 지금은 없으나 장차 나올 짐승을 보고 놀랍게 여기리라 9 지혜 있는 뜻이 여기 있으니 그 일곱 머리는 여자가 앉은 일곱 산이요 10 또 일곱 왕이라 다섯은 망하였고 하나는 있고 다른 하나는 아직 이르지 아니하였으나 이르면 반드시 잠시 동안 머무르리라 11 전에 있었다가 지금 없어진 짐승은 여덟째 왕이니 일곱 중에 속한 자라 그가 멸망으로 들어가리라 12 네가 보던 열 뿔은 열 왕이니 아직 나라를 얻지 못하였으나 다만 짐승과 더불어 임금처럼 한동안 권세를 받으리라 13 그들이 한 뜻을 가지고 자기의 능력과 권세를 짐승에게 주더라 14 그들이 어린 양과 더불어 싸우려니와 어린 양은 만주의 주시요 만왕의 왕이시므로 그들을 이기실 터이요 또 그와 함께 있는 자들 곧 부르심을 받고 택하심을 받은 진실한 자들도 이기리로다 15 또 천사가 내게 말하되 네가 본 바 음녀가 앉아 있는 물은 백성과 무리와 열국과 방언들이니라 16 네가 본 바 이 열 뿔과 짐승은 음녀를 미워하여 망하게 하고 벌거벗게 하고 그의 살을 먹고 불로 아주 사르리라 17 이는 하나님이 자기 뜻대로 할 마음을 그들에게 주사 한 뜻을 이루게 하시고 그들의 나라를 그 짐승에게 주게 하시되 하나님의 말씀이 응하기까지 하심이라 18 또 네가 본 그 여자는 땅의 왕들을 다스리는 큰 성이라 하더라

Αποκάλυψις Ιωάννου

40. '부러움'의 주제로 본 옛 시대와 새 시대

들어가며

새 시대는 어떻게 오는가? 가장 간단한 답은 시간 순서에 따라온다는 것이다. 즉 옛 시대가 끝나면, 새로운 시대가 도래한다. 역사적 사건과 인물이 등장하여 이전과는 다른 시대가 될 때 새 시대가 임한다. 성경으로 말하면, 가장 중요한 사건은 예수님의 오심이다. 예수님이 오시는 것으로 옛 시대는 종결되고 새로운 시대가 도래했다. 예수님을 믿게되었을 때, 새 시대 속으로 들어가는 것이다.

그런데 여전히 문제가 남는다. 첫째는 새 시대가 도래해도 여전히 옛 시대가 자취를 감춘 것은 아니며, 여전히 옛 시대가 맹위를 떨치고 있다는 것이다. 요한계시록의 표현으로 하면, 예수 그리스도 안에서 승리의 길에 초대된 신자들을 향해 아직도 바벨론의 정신과 가치가 기승을 부리는 것이다.

또한, 새 시대를 살아가는 신자들의 모습도 그다지 새 시대의 기쁨과 환희, 능력과 품격을 드러내며 살지 못한다. 여전히 옛 시대의 가치와 영향력 속에 살아간다. 더 정확히 표현하면 옛 시대와 새 시대가 중첩된 곳에서 살고 있다. 이것이 성경이 강조하는 종말론(eschatology)의 중요한 핵심 가르침이다. 이미 임했지만, 아직은 완성되지 않았다는 것이다. 이미(already)와 아직(not yet)의 긴장 관계 안에서 우리는 살아간다.

새 시대(예수 그리스도를 통한 은혜의 시대) 속에 있지만, 여전히 옛 시대, 즉 바벨론의 시대를 살아갈 수밖에 없는 한계를 어떻게 극복할 수 있느냐가 신앙인의 당면 과제이다. 형식적이고 이론적인 차원에서 새 시대 속에 있다는 것을 넘어서 실질적으로, 경험적으로 새 시대를 살아가야만 한다. 어떻게 그럴 수 있을까? 이 물음에 답하기 위해 '부러움'을 중심으로 옛 시대에서 새 시대로 나아갈 수 있는 실질적인 길을 모색한다. 결론부터 말하면, 부러움이 변해야 옛 시대에서 새 시대가 도래한다.

우리가 버려야 할 옛 시대를 향한 부러움

요한계시록에서 옛 시대는 바벨론이다. 바벨론은 현실적으로 우리가 피부를 맞대고 살아가고 있는 세력이지만, 예수님에게 자리를 내어주어야 할 존재이기에 '옛 시대'이다. 우리의 구원은 바벨론으로부터의 건지심이라고 해도 과언이 아니다. 그런데 여전히 우리의 부러움과 열망은 온통 화려한 바벨론에 머물러 있지는 않은가? 우리가 바벨론을 부러워할 수밖에 없는 이유와 그 반전을 요한계시록 17장에서는 일종의 '풍자만화'처럼 그리고 있다. 그 그림을 잘 파악해 볼 필요가 있다.

바벨론에 대한 풍자만화

요한계시록 17장은 바벨론을 풍자만화로 그리고 있다. 여기서 바벨론은 물질로 유혹하는 세력을 의미한다. 이 풍자만화의 가장 큰 특징은 음녀 바벨론을 사치하는 여인으로 그리고 있다는 점이다. 자줏빛 옷을 입고 금과 보석과 진주로 치장한 여인은 모든 인생이 부러워하는 모습이다. 그런 음녀가 짐승을 타고 있다. 큰 성공과 미모로 멋지게 치장한 음녀가 짐승과 결탁한 것이다. 짐승은 그 당시 가장 힘 있는 존재이며, 그를 이끄는 실질적인 세력은 음녀이다. 이는 음녀가 세상에서 얼마나 큰 대접을 받는지를 알려준다. 음녀는 곧 영적인 의미에서 짐승의 세력이 사랑하는 화려한 신부이다.

바벨론 풍자만화에 담긴 냉소

그런데 이 풍자만화의 의도는 다른 곳에 있다. 화려함이 아닌 부러움에 대한 심판을 제시하려는 것이다. 화려함 그 자체는 문제가 안 된다. 그것만으로 정죄할 수 없다. 사치의 기준이 다 다르므로 사치만으로 바벨론에 대해 부정적인 평가를 할 수 없다. 중요한 것은 겉으로 나타나는 화려한 모습이 아니라 그 내부에 있다. 그녀가 들고 있는 잔 안에 무엇이 있느냐 하는 것이 중요하다. 그 잔 안에는 온갖 가증한 것으로 가득 차 있다. 거기에 풍자만화가 말하고자 하는 의도가 있다. 더 나아가 그러한 사치의 여인에 대한 풍자만화는 그녀를 짐승과 결탁한 방탕한 음녀로 그린다. 처음은 고급스럽고 우아한(?) 여인의 모습으로 등장하지만, 겉모습과는 판이한 가증하고 추한 내적인(본질적) 모습으로 확연하게 대조를 이루고 있다. 이를 통해서 성경 저자는 그녀의 외적인 모습이 내적인 것을 속이기 위한 꾸미기임을 확정하고 있다. 결국, 이 그림에서 그녀는 사람을 미혹해 파멸로 이끄는, 영적으로 방탕한 고급 매춘부로 폭로된다.

여기서 우리는 잠시 음녀가 타고 있는 그 짐승에 대해 논의할 필요가 있다. 짐승과 음녀의 최종적인 운명에 대해 말하려는 의도에서이다. "또 일곱 왕이라 다섯은 망하였고 하나는 있고 다른 하나는 아직 이르지 아니하였으나 이르면 반드시 잠시 동안 머무르리라 전에 있었다가 지금 없어진 짐승은 여덟째 왕이니 일곱 중에 속한 자라 그가 멸망으로 들어가리라(계 17:10-11)." 이 부분은 개인적으로 요한계시록에서 제일 설명하기 어려워하는 대목이다. 여기서 짐승은 일곱 산으로 비유되는 로마의 황제를 의미한다. 크레이그 퀘스터(Craig R. Koester)의 설명을 들어보자.

> 일곱 머리와 일곱 왕은 짐승 세력의 전체성을 가리키는 것으로 보인다. 여덟 번째 왕을 일곱 중의 하나가 돌아온 것으로 묘사하는 것은 즉 네로가 살아서 돌아온다는 전설에 영향을 받은 것이다. 그러므로 이를 근거로 미래에 닥칠 하나님 백성의 박해에 대해서 말할 수 있다. 이는 다시 올 네로이다(Koester, 2011, 403).

이런 상징적 해석에 동의하면서 김추성 교수는 다음과 같이 말한다.

> 로마 황제의 수가 몇 명인가는 별로 중요한 것이 아니다. 수학적으로 혹은 연대기적으로 정확하게 짜 맞추는 것은 이미 한계를 드러

내고 있으며 저자의 의도도 아닐 것이다. 여기서 중요한 것은 이제 하나 남았다는 것이다. 요한은 숫자의 조합에 의해 종말의 긴박성을 강조하고 있다. 요한계시록에서 일곱은 완전수를 나타내고 있다. 일곱 머리는 또한 짐승의 끈질긴 생명력을 상징한다. 죽었다가 다시 살아난다. 짐승의 세력은 끝까지 절대로 없어지지 않을 것이다. 죽은 듯하면 반드시 다시 살아서 하나님의 백성들을 괴롭히게 될 것이다(김추성, 2018, 94).

이러한 질긴 생명력으로 하나님의 자녀들을 공격하는 짐승에게 붙은 최종적 표현은 멸망이다. 짐승은 멸망으로 끝나고 말 것이다. 그렇다면 짐승과 결탁한 음녀 바벨론에 대한 풍자만화의 결국은 무엇인가? 짐승과 결탁한 여인이 짐승에 의해서 불태워져 죽게 된다. 외적인 어떤 세력의 공격에 의해서가 아니라 짐승과 음녀 세력들 스스로의 내적 싸움으로 망하는 모습을 보여준다. "네가 본 바 이 열 뿔과 짐승은 음녀를 미워하여 망하게 하고 벌거벗게 하고 그의 살을 먹고 불로 아주 사르리라(계 17:16)."

이러한 바벨론에 대한 풍자만화의 광경들을 적나라하게 드러내는 성경의 의도는 무엇인가? 성경 저자의 바벨론에 대한 냉소적인 태도를 통해 우리들의 바벨론에 대한 부러움이 얼마나 공허한 것인지를 알게 하려는 것이다. 성경 저자는 바벨론에 대한 우리의 부러움이 변해야 함을 역설한다. 바벨론에 대한 우리의 부러움이 부끄러움이 되어야 한다. 아직도 새 시대를 살지 못하고 옛 시대를 부러워하고 있는 우리 자신의 모습에 대한 부끄러움이 있어야 한다.

우리가 갈망해야 할 새 시대를 향한 부러움

바벨론에 대한 풍자만화는 그럴싸한 모습에서 창기의 모습으로, 그리고 마침내 배신의 칼을 맞고 파멸의 자리로 가는 냉소적인 풍자만화로 전개되었다. 이제 이와는 정반대의 장면을 생각해 보고자 한다. 요한계시록 17장 14절에 나타난 것처럼, 악의 세력들과 맞서 싸우는 예수님과 그의 파트너의 모습이다.

> 그들이 어린 양과 더불어 싸우려니와 어린 양은 만주의 주시요 만왕의 왕이시므로 그들을 이기실 터이요 또 그와 함께 있는 자들 곧 부르심을 받고 택하심을 받은 진실한 자들도 이기리로다(계 17:14).

먼저 나오는 장면은 어린 양의 모습이다. 어린 양을 소개하는 시작점은 화려한 외모, 사치스러운 외양을 가진 바벨론과 극명하게 대조를 이루고 있다. 그러나 조금 더 읽어 보면 어린 양은 만주의 주가 되시고 만왕의 왕이 된다. 바벨론은 매우 화려한 장면에서 갈수록 가증하고 초라한 모습으로 나아가는 하강 구조로 풍자되고 있지만, 우리 예수님은 반대이다. 처음에는 어린 양으로 후에는 만주의 주이자 만왕의 왕으로 가는 상승 구조로 풍자되고 있다. 결말의 장면도 바벨론과는 극명하게 다른 그림을 드러낸다. 바벨론은 자멸의 그림으로 마무리되는 반면, 어린 양은 자신을 위해서만이 아니라 그의 추종자를 모두 살리는 동반 승리의 자리로 나아간다. '냉소적'으로 전개되는 바벨론과는 달리, 예수님은 정반대로 '구속적' 모습을 띠고 있는 것이다.

이제 우리가 사수해야만 할 부러움이 무엇인지 밝혀보자. 그것은 바로 예수님과 함께 하는 교회의 모습이다. 악의 세력들이 하나가 되어 예수님을 공격하지만, 어린 양이신 예수님께서 그들을 이기신다. 또한, 승리하시는 어린 양을 신실하게 따르는 자들도 역시 승리하게 된다. 그들은 어린 양과 함께 하는 자들이면서 동시에 진실한 자들이다. 여기 진실이라는 것은 단지 거짓말을 하지 않는 것을 의미하는 것이 아니다. 요한계시록 안에서 진실이란 어린 양만이 참으로 경배의 대상이심을 끝까지 붙잡고 나아가는 것이다. 거짓된 세력에 미혹되지 않고 그것을 물리치는 것이기에, 진실함은 신실함과 동의어로 쓰일 수 있다. 여기서 우리 부러움의 실체가 무엇인지를 확인케 된다. 그것은 바로 우리 믿음의 선배들이 승리하시는 어린 양을 신실하게 따르는 자로 승리하는 것이다. 신자의 승리는 이기신 주님의 은혜를 기반으로 하지만, 그분의 은혜 위에서 이김을 건설하며 승리의 길로 나아가는 신자와 교회로 오롯이 서는 것이 부러움이 되어야 한다. 그것도 단지 부러워하는 것만이 아니라 그 부러움을 통하여 실질적인 신앙의 부요함에 이르러야 한다. 그때 우리에게 진정한 의미에서 새 시대가 도래했다고 할 수 있다. 반드시 거기까지 나아가야만 한다. 사도 바울은 다음과 같이 설파한다. "우리 주 예수 그리스도의 은혜를 너희가 알거니와 부요하신 이로서 너희를 위하여 가난하게 되심은 그의 가난함으로 말미암아 너희를 부요하게 하려 하심이라(고후 8:9)." 이 구절의 강조점은 부요함에 이르는 것이다. 주님이 오신 목적 가운데 하나가 부요하신 이로서 가난하게 되어서 가난한 우리를 부요케 하시는 데 있다.

맺음말

우리가 새 시대를 살아가고 있는지 확인하는 길은 나의 부러움이 무엇인지 다시 점검하는 것이다. 신자는 되었지만, 여전히 바벨론 안에서 더 크게 성공하고 더 화려하게 되고 더 쾌락적이 되는 것을 부러워한다면 아직도 옛 시대를 살아가는 것이다. 만일 그것이 우리의 현주소라면 어떻게 해야 할까? 일차적으로 그런 바벨론을 향한 부러움을 부끄러움으로 여기는 것이 중요하다. 더 나아가, 이제 우리는 어린 양을 따르는 승리자가 되는 것이 부러움이 되어야 한다. 그 부러움으로 예수님 안에서 부요케 되는 것이 새 시대를 누리는 길이 될 것이다. 새 시대는 어떻게 오는가? 바벨론을 향한 부러움을 부끄러움으로 여기고, 예수님을 따르는 자녀들로 승리한 신실한 신자들의 길을 부러워함으로 부요함을 만드는 사람이 될 때 비로소 펼쳐지게 될 것이다.

당신은 지금 무엇을 부러워하고 있는가?

요한계시록 17:14

14 그들이 어린 양과 더불어 싸우려니와 어린 양은 만주의 주시요 만왕의 왕이시므로 그들을 이기실 터이요 또 그와 함께 있는 자들 곧 부르심을 받고 택하심을 받은 진실한 자들도 이기리로다

Αποκάλυψις Ιωάννου

41. 주님과 함께 바벨론을 승리하려면

들어가며

신앙생활의 중요한 목표 중의 하나는 주님과 함께 이기는 것이다. 이 것이 요한계시록의 주제임을 여러 차례 언급했다. 중요한 점은 우리의 힘과 능력으로 이기는 것이 아니라 예수님과 함께 승리하는 것이다. 예 수님이 공급하시는 힘과 능력으로 승리해야 한다. 그렇다면 신자의 이 김을 말할 때, 그 근거이자 원천이 되는 예수님께 주목해야 한다. 과연 예수님은 음녀 바벨론과 그녀와 결탁한 세력들을 어떻게 이기시는가? 이에 대해 요한계시록 17장 14절에서 분명히 답한다. "그들이 어린 양 과 더불어 싸우려니와 어린 양은 만주의 주시요 만왕의 왕이시므로 그 들을 이기실 터이요…." 어린 양으로 승리하시고, 또한 만주의 주요 만 왕의 왕으로 승리하신다고 답하고 있다. 먼저 어린 양이라는 것은 자신 을 희생 제물로 드리는 예수님의 사역을 대표하는 것이다. 다시 말해서 십자가의 방식으로 이긴다는 것이다. 십자가에서 자기를 제물로 바치는 '제사장'으로 이긴다고 해도 틀린 말이 아닐 것이다. 다음으로 만주의 주로서 만왕의 왕으로 이기는 것은 한마디로 진정한 '통치자'로 이기는 것을 의미한다. 그렇다면 이러한 예수님의 승리를 따라가는 우리도 어린 양의 방식으로, 승리하는 제사장으로, 그리고 진정한 통치를 펼치는 왕으로 이겨야 한다. 하나님께서 우리를 '부(副)섭정인'으로 부르셨다. 섭정이란 '군주가 직접 통치할 수 없을 때 군주를 대신하여 나라를 다스림, 또는 그런 사람'을 말한다. 섭정의 역사를 위해 하나님은 우리를 부섭정인으로 부르셨다. 이는 우리들이 위대한 대제사장이자 만왕의 왕이신 예수님을 닮은 제사장이자 왕이며, 우리가 제사장 – 왕으로서 승리해야만 한다는 뜻이다. 주님을 닮은 제사장이자 왕인 부섭정인으로서 우리는 과연 무엇으로 바벨론의 위협과 도전 앞에서 승리하게 되는가?

바벨론을 이기는 성숙함

바벨론을 이기는 길은 무엇보다도 부섭정인으로서 성숙한 제사장 – 왕의 부르심에 충실해지는 데 있다. 성숙에 대한 교훈을 더 깊이 생각하기 위해 창세기 1-2장의 창조의 장면에서부터 논의를 시작해 보자.

창조

하나님께서 아담에게 부여한 것이 바로 에덴에서 부섭정인으로서의 제사장 – 왕의 지위와 권한이었다. 제사장으로의 부르심을 먼저 생각해 보자. 에덴동산은 최초로 인간이 하나님을 예배한 장소이자 일종의 성전의 원형이다. 이스라엘의 성전이 제사를 인도하고 제사장이 하나님의 임재를 경험하던 장소였다면, 그 원형인 에덴은 아담이 하나님과 거닐면서 대화하고 임재를 경험하는 장소였다. 창세기 2장 15절에서 경작하여 지키게 하셨다는 것은, 곧 섬기고 보존케 하신다고 번역할 수 있다. 이것은 아담이 제사장으로 하나님을 섬기며, 그분의 말씀을 지키고 보존해 가는 사람임을 암시하는 것이다(민 3:7-8).

다음은 왕으로서 아담을 생각해 볼 차례이다. 하나님은 아담에게 '생육하고 번성하여 땅에 충만하라 땅을 정복하고 다스리라(창 1:27-28)'라고 하신다. 이렇게 아담은 부섭정인으로서 땅 위에서 하나님의 대리 통치자(왕)의 사명을 성취해야 한다. 동산의 지리적인 경계를 넓혀 나가야 하는 것이다. 그레고리 비일(Gregory K. Beale)이라는 학자의 표현으로 하면, 에덴 밖의 황량한 땅을 에덴과 같이 쾌적한 공간이 되게 해야 한다. 확장하는 것이다. 이를 통해서 모든 곳을 거룩한 성전이 되게 하는 것이 아담에게 부여된 부섭정인으로의 통치자 혹은 왕의 사명인 것이다.

타락

그런데 인간의 타락으로 아담은 제사장 – 왕으로의 지위와 권한을 상실한다. 첫 번째 인류는 더 이상 하나님을 예배할 수 없도록 에덴동산 밖으로 쫓겨난다. 제사장의 역할이 왜곡되고, 왕의 역할도 중단된다. 제사장-왕으로서 하나님의 영광과 임재를 상징하는 에덴동산(성전)을 확장해 나아가야 하는데, 타락으로 말미암아 하나님과의 관계가 끊어지면서 오히려 바깥세상의 황량함에 점점 더 깊이 정복당하는 비극을 맞게 된 것이다.

구속

예수님이 이 땅에서 성육신하심으로 회복하시려는 것 가운데 하나가 바로 제사장 – 왕의 역할이다. 그래서 친히 그분이 완전한 제사장으로, 완전한 왕으로 오셔서 사역을 완수해야만 하는 것이다. 이에 대한 가장 중요한 성경 구절이 바로 요한계시록 17장 14절이다. 예수님께서 어린 양(스스로 희생 제물이 되시는 제사장)으로 승리하셔서 진정한 예배와 가르침을 회복하신다. 더 나아가 왕(참된 통치자)으로 승리하시고, 사탄이 지배하고 있는 어두운 세상을 빛의 세상으로 만들어 가시는 것이다.

완성

진정한 제사장으로, 왕으로의 위대한 사역을 성취하신 예수님은 온전히 완성하실 것이다. 그런데 그 사역을 홀로 하지 않으신다. 그분 사역의 원칙은 언제나 인간을 초대해 함께 하시는 동역이다. 이를 위해 우리를 다시 제사장 – 왕으로 삼으시는 것이다. 우리를 다시 부섭정의 사역을 감당하게 부르시는 것이다. 그것도 한 개인이 감당할 수 없음을 아시기에 강력한 공동체를 통해 이 사역을 이루어가도록 하시는 것이다. 우리를 부섭정인 – 제사장을 삼아 진정한 예배자가 되게 하시고, 또한 우리를 부섭정인 – 통치자(왕)로 삼아 권세와 능력을 가지고 세상을 더욱더 살만한 공간이 되도록 확장해 나아가는 사역을 감당하게 하신다.

지금까지 창조 – 타락 – 구속 – 완성으로 바라본 제사장 – 왕으로의 부르심에 대해 살펴보았다. 그렇다면 이제 묻고 싶다. 제사장 – 왕에게 가장 중요하게 요구되는 것은 무엇인가? 그것은 바로 우리 주님을 따라 성숙해지는 것 혹은 자라는 것이라고 답할 수 있다. 한마디로 부섭정인 '답게' 되는 것이다. 부섭정인답게 성숙하려면, 존재 이유를 분명히 확인해야 한다. 부섭정인의 존재 이유는 다스리는 자에게 진정으로 다스림을 받는 것이다. 날이 갈수록 그분에게 더 많이 자신을 내어드리는 것이다. 큰 것에서부터 아주 세밀한 것 하나까지 그분께 내어드리는 것이다. 한마디로 그분이 다스릴 수 있도록 자신을 내어드리는 것이다. 사소한 생각 하나까지도 내 마음대로 하지 않고 그분의 통치를 받으며 사는 것이 성숙이다. 그것이 바로 그분 안에서 점점 자라나는 모습이다. 그런 성숙이 있을 때 난공불락의 도성 바벨론은 정복될 수 있다.

부섭정인인 우리에게 승리를 위해 요구하시는 또 한 가지는 성숙과 함께 전심이다. 전심을 드려야 부섭정인으로서 이길 수 있다.

바벨론을 이기는 전심

제사장 – 왕으로 바벨론을 이기기 위해서는 성숙과 함께 전심으로 그분에게 나아가는 자세가 절대적으로 필요하다. 우리가 때로 바벨론 앞에 패하는 이유는 대적이 강해서라고 할 수 있다. 욥이 그러했듯이 내 힘으로 이기기에는 너무나 힘든 상황과 현실을 만났기에 도무지 견딜 수 없다고 소리친다. 그러나 하나님께서 욥의 시련과 같이 모질게 다루는 사람은 거의 없다. 아주 특별한 섭리 가운데 그렇게 끝없는 추락을 경험케 하신다. 감당할 만한 수준이 되어야 그런 시련도 주시는 것이다. 성경은 감당할 만한 시험을 주신다고 하시지 않는가! 또한 시험을 허락하신다면 반드시 피할 길도 주신다. 그것을 진실로 믿는다면, 대적이 강해서 패했다는 말은 변명에 지나지 않을 것이다.

환경이 어려워서 패하는 경우보다 더 일반적인 경우는 우리가 '전심'으로 이기고 싶지 않아서일 경우가 많다. "저는 이기고 싶습니다"라고 반론을 제기할 것이다. 그러나 잘 생각해 보자. 우리는 진정으로 승리를 열망하고 있는가? 죄송한 말이지만 아닐지 모른다. 어느 부분에서는 승리를 원하면서도 또 어느 부분에서는 전혀 그렇지 않은 모습을 본다. 늘 주님의 임재를 강하게 원하는가? 우리가 무엇인가를 그분에게 얻으려 할 때 그럴 것이다. 그러나 악을 향해 달려갈 때 하나님의 임재를 구하는 사람은 잘 보지 못한다. 그때는 하나님의 임재가 부담스러워 이렇게 말한다. "하나님 조금 있다 뵐게요!" 이렇게 우리는 선택적인 임재를 구한다. 언제나 주님의 역사가 임하기를 원하지 않는다. 하나님의 도우심이 절실히 필요한 경우가 아닐 때는, 하나님 앞에서 우리 자신을 성찰하고 점검해야 할 때 오히려 주님의 임재에서 도망치기를 간절히 원한다. 그렇다면 우리가 바벨론에게 지는 이유는 분명해졌다. 바벨론을 이길 힘이 없어서가 아니다. 전심으로 승리를 원하지 않아서 지는 것이다. 더 나아가 우리들이 바벨론을 사랑해서 패하는 것이라고 해도 지나친 표현은 아닐 것이다.

예를 들어보자. 여호수아서에 보면 '전심'과 연관된 놀라운 교훈을 발견하게 된다. 여호수아와 이스라엘의 승리와 실패의 갈림길은 그들이 하나님 앞으로 전심으로 나오는가, 그렇지 않은가에 달려 있었다. 전심을 드리는 자세는 "아침에 일찍이 일어나"라는 곳에서 표현된다. 요단강을 건너가는 승리의 자리에서(수 3:1), 여리고 성을 함락시키는 자리에서(수 6:12,15) 승리를 전심으로 염원하는 모습이 아침에 일찍 일어나는 것으로 드러난다. 우스갯소리로 하면 영적인 아침형 인간으로 설 때 승리하게 되는 것이다.

반대로 여호수아가 패한 경우는 어떤가? 그때는 아침에 일찍이 일어났다는 표현이 없다. 승리를 향해 전심을 드리지 않으니 아침에 일찍 일어났다는 구절이 사라지는 것은 당연하다. 예를 들면 아이성 전투의 자리에서, 아침에 일어났다는 구절은 자취를 감추고 만다. 문자적으로 아침에 일찍 일어나는 것이 중요하다는 말을 하는 것이 아니다. 초심을 잃었다는 뜻이다. 전력을 다하는 모습이 없다는 것이다. 그로 인해 손쉽게 이길 것으로 생각한 아이성 전투에서 패배를 맛보고 만다. 쓰라린 패배의 자리에서 심기일전해 다시 아이성을 공격할 때 "아침에 일찍이 일어나"라는 문구가 다시 나타나는 것을 본다.

> 여호수아가 아침에 일찍이 일어나 백성을 점호하고 이스라엘 장로
> 들과 더불어 백성에 앞서 아이로 올라가매(수 8:10).

이렇듯 여호수아와 이스라엘이 하나님께 전심을 드릴 때 이전과는 다르게 대승을 거두며 아이성을 함락시켰다. 하나님은 능력보다는 자세를 중요하게 여기신다. 온 맘을 다해 주님을 섬기려는 마음을 중하게

보신다. 바벨론을 어떻게 이길 수 있는가? 결코, 만만한 상대가 아니다. 그러나 이길 수 있다. 우리가 전심으로 승리를 열망하고 나아갈 수만 있다면 말이다.

맺음말

아쉬운 우리 인생의 시간이 화살처럼 날아가고 있다. 진지하게 무엇을 위하여 살고 있는지 물어야 한다. 우리는 무엇을 위하여 살고 있고, 또한 무엇을 위하여 살아야 하는가? 어디선가 읽은 웃픈(웃기고도 슬픈) 문장을 소개한다. "People who exercise live longer, but those extra years are spent at the gym(운동하는 사람이 더 오래 삽니다. 하지만 그 여분의 시간을 운동하는 데 써버렸죠)." 조금 더 오래 살기 위해서 운동하지만, 그 남겨진 시간을 다 운동으로 보내는 모습이 우리의 모습이 아닌가! 만일 우리에게 남겨진 시간이 있다면 한 가지에 집중해야 한다. 그것은 바벨론의 가치가 호령하는 세상 속에 하나님 나라를 세우는 것이다. 나의 왔다가 떠나감을 통해 하나님의 나라가 단 한 뼘이라도 넓어지기를 바라며, 거룩한 하나님 나라의 사역을 위해 전심을 드리는 사람으로 서야 할 것이다. '전심'으로 제사장 – 왕으로 살아가기를 소원하며 살아야 한다.

요한계시록 18:1-3

¹ 이 일 후에 다른 천사가 하늘에서 내려 오는 것을 보니 큰 권세를 가졌는데 그의 영광으로 땅이 환하여지더라 ² 힘찬 음성으로 외쳐 이르되 무너졌도다 무너졌도다 큰 성 바벨론이여 귀신의 처소와 각종 더러운 영이 모이는 곳과 각종 더럽고 가증한 새들이 모이는 곳이 되었도다 ³ 그 음행의 진노의 포도주로 말미암아 만국이 무너졌으며 또 땅의 왕들이 그와 더불어 음행하였으며 땅의 상인들도 그 사치의 세력으로 치부하였도다 하더라

Αποκάλυψις Ιωάννου

42. 큰 권세의 천사와 큰 성 바벨론

들어가며

요한계시록 17장에 이어서 18장에서는 큰 음녀 바벨론의 멸망을 다루고 있다. 17장과 18장에서 소개되고 있는 두 바벨론이 같은 존재인지 아니면 다른 존재인지에 관해 논란이 많지만, 일반적으로 같은 바벨론에 대한 다른 측면을 강조하는 것으로 볼 수 있다. 17장은 주로 종교적인 시스템의 바벨론을, 18장은 경제적인 시스템의 바벨론을 논의하고 있다. 두 장에 걸쳐서 다른 각도로 바벨론의 멸망을 논의하는 이유는 신자들이 바벨론의 운명에 대하여 명심하고 살아가기를 바라기 때문이다. 바벨론의 외적인 모습과 성장에만 시선을 두지 말고 바벨론의 최종적인 결국을 염두에 두라는 말이다.

17장에 대한 긴 논의가 끝나고, 18장에서 주의깊게 살펴볼 부분은 1절이다. 여기 1절에서는 천사 하나가 하늘에서 내려와서 힘센 음성으로 바벨론의 무너짐을 선포하고 있다. 여기 매우 흥미로운 점이 있다.

그 천사와 바벨론에 대한 수식어가 같다는 것이다. 심판을 선언하는 자와 심판의 선고를 받는 자가 다 같은 표현으로 설명되고 있다. 그들 모두를 설명하는 수식어는 '큰'이다. 천사가 큰 권세를 가지고 큰 성 바벨론의 멸망을 선언하고 있다. 큰 권세로 존귀하게 쓰이는 천사와 큰 성이 되어서 멸망하는 바벨론의 모습이 선명하게 대조를 이루고 있음을 본다.

왜 그럴까? 그 이유를 깊이 음미해 볼 필요가 있다. 기본적으로 큰 성 바벨론이 무너진 이유가 크기 때문이 아님을 분명히 해야 한다. 기독교 영성의 극단적 입장에 서 있는 자들은 '큼'을 예찬한다. 그런가 하면 반대의 스펙트럼에 서 있는 자들은 '큼'을 비판한다. 사실 성경은 그 두 견해 가운데 어디도 지지하지 않는다. 무조건 큰 것을 좋은 것으로, 미덕으로 둔갑시키면 안 된다. 그렇다고 크다고 눈살 찌푸려도 안 된다. 즉 큼을 무조건 하나님의 축복으로 보는 것도, 큼을 죄악시하는 것도 모두 잘못된 견해이다. 영국인이 사랑하는 작가, 제인 오스틴(Jane Austen)이 쓴 〈오만과 편견〉이 있다. 제목에 제인 오스틴이 말하고자 하는 바가 집약적으로 담겨 있다. 우리가 오만하다고 느끼는 상대에 대한 태도는 편견일 경우가 허다하다는 점을 지적하려는 것이다.

그렇다면 큰 것과 무너짐은 어떤 관계가 있을까? 커서 무너지는 것이 아니라 커도 무너진다는 것이다. 무엇이 없으면 커도 무너질까? 이와 반대로 무엇이 있으면 커서 더 유용할까? 큼의 비극이라는 주제를 세 기지로 정리해 보자.

큼의 비극 (1): '아래'에서의 출생만 있고 '위'에서의 출생이 없을 때

커도 무너지는 큼의 비극 첫 번째는 아래로부터의 출생만 있고 위로부터의 출생이 없는 경우이다. 바벨론은 아래로부터 출생한 사람들의 모임이다. 그들은 모두 육신의 어머니 태에서 잉태된 자들이다. 그러나한 가지 출생이 더 있어야 무너지지 않는다. 그래야 멸망을 피할 수 있다. 1절 천사의 모습에서 심판을 피하는 또 다른 출생이 무엇인지 알수 있다. "다른 천사가 하늘에서 내려오는 것을 보니…." 하늘에서 내려오는 큰 권세를 가지고 있는 천사의 모습을 통해서 위로부터의 출생을 암시하고 있다. 요한복음 3장에서 성경은 우리에게 위로부터 다시 태어나야 함을 역설하고 있다. 아래로부터 출생하는 것만으로는 위로부터 공급되는 것을 받아 누릴 수 없다. 그것을 결코 담아낼 수 없다. 위로부터 태어나지 않은 사람의 현저한 특징은 비우지 못하는 데 있다. 비우지 못하니까 바벨론인의 생각과 가치에 사로잡혀 살아가게 된다. 오직 바벨론에서 듣고 보고 맛보고 경험한 것으로 가득 차 있다. 그러다 보니 새로운 세상의 가치를 살아낼 수 없다. 그때 큼의 비극이 찾아온다. 큼과 함께 따라오는 교만과 허영, 사치, 힘의 남용 그리고 강포로인해 무너지게 된다.

이제 바벨론의 비극을 통해, 신자 된 우리의 현주소를 생각해 볼 차례이다. 우리는 바벨론 사람들과는 달리 위로부터 다시 태어난 사람들이다. 그러나 여전히 첫 번째 출생에 속하는 아래로부터의 가치로 살아간다. 위로부터 태어났다면 기본적으로 구원은 가능할 것이다. 그러나한 가지는 없다. 구원은 있으나 히브리서 2장 1-4절에서 말하는 '큰' 구원을 살아내지는 못한다.

> 그러므로 우리는 들은 것에 더욱 유념함으로 우리가 흘러 떠내려
> 가지 않도록 함이 마땅하니라 천사들을 통하여 하신 말씀이 견고
> 하게 되어 모든 범죄함과 순종하지 아니함이 공정한 보응을 받았
> 거든 우리가 이같이 큰 구원을 등한히 여기면 어찌 그 보응을 피하
> 리요 이 구원은 처음에 주로 말씀하신 바요 들은 자들이 우리에게
> 확증한 바니 하나님도 표적들과 기사들과 여러 가지 능력과 및 자
> 기의 뜻을 따라 성령이 나누어 주신 것으로써 그들과 함께 증언하
> 셨느니라(히 2:1-4).

그런 모습이 어떻게 나타나는가? 순간순간 우리가 가지고 있는 위대
한 구원과 온갖 축복의 선물에도 불구하고 공허와 권태 그리고 불만족
으로 떨어지는 모습으로 드러난다. 이 땅 신자들의 모습을 보면, 기쁨
과 생기가 없다. 심판당하는 바벨론과 다른 운명의 사람들이지만, 여전
히 비벨론 사람들처럼 사는 것이 신자 된 우리들의 슬픔이고 비극이다.
이것이 우리의 현주소라면 자연스럽게 묻게 되는 질문은 이것이다. 어
떻게 큼의 비극이 아니라 큼의 행복으로 나아갈 수 있을까? 그저 바벨
론이 받을 심판에서 구원을 받는 것에 만족하지 말고, 큰 구원을 이루
라는 부르심을 받은 자임을 확인하며, 그 영역을 확대해 가야 할 것이
다. 이를 위해서 우리가 무엇을 더 소유할 수 있느냐에 집중하기보다
누구에게 속한 자인지에 더 집중하며 살아가야 한다.

큼의 비극 (2): 화려한 치부만 있고 영광을 비추는 치료가 없을 때

커도 무너지는 큼의 비극 두 번째는 화려한 치부만 있고 영광의 빛으로의 치료가 없는 때이다. 바벨론은 외적으로 화려한 모습을 하고 치부하는 세력이다. 그것으로 외적으로는 거대한 바벨탑을 쌓고 있다. 그러나 하나님을 떠나 치부하는 세력의 끝은 비극적인 파멸이다. 치부하는 바벨론의 지향점은 소유를 늘리기 위해서 모든 수단과 방법을 동원해 움켜쥐는 것이다. 심지어 그들이 무엇까지 팔아넘기는지 18장을 주목해 보자. 그것은 13절에 있는 것처럼 "사람의 영혼들"까지 팔아넘기는 것이다.

> 계피와 향료와 향과 향유와 유향과 포도주와 감람유와 고운 밀가루와 밀이요 소와 양과 말과 수레와 종들과 사람의 영혼들이라(계 18:13).

여기 "사람의 영혼들"이란, 많은 이들을 노예(종)으로 사고 파는 것을 의미한다. 사람까지 값을 매겨 팔아 치부하는 세력이 바벨론이다. 그러한 부를 향한 집중과 확장은 억울한 사람을 만들게 되고 끝내는 그들의 저항을 통해 부메랑을 맞게 된다. 거기서 큼의 비극이 만들어진다.

이에 반해서 큼의 축복은 '치부'하는 데 있지 않고 '치유'하는 데 있다. 거룩한 영향력을 끼치는 것이다. 1절에 소개된 천사가 바로 이러한 점을 연상시키는 모습으로 서 있다. 1절을 다시 주목해 보자. 천사가 큰 권세를 가졌는데 그의 영광으로 땅이 환하여졌더라고 한다. 이것이 무슨 의미인가? 여기 '땅'을 '땅에 사는 사람'으로 바꾸어 보면 의미가 더 선명해진다. 그로 인해 환해졌다는 것은 땅과 거기에 속한 사람들이 빛으로 나오게 된 것을 말한다. 천사가 발산하는 영광으로 사람이 밝아 졌다는 것은 치유가 이루어지는 광경이다. 영광의 빛으로 땅에 속하는 사람들은 회복이 된다. 이처럼 은혜의 위대한 선물을 받은 자로서 우리 가 감당해야 할 일은 치유 사역이다. 이 사역을 감당하기 위하여 더 착 하고 더 의롭게 사는 것이 필요하다. 그러나 그것으로 충분하지 않다. 우리들의 외적인 선함과 정결함으로 이루어내는 치료는 귀하지만 파급 효과 면에서 강력하지는 않다. 마치 찌는 듯한 폭염 가운데 선풍기 바 람 틀어주는 정도일 것이다. 더 강력한 치유의 빛이 필요하다. 깊이 상 처 입은 영혼이 온전히 치유되어 회복의 언덕으로 걸어가게 하려면 그 사역의 통로 된 우리가 먼저 강력한 영광의 빛으로 치유받아야 한다. 내 안의 온갖 종류의 어두움을 몰아내고 빛으로 충일하고 충만한 삶을 경험해야 한다. 그때 우리는 다른 이들을 치유할 수 있다. 다른 이들의 온전한 치유를 가능케 할 수 있다면 그러한 큼은 비극이 아니라 축복이 다.

큼의 비극 (3): 생존만 있고, 생명이 없을 때

커도 무너지는 큼의 비극 세 번째는 생존만 있고 생명이 없을 때이 다. 큰 권세를 가진 천사가 음녀 바벨론의 심판을 선언하면서 그녀의 무너짐을 기정사실화 한다. 사실 아직 바벨론은 무너지지 않았다. 그런 데 "무너졌도다"라는 과거형으로 멸망의 확실성을 선포하고 있다. 이렇 게 멸망이 확정된 자리에서 살아가는 삶은 겉으로 아무리 그럴싸해 보여도 그것은 생존에 불과하다. 최종적인 심판을 앞에 두고 살아가면서 그 시한부 인생의 자리에서 제아무리 우아한(?) 모습으로 살아간다고 해도 그것은 생존형 인생의 몸짓에 불과한 것이다.

이에 반해서 본문의 천사는 힘찬 음성으로 외친다. 지나친 비약인지 모르겠지만 천사는 생명의 역사로 고동치는 모습을 대변해 주고 있다고 할 수 있다. 이 천사는 하늘로부터 내려와 땅을 환하게 비추며 힘찬 음성을 발할 정도로 역동적으로 사역을 감당하고 있다. 바벨론이 모든 인생을 생존의 자리로 떨어뜨리는 비극적 큼의 도성이라면, 큰 권세를 가진 천사는 하늘 생명의 위대함을 드러내는 그야말로 아름다운 큼의 존재이다. 생존이란 '죽음 전에 죽어가는 것'이라고 할 수 있다. 죽음보다 더 비참한 것은 허무 속에서 죽음 전에 죽어가는 것이다. 이와 달리 생명을 사는 사람은 '죽음 전에 신앙의 힘으로 고동치며 살아내는 사람'이라고 할 수 있다. 죽음 전에 허무에 굴복하며 죽어갈 것인지, 아니면 죽음의 세상 속에 들어온 하나님 나라의 능력과 현존을 따라서 주어진 하늘 생명의 위대함과 품격을 드러낼 것인지를 물어야 할 때이다. 우리가 사는 이유는 목구멍에 풀칠하는 생존을 넘어서 주님이 주시는 하늘 생명으로 피어오르는 것이다. 그런 인생이 되기를 소망한다.

맺음말

바벨론은 단지 커서 무너진 것이 아니다. 바벨론이 무너지게 된 이유는 아래로부터의 출생만 있고, 화려한 치부만 있고, 생존만 있었기 때문이다. 그러한 큼은 비극이다. 우리가 갈망해야 할 큼의 길이 아니다.

그렇다고 큠을 죄악시할 필요는 없다. 전혀 다른 방향의 큠으로 나아가면 되는 것이다. 그러한 큠의 방향성을 설정하라고 하나님이 등장시킨 도구는 하늘로부터 내려온 큰 권세를 가진 천사이다. 그의 배역을 통해 도전받아야 하는 큠의 방향성은 위로부터의 출생이 있고, 진정한 치유가 있고, 위대한 하늘 생명이 있는 자로의 큠이다. 만일 이 세 가지를 가지고 있다면 큠은 축복이다. 전자가 큠의 민폐라면 후자는 큠의 미덕이라고 할 수 있다. 성경이 말하는 진정한 의미의 큰 자로 사용되는 선한 역사의 통로가 되기를 바란다.

요한계시록 18:1-3

¹ 이 일 후에 다른 천사가 하늘에서 내려 오는 것을 보니 큰 권세를 가졌는데 그의 영광으로 땅이 환하여지더라 ² 힘찬 음성으로 외쳐 이르되 무너졌도다 무너졌도다 큰 성 바벨론이여 귀신의 처소와 각종 더러운 영이 모이는 곳과 각종 더럽고 가증한 새들이 모이는 곳이 되었도다 ³ 그 음행의 진노의 포도주로 말미암아 만국이 무너졌으며 또 땅의 왕들이 그와 더불어 음행하였으며 땅의 상인들도 그 사치의 세력으로 치부하였도다 하더라

요한계시록 18:21-24

²¹ 이에 한 힘 센 천사가 큰 맷돌 같은 돌을 들어 바다에 던져 이르되 큰 성 바벨론이 이같이 비참하게 던져져 결코 다시 보이지 아니하리로다 ²² 또 거문고 타는 자와 풍류하는 자와 퉁소 부는 자와 나팔 부는 자들의 소리가 결코 다시 네 안에서 들리지 아니하고 어떠한 세공업자든지 결코 다시 네 안에서 보이지 아니하고 또 맷돌 소리가 결코 다시 네 안에서 들리지 아니하고 ²³ 등불 빛이 결코 다시 네 안에서 비치지 아니하고 신랑과 신부의 음성이 결코 다시 네 안에서 들리지 아니하리로다 너의 상인들은 땅의 왕족들이라 네 복술로 말미암아 만국이 미혹되었도다 ²⁴ 선지자들과 성도들과 및 땅 위에서 죽임을 당한 모든 자의 피가 그 성 중에서 발견되었느니라 하더라

Ἀποκάλυψις Ἰωάννου

43. 바벨론 심판의 확실성

들어가며

요한계시록 18장은 A-B-C-B-A의 구조로 구성되어 있다.

    A. 바벨론의 현실: 심판이 선언되는 서막(계 18:1-3)
    B. 하나님 백성을 향한 호소(계 18:4-8)
      C. 바벨론과 연관된 이들의 애가(계 18:9-19)
    B. 하나님 백성을 향한 호소(계 18:20)
    A. 바벨론의 현실: 심판의 결미, "never again"(계 18:21-24)

차례대로 A-B-C를 살펴볼 것이다. 먼저 바벨론의 현실에 대한 A 섹션(계 18:1-3, 21-24)에 집중해서 설명하려 한다.

과거형으로 선언된 바벨론 멸망

바벨론의 멸망에 대하여 성경 저자는 '무너질 것'이라는 미래 시제가 아니라 '무너졌다'라는 과거 시제를 사용하고 있다. 왜일까? 요한이 요한계시록을 기록하고 있는 시점에 바벨론은 무너지지 않았다. 무너지지 않은 정도가 아니라 날이 갈수록 그 기세가 충천해 공룡처럼 커지고 있었다. 그러한 바벨론의 상황에서 미래에 무너질 것이라고 해도 이해되지 않을텐데, 그 정도가 아니라 아예 무너졌다고 확신하는 것은 이상한 표현이 아닐 수 없다. 무슨 근거로 과거형을 사용한 것일까? 많은 학자의 답은 이렇다. 시적인 표현으로 과거시제를 사용하여 미래적 성취의 확실성을 드러내고자 하는 의도라는 것이다. 악의 세력 바벨론을 반드시 심판으로 무너지게 하시겠다는 하나님의 의지와 계획을 분명히 기정사실화 하기 위해서이다. 이것이 앞부분 A 섹션(계 18:1-3)의 의도이다.

계속해서 A 섹션의 뒷부분(계 18:21-24)은 바벨론 멸망의 성취가 확실함을 다시금 분명히 드러내기 위해서 'never again'을 반복해서 외치고 있다. 즐거운 노랫소리가 다시는 들리지 아니할 것이다. 사치품이 다시는 보이지 않을 것이다. 맷돌 가는 평화로운 소리가 결코 다시는 들리지 아니할 것이다. 등불이 다시는 비추지 아니할 것이다. 그리고 신랑과 신부의 음성이 다시는 들리지 아니하게 될 것이다. 사람들이 바벨론에서 기대하고 꿈꾸는 만족과 행복의 삶이 하나님의 심판으로 인하여 산산조각이 나는 모습을 시적으로 그리고 있다.

바벨론의 심판이 이렇게 기정사실화 된 이유는 무엇 때문일까? 24절에서 이에 대하여 답하고 있다. "선지자들과 성도들과 및 땅 위에서 죽임을 당한 모든 자의 피가 그 성중에서 발견되었느니라 하더라." 성도들을 위시한 억울한 사람들의 피를 하나님께서 갚아주시기 때문이다. 요한계시록 6장 9-11절에서 성도들의 절규가 등장한다.

> 다섯째 인을 떼실 때에 내가 보니 하나님의 말씀과 그들이 가진 증거로 말미암아 죽임을 당한 영혼들이 제단 아래에 있어 큰 소리로 불러 이르되 거룩하고 참되신 대주재여 땅에 거하는 자들을 심판하여 우리 피를 갚아 주지 아니하시기를 어느 때까지 하시려 하나이까 하니 각각 그들에게 흰 두루마기를 주시며 이르시되 아직 잠시 동안 쉬되 그들의 동무 종들과 형제들도 자기처럼 죽임을 당하여 그 수가 차기까지 하라 하시더라(계 6:9-11).

하나님께서는 절규하는 성도들에게 순교자의 피가 찰 때까지 기다려 달라고 당부하신다. 세상의 돌이킴을 위한 하나님의 기다리심의 사역에 동참해 달라고 요청하시는 것이다. 이 말씀을 언뜻 보면 하나님께서 성도들의 신음을 외면하시는 것처럼 보인다. 그러나 절대 그렇지 않다. 때가 되매 하나님께서 바벨론으로 인한 성도들의 피 흘림을 반드시 갚아주실 것이다. 바벨론의 멸망의 이유가 바로 이 때문이다. 하나님은 하나님의 때에 바벨론을 심판하시고 반드시 그들이 행한 대로 보응하실 것이다. 그것이 이미 바벨론에게 드리워진 확정된 운명이라는 것을 A 섹션에서 강조하고 있다. 그렇다면 바벨론은 매력적인 도성일 수는 있지만, 결코 우리가 부러워해야 할 대상은 아니다. 우리의 부러움은 바벨론과 정반대의 모습으로 요한계시록 21-22장에 등장하는 어린 양의 신부인 새 예루살렘이 되어야 한다.

바벨론 멸망이 완료형이 되려면

그런데 문제는 '어떻게 실존적 갈등을 넘어설 것인지'에 있다. 성경은 바벨론이 무너졌다고 말씀하지만. 막상 세상 앞에 서면 바벨론은 영원할 것 같다. 이것이 바로 성도가 실존적으로 부딪히는 현실이다. 현실 속으로 들어가면 바벨론의 힘은 너무도 거대하다. 어마어마한 힘과 권력은 우리를 주눅 들게 한다. 아무리 봐도 바벨론으로 대변되는 세상 도성이 무너질 것 같지 않다. 바벨론을 등지고 살 것이 아니라 바벨론과 한 편이 되어 사는 것이 더 현명할 것으로 보인다. 그래서 바벨론의 멸망을 이론적으로는 인정할지 모르지만, 실존적으로 받아들이며 살기가 어렵다. 성경을 하나님의 말씀으로 인정하는 적지 않은 성도들이 삶의 현실 속에서는 정작 '실천적 무신론자'로 살아가는 이유가 바로 여기에 있다. 세상의 힘이 너무 강력해서 바벨론의 영향력 아래 살기에 실상 그 바벨론의 멸망을 현실화시킨다는 것이 말처럼 쉬운 것은 아니다. 그렇다면 질문하지 않을 수 없다. 바벨론을 이미 무너진 도성으로 여기며 살아가려면 어떻게 해야 할까?

바벨론의 외형과 내부의 모습을 비교해 보는 것을 답으로 제안한다. 바벨론 제국의 외형은 절대 무너질 것 같지 않다. 날로 화려한 모습으로 찬란해지고, 더 큰 권력으로 강력해진다. 그것이 바벨론의 외형적인 모습이다. 그런데 정작 중요한 것은 바벨론의 외부가 아니라 내부이다.

내부로 들어가 보면 정반대의 모습을 한 바벨론을 만나게 된다. 외부와는 달리 바벨론의 내부는 공허하고 텅 비어 있다. 썩을 대로 썩어서 악취가 진동하고 있다. 바벨론 안에서 살아가는 사람들은 휘청거리며 살고 있다. 한가지 예를 들어보자. 바벨론은 가정 단위로 형성되어 있는 도성이다. 바벨론의 도성 안에 있는 가정의 모습은 어떠한가? 외적인 모습과 내적인 모습이 판이하다. 외적으로 행복해 보이고 화려해 보인다. 그러나 가정 안으로 깊숙이 들어가면 이야기는 달라진다. 곳곳이 폐허의 잿더미 같다. 가족 구성원 저마다 외적으로 드러내지 못한 아픔 속에서 살아가고 있다. 사람들 앞에 보일 수 없는 상처와 슬픔을 지니고 산다. 부부가 등을 돌리고 잠을 자고, 자녀와 부모 사이에는 대화가 실종된 지 오래다. 텔레비전과 인터넷 그리고 게임을 친구삼아 살고 있다. 이것이 바벨론 도성 안에 있는 우리 시대 가정의 내부 모습이다. 바벨론의 외형이 아니라 내부가 실상이다. 이렇게 내부에 들어가 보면 바벨론이 이미 무너졌다는 것을 알 수 있다. 이런 모습이 어찌 가정의 이야기뿐이겠는가? 직장도 사회도 심지어 교회도 예외일 수 없다. 바벨론에 동화된 개인, 가정, 직장, 사회 그리고 교회는 외적으로 진단할 것이 아니라 내부를 확인해 보아야 한다. 내부를 보면 바벨론이 망해 가는 도성일 뿐만 아니라 이미 망한 도성임을 피부로 공감할 수 있다. 내부 탐사를 통해 바벨론의 정체를 확인할 때에만 우리는 바벨론의 외형에 속지 않고 바벨론의 한계를 직시하게 된다. 바벨론에 대한 부러움보다는 연민의 정으로 바라보게 된다.

맺음말

지금까지의 A 섹션에 해당하는 바벨론 멸망의 확실성에 대한 논의를 통해서 오늘 우리에게 주시는 적용을 다음 두 가지로 제시해 보려고 한다.

첫째, 우리의 판단이 아닌 성경의 증언을 통한 바벨론(세상)의 운명을 늘 확인하며 살아가자. 우리가 경험적으로 느끼는 바벨론은 정작 바벨론의 모습이 아닐 수 있다. 바벨론의 외형만을 보며 바벨론을 판단해서는 안 된다. 바벨론의 외형만 보고 바벨론을 상대하기에, 성도들이 바벨론과의 싸움에서 힘 한번 제대로 써보지 못하고 무기력하게 패하는 경우가 다반사이다. 중요한 것은 외모를 통한 우리의 판단이 아니라 성경이 증언하는 바벨론의 모습이고 운명이다. 성경은 바벨론이 이미 무너진 도성임을 힘주어 강조한다. 바벨론의 내부와 내면을 진단하기에 가능한 평가이다. 성경의 말씀을 따라서 바벨론의 운명을 늘 확인하며 살아가야 할 것이다.

둘째, 바벨론으로 대변되는 세상을 상대화시키며 살아가자. 바벨론이 영원히 무너지지 않을 성이라면 바벨론을 절대화하는 것이 마땅하다. 그러나 바벨론이 무너진 성이라면, 바벨론의 가치와 정신은 일시적이고 찰나적이라는 뜻이다. 일시적으로 지나가는 세력을 절대적인 존재로 받아들이는 것만큼 어리석은 짓은 없다. 절대적인 세력이 아니기에 상대화시키며 살아야 한다. 바벨론이 무너진 것이 확실하다면, 세상을 상대화시키며 사는 훈련을 게을리해서는 안 될 것이다. 세상에서 꿈꾸는 삶도 상대화해야 한다. 그 자리에 말씀의 가치를 채워 넣어야 한다. 오직 절대적으로 추구해야 할 가치는 하나님의 생명의 말씀이기 때문이다. 위대한 순교자의 길로 나아갔던 짐 엘리엇(Philip James Elliot)의 말로 글을 마무리하려 한다.

> 영원한 것을 얻기 위해 영원하지 않은 것을 버리는 자는 절대 어리석은 자가 아니다.
> He is no fool who gives what he cannot keep to gain that which he cannot lose.

요한계시록 18:4-8

4 또 내가 들으니 하늘로부터 다른 음성이 나서 이르되 내 백성아, 거기서 나와 그의
죄에 참여하지 말고 그가 받을 재앙들을 받지 말라 5 그의 죄는 하늘에 사무쳤으며
하나님은 그의 불의한 일을 기억하신지라 6 그가 준 그대로 그에게 주고 그의 행위대
로 갑절을 갚아 주고 그가 섞은 잔에도 갑절이나 섞어 그에게 주라 7 그가 얼마나 자
기를 영화롭게 하였으며 사치하였든지 그만큼 고통과 애통함으로 갚아 주라 그가 마
음에 말하기를 나는 여왕으로 앉은 자요 과부가 아니라 결단코 애통함을 당하지 아
니하리라 하니 8 그러므로 하루 동안에 그 재앙들이 이르리니 곧 사망과 애통함과 흉
년이라 그가 또한 불에 살라지리니 그를 심판하시는 주 하나님은 강하신 자이심이라

요한계시록 18:20

20 하늘과 성도들과 사도들과 선지자들아, 그로 말미암아 즐거워하라 하나님이 너희
를 위하여 그에게 심판을 행하셨음이라 하더라

Αποκάλυψις Ιωάννου

44. 내 백성아!

들어가며

요한계시록 18장 A-B-C 구조에서 앞서 A 섹션을 살펴보았으므로 이번에는 B 섹션에 해당하는 4-8절 그리고 20절을 중심으로 살펴보고자 한다.

A. 바벨론의 현실: 심판이 선언되는 서막(계 18:1-3)
  B. 하나님 백성을 향한 호소(계 18:4-8)
    C. 바벨론과 연관된 이들의 애가(계 18:9-19)
  B. 하나님 백성을 향한 호소(계 18:20)
A. 바벨론의 현실: 심판의 결미, "never again"(계 18:21-24)

내 백성아! 바벨론에서 나오라

바벨론 심판이 확실하다는 음성(2절)에 이어서 요한은 또 다른 음성을 듣게 된다. 그것은 주의 백성에게 거기에서 나오라는 권면(4절)이다. 거기에서 나오라는 것은 문맥상으로 볼 때 바벨론에서 나오라는 의미이다. 주의 백성이 악의 도성 바벨론에 대하여 결연한 의지로 결별 수순을 밟으라는 촉구이다. 바벨론의 죄에 참여하지 말아야 한다는 것이다. 이렇게 바벨론을 떠난다는 것은 그녀(바벨론)와 관련된 일체의 죄악된 관계를 끊고, 그 유혹과 꼬임에 넘어가지 않아야 한다는 것을 뜻한다.

바벨론에서 나오라는 권면에 대하여 유의해야 할 점이 있다. 바벨론의 죄를 피해야 한다는 것이지, 아예 바벨론에서 살지 말라는 것은 아니다. 바벨론의 문화에 대하여 우리의 자세를 새롭게 할 필요가 있다. 우리는 그들의 죄에 참여하지 말아야 한다. 그렇다고 해서 이 세상 문화와 담을 쌓아서는 안 된다. 이원론적인 태도는 없어야 한다. 우리는 세상과 하나 되어서는 안 되지만 여전히 세상 속에서 살아야 하는 사명이 있다. 그래야 세상을 구원할 수 있기 때문이다. 바벨론을 떠나서 산다면 세상을 주님께로 이끄는 사명을 감당할 수가 없다. 그러기에 아무리 힘들어도 바벨론을 떠나지 말고, 그 안에서 살아가야 한다. 아니 더욱 정확히 말하면 살아내야 한다. 문제가 되는 것은 우리가 바벨론에서 사는 것이 아니라 바벨론이 우리 안에 사는 것이다. 그렇다면 4절은 우리가 바벨론에서 살지 못하는 것이 아니라 바벨론이 우리 안에 살지 못하게 하라는 권면이다.

이러한 세상을 대변하는 바벨론 혹은 바벨론의 문화 가운데 우리가 어떻게 살아내야 하는지 성경을 기록한 저자들의 시선에서 배워야 한다. 구약 성경의 저자들은 그 시대의 세상적 문화를 반영하면서도 그것을 뛰어넘고 있다는 면에서 바벨론을 거부하지 않으면서도 바벨론을 극복하고 있음을 본다. 구약 성경의 여러 부분은 그 시대 고대 근동의 신화와 깊은 연관을 가지고 있다. 고대의 바벨론이나 애굽 신화가 다양한 형태로 구약 안에 스며들어 있다. 당시의 문화가 성경 속에 녹아 있다는 것이 의미심장하다. 그러나 중요한 것은 어떤 형태로 녹아 있느냐하는 것이다. 이에 대하여 이문식 목사는 그의 책 〈이문식의 문화 읽기〉에 "성경의 메시지는 중근동 신화들을 철저히 비(非)신화화해서 전달한다"라고 말했다. 그가 제시하는 성경의 창조기사 속에 있는 비신화화의 실례에 대한 설명을 들어보자.

> 창세기 1장에서는 모세 시대의 고대인들이 보편적으로 가지고 있던 해와 달과 별의 신화가 철저히 배제된다. 해와 달과 별은 모세의 창세기 기록에서 결코 신이 아니며, 그 흔한 태양신과 달신과 숱한 별신들은 성경에 전혀 등장하지 않는다. 오히려 성경 창조 이야기에서는 해와 달과 별들을 '광명체'라는 자연 과학적 단어로 표현한다. 성경은 이로써 하나님께서 땅을 비추셨고, 이들로 하여금 낮과 밤을 주관하게 하셨으며, 빛과 어두움을 나누는 기능을 수행하게 하셨다고 말씀한다. … (중략) … 또한 모든 인간이 다 하나님의 형상으로 창조되었다고 말함으로써 중근동 신화 속에 위계적 창조설을 부정한다. 중근동 신화에는 지배자들만이 신의 형상으로 창조된 신의 아들이라는 일종의 제국주의적 입장이 담겨 있다. 그러나 성경은 모든 인간의 존엄성이 하나님의 형상에 기초한다고

강조한다. 이처럼 히브리 노예들과 당시 고대 세계의 모든 민중들의 인격적 존엄성을 강조함으로써 성경은 그 어떤 신화들에 나타난 것보다도 더욱 탁월한 인간관을 드러낸다(이문식, 2011, 89).

이렇게 비록 구약 성경 안에 고대 근동의 신화와 문화가 녹아 있는 것은 사실이지만, 그것에 대한 비신화화의 작업을 통하여 그 당대의 신화의 잘못된 가치관을 거절하고 넘어서는 것을 본다. 그 당시 신화가 담고 있는 비인간적이고 주술적인 가치관과 정신에 대한 비판과 대안을 담아내고 있다. 이문식 목사의 말을 조금 더 들어보자.

성경에서는 고대 신화들에 자주 등장하는 주술이나 마술 대신 하나님의 말씀(Torah)과 언약이 세계의 현상을 해석하는 기본 전제가 된다. 물론 출애굽기의 모세 탄생 이야기나 사사기에 기록된 수많은 선지자들의 탄생 이야기는 고대 중근동 신화의 의미와는 전혀 다른 차원이다. 성경의 영웅들은 고대 왕국의 건국신화나 영웅 신화를 재현하는 것이 아니라 '하나님의 언약의 실현'이라는 일관된 메시지를 실현하는 것을 본다. 이를 통하여 그 당시에 일반화되어 있었던 주술이나 마술 같은 신화의 가능성은 배제되며, 대신 그 자리를 말씀이 차지한다(이문식, 2011, 88).

이것이 바로 성경과 성경 저자의 입장이다. 다시 강조하지만 바벨론 자체의 거부가 아니다. 오히려 바벨론으로 대변되는 온갖 우상 세력을 거부하라는 뜻이다. 예나 지금이나 하나님을 섬기지 않는 사람들이 숭배하는 신적인 세력은 맘몬이다. 바벨론이 다름 아닌 거대한 경제적 체계로서 사람들에게 다가오는 이유가 바로 여기에 있다. 이처럼 바벨론 안에서 짓는 죄가 무서운 이유는 그것이 우상 숭배적인 특징을 가지고 있기 때문이다. 바벨론이 우상숭배와 얼마나 밀접하게 관련이 있는지에 대해 7절에서 잘 말해주고 있다.

> 그가 얼마나 자기를 영화롭게 하였으며 사치하였든지 그만큼 고통과 애통함으로 갚아 주라 그가 마음에 말하기를 나는 여왕으로 앉은 자요 과부가 아니라 결단코 애통함을 당하지 아니하리라 하니 (계 18:7).

바벨론은 자기를 영화롭게 하여 하나님께 돌아와야 할 영광을 자기의 것으로 만드는 찬탈자이다. 또한, 사치(육체의 쾌락과 호화스러운 생활)하는 자의 대명사로서 겉으로 드러나는 모조품 만족거리로 우리를 현혹하는 존재이다. 그러기에 필연적으로 자신을 여왕으로 여기며 결코 어떤 일이 있어도 애통을 당하지 않을 것이라고 말한다. 이처럼 바벨론의 특징은 자신의 영광, 사치, 교만의 모습으로 사람들을 미혹하여 같은 특징을 가진 존재들을 생산해 낸다. 바벨론과 함께 하는 자들이 그녀의 본성을 따라서 우상숭배의 길을 걷는 것은 너무도 당연한 결과이다.

이제 그렇다면 우상숭배에 대하여 신자인 우리에게 실존적인 접근을 해 보자. 흔히 바벨론에 대한 우상숭배로부터 돌아서야 할 것을 강조하는 메시지는 믿는 자와는 관계가 없는 이야기로 여겨진다. 주님을 알지 못하는 사람들에게만 필요한 메시지처럼 취급하게 된다. 과연 그럴까? 절대 그렇지 않다. 우상숭배를 무슨 다른 신상에 절하는 것이나, 타종교를 믿는 것으로 국한해서 생각하면 안 된다. 바벨론에 대한 노골적인 경배자의 모습으로 사는 사람만을 의미하는 것도 아니다. 더 광범위하게 우상의 세력은 우리와 깊은 연관성을 갖고 있다. 팀 켈러(Timothy J. Keller)의 견해에 따르면, 좋은 것도 우상이 될 수 있다. 바벨론 도성 안에서 살아가는 우리에게 가정, 성공, 일, 경력, 재능, 복음 사역, 심지어 사명도 우상이 될 수 있다. 이러한 것들이 하나님이 아닌 자신을 영화롭게 하는 것에 초점을 두면 우상이 되고 만다. 이러한 것들이 궁극적으로 우리에게 절대적인 의미와 존재 기반으로 서 있다면 우상의 세력으로 전락한다. 팀 켈러에 따르면, 우상은 나를 무너뜨리게 만드는 세력이다. 살다가 좋은 것을 잃게 되면 슬플 뿐이지만, 의존하던 것을 잃으면 붕괴되고 만다. 무엇을 잃어버릴 때 우리가 무너지면 그것이 우리의 우상이다. 그것이 궁극적인 것이 되었기에 무너지는 것이다. 우리를 무너뜨릴 개연성이 가장 높은 것은 아마도 맘몬의 세력일 것이다. 맘몬의 세력 앞에 미혹되어 온갖 죄를 짓게 된다. 그러한 바벨론으로부터 나와야 한다는 것이 주의 백성을 향한 첫 번째 교훈이다.

내 백성아! 기뻐하라

'내 백성아! 바벨론에서 나오라'는 말은 중요하지만, 다소 소극적 권면이다. 주의 백성이 하지 말아야 할 것에 대하여 촉구하는 것이기 때문이다. 이제 보다 적극적인 권면을 살펴볼 필요가 있다. 그것은 20절에 있는 것처럼, 기뻐하는 것이다. 한마디로 '내 백성아! 기뻐하라'이다. 바벨론에서 나오는 것이 '결별을 위한 명령'이라고 한다면, 기뻐하라는 것은 하나님이 주신 기쁨으로 인한 '채움을 위한 명령'인 것이다. 보다 구체적으로 기뻐해야 할 두 가지 이유를 논의해 보고자 한다.

이유 (1): 기뻐할 수 있기에

기뻐해야 하는 이유가 무엇이냐고 묻는다면 '기뻐할 수 있기에'라고 답하고 싶다. 그동안 우리의 기쁨이 되었던 우상의 세력이 무너지면, 다른 기쁨으로 우리를 가득 채워야만 한다. 중요한 것은 기쁨으로 채우려고 하면 채울 수 있다는 점이다. 새로운 존재로의 보수 공사가 가능해질 수 있다. 바벨론으로부터 돌아서기까지는 하나님이 주시는 기쁨을 안다는 것이 불가능하지만 이제는 가능하다. 기뻐하려고 하면 기뻐할 수 있다. 바벨론과 하나가 되었을 때는 바벨론의 멸망을 기뻐할 수 없다. 그러나 이제는 바벨론의 멸망 앞에서 참 기쁨이 넘치게 된다. 바벨론의 멸망을 기뻐하는 사람이 된다는 것은 세상의 심판을 즐긴다는 뜻이 아니다. 그것은 바벨론과 함께 멸망 받아야 마땅한 우리들의 운명이 바뀐 것으로 인하여 기뻐하게 된다는 의미이다. 더 나아가, 바벨론의 멸망으로 인하여 우리들의 온전한 구원이 한 걸음 더 분명하게 다가오게 된 것을 기뻐하라는 것이고, 충분히 기뻐할 수 있다는 의미이다.

이유 (2): 이전의 삶에 대한 향수에 젖을 수 있기에

바벨론 멸망의 운명에 대하여 기뻐해야 하는 또 다른 이유는 무엇인가? 이전에 바벨론 안에서 누리던 기쁨을 대치하는 새로운 기쁨이 없으면 우리는 다시 이전 삶의 자리를 기웃거리게 될 것이다. 바벨론과 결탁하여 살았던 때보다 더 큰 대안적 기쁨이 있어야 한다. 바벨론에서 누린 기쁨보다 주님 안에서 누리는 기쁨이 더 커야만 우리는 이전의 삶에 대한 향수에 젖지 않게 된다. 주님이 허락해 주시는 새로운 기쁨으로 인하여 그 어떤 자리에서도 만족하며 살아갈 수 있는 사람이 된다. 환경이 어떻게 바뀌든지 간에 능력 주시는 분 안에 있기에 기쁨을 이기지 못하는 자리로 나아가게 되는 것이다.

> 내가 주 안에서 크게 기뻐함은 너희가 나를 생각하던 것이 이제 다시 싹이 남이니 너희가 또한 이를 위하여 생각은 하였으나 기회가 없었느니라 내가 궁핍하므로 말하는 것이 아니니라 어떠한 형편에 든지 나는 자족하기를 배웠노니 나는 비천에 처할 줄도 알고 풍부에 처할 줄도 알아 모든 일 곧 배부름과 배고픔과 풍부와 궁핍에도 처할 줄 아는 일체의 비결을 배웠노라 내게 능력 주시는 자 안에서 내가 모든 것을 할 수 있느니라(빌 4:10-13).

요한계시록 18:9-19

9 그와 함께 음행하고 사치하던 땅의 왕들이 그가 불타는 연기를 보고 위하여 울고 가슴을 치며 10 그의 고통을 무서워하여 멀리 서서 이르되 화 있도다 화 있도다 큰 성, 견고한 성 바벨론이여 한 시간에 네 심판이 이르렀다 하리로다 11 땅의 상인들이 그를 위하여 울고 애통하는 것은 다시 그들의 상품을 사는 자가 없음이라 12 그 상품은 금과 은과 보석과 진주와 세마포와 자주 옷감과 비단과 붉은 옷감이요 각종 향목과 각종 상아 그릇이요 값진 나무와 구리와 철과 대리석으로 만든 각종 그릇이요 13 계피와 향료와 향과 향유와 유향과 포도주와 감람유와 고운 밀가루와 밀이요 소와 양과 말과 수레와 종들과 사람의 영혼들이라 14 바벨론아 네 영혼이 탐하던 과일이 네게서 떠났으며 맛있는 것들과 빛난 것들이 다 없어졌으니 사람들이 결코 이것들을 다시 보지 못하리로다 15 바벨론으로 말미암아 치부한 이 상품의 상인들이 그의 고통을 무서워하여 멀리 서서 울고 애통하여 16 이르되 화 있도다 화 있도다 큰 성이여 세마포 옷과 자주 옷과 붉은 옷을 입고 금과 보석과 진주로 꾸민 것인데 17 그러한 부가 한 시간에 망하였도다 모든 선장과 각처를 다니는 선객들과 선원들과 바다에서 일하는 자들이 멀리 서서 18 그가 불타는 연기를 보고 외쳐 이르되 이 큰 성과 같은 성이 어디 있느냐 하며 19 티끌을 자기 머리에 뿌리고 울며 애통하여 외쳐 이르되 화 있도다 화 있도다 이 큰 성이여 바다에서 배 부리는 모든 자들이 너의 보배로운 상품으로 치부하였더니 한 시간에 망하였도다

Αποκάλυψις Ιωάννου

45. 바벨론을 향한 애가

들어가며

요한계시록 18장의 구조를 따라서 A-B-C 중에서 두 번에 걸쳐서 A 와 B 섹션을 살펴보았다. 이제 C 섹션(9-19절)을 살펴보고자 한다. C 섹션의 중심 내용은 바벨론과 연관된 이들의 애가이다.

A. 바벨론의 현신: 심판이 선언되는 서막(계 18:1-3)

B. 하나님 백성을 향한 호소(계 18:4-8)

C. 바벨론과 연관된 이들의 애가(계 18:9-19)

B. 하나님 백성을 향한 호소(계 18:20)

A. 바벨론의 현신: 심판의 결미, "never again"(계 18:21-24)

바벨론의 세력과 결탁한 사람들의 슬픈 애가

바벨론과 연관(결탁)된 자들은 세 부분으로 나뉜다. 땅의 왕들, 상인들 그리고 바다에서 일하는 사람들, 즉 선장과 선객, 선원들이다. 그들은 바벨론과의 거래가 중단되어서 애가를 부르고 있다. 요한계시록 중에 가장 슬픈 장(chapter)이라고 할 수 있다.

땅의 왕들의 애가

> 그와 함께 음행하고 사치하던 땅의 왕들이 그가 불타는 연기를 보
> 고 위하여 울고 가슴을 치며 그의 고통을 무서워하여 멀리 서서 이
> 르되 화 있도다 화 있도다 큰 성, 견고한 성 바벨론이여 한 시간에
> 네 심판이 이르렀다 하리로다(계 18:9-10).

땅의 왕들은 자신들의 음행과 사치를 보장해 준 바벨론의 멸망으로 인해서 울고 가슴을 친다. 바벨론의 고통을 바라보며 무서워하고 있다. 바벨론의 멸망을 보면서 동정하는 것이 아니라 자신들이 맞이하게 될 운명도 바벨론과 다르지 않을 것에 대한 염려로 두려워하고 있다. 크고 견고한 성, 바벨론이 한순간에 심판에 이르렀다고 말하는 것을 통해 심판의 즉각성과 완전성으로 인한 능력이 강조되고 있다. 7절만 해도 바벨론은 결단코 애통함을 당하지 않을 것이라고 호언장담했는데, 그다음 8절에서 순식간에 심판에 이르게 된다.

> 그러므로 하루 동안에 그 재앙들이 이르리니 곧 사망과 애통함과
> 흉년이라 그가 또한 불에 살라지리니…(계 18:8).

땅의 상인들의 애가

땅의 상인들이 그를 위하여 울고 애통하는 것은 다시 그들의 상품을 사는 자가 없음이라 그 상품은 금과 은과 보석과 진주와 세마포와 자주 옷감과 비단과 붉은 옷감이요 각종 향목과 각종 상아 그릇이요 값진 나무와 구리와 철과 대리석으로 만든 각종 그릇이요 계피와 향료와 향과 향유와 유향과 포도주와 감람유와 고운 밀가루와 밀이요 소와 양과 말과 수레와 종들과 사람의 영혼들이라 바벨론아 네 영혼이 탐하던 과일이 네게서 떠났으며 맛있는 것들과 빛난 것들이 다 없어졌으니 사람들이 결코 이것들을 다시 보지 못하리로다 바벨론으로 말미암아 치부한 이 상품의 상인들이 그의 고통을 무서워하여 멀리 서서 울고 애통하여 이르되 화 있도다 화 있도다 큰 성이여 세마포 옷과 자주 옷과 붉은 옷을 입고 금과 보석과 진주로 꾸민 것인데 그러한 부가 한 시간에 망하였도다(계 18:11-17a).

땅의 상인들의 애가도 바벨론이 심판당하는 것에 대한 슬픔이 아니라, 상품을 더 팔 수 없음에서 오는 슬픔이다. 15절에서 밝히고 있는 것처럼, 바벨론으로 말미암아 치부할 수 없어서 애통해한다. 상인들의 애가 소리가 가장 크다. 이제 상인들이 더는 바벨론과 거래할 수 없게 된 상품의 목록들이 열거되고 있다. 그것을 원산지를 중심으로, 또한 품목의 유형별로 분류하면 다음과 같다.

〈원산지에 따른 분류〉

금: 스페인 / **은**: 스페인 / **보석**: 인도 / **진주**: 홍해 / **세마포**: 이집트와 스페인과 소아시아 / **자주 옷감**: 멜레도, 두아디라, 라오디게아, 히에라폴리스 / **비단**: 중국 파르티아, 인도 / **붉은 옷감**: 소아시아 / **각종 향목**: 구레네, 모로코 / **각종 값진 나무**: 세달 / **동**: 고린도와 스페인 / **철**: 스페인, 인도, 중국 / **옥석**: 아프리카, 이집트, 그리스 / **계피**: 인도남부 / **향과 향료**: 예멘, 소말리아 / **유향**: 남 아라비아 / **포도주**: 시실리, 스페인 / **감람유**: 이탈리아 / **고운 밀가루**: 이집트 / **밀**: 사르디니아, 시실리, 아프리카, 이집트 / **소**: 운송과 파티 / **양**: 시실리, 고기와 양털 / **말**: 아프리카, 스페인, 시실리, 카파도키아, 그리스 / **수레**: 네 바퀴로 가는 자가용 / **노예**: 전쟁 노예와 무역 / **인간의 영혼**: 인간의 인격을 희생

〈유형에 따른 분류〉

귀금속: 금, 은, 보석, 진주
의류: 세마포, 자주 옷감, 비단과 붉은 옷감
실내 장식품: 각종 향목과 각종 상아 그릇, 값진 나무, 구리, 철, 대리석, 각종 그릇
향품: 계피, 향료, 향, 향유, 유향
식료품: 포도주, 감람유, 고운 밀가루, 밀
가축: 소, 양, 말, 수레
사람: 종들, 사람의 영혼들

여기에 열거된 목록은 총 28가지이다. 요한계시록의 숫자는 상징성을 가지고 있는데, 숫자 28도 예외는 아니다. 숫자 28의 상징성에 대하여 정용성 교수는 그의 책 〈요한계시록 강의〉에서 다음과 같이 말하고 있다. "계시록에서 숫자 28은 4(땅의 동서남북) × 7(완전수)로서 지구촌 전체에 미침을 나타낸다. 이들 무역 물품 항목들은 로마의 타락한 문화적 특징을 확연하게 잘 드러낸다(정용성, 2018, 369)." 이 목록 가운데 특이한 품목은 종들(일반 노예들)과 사람의 영혼들(로마 원형 경기장에서 죽을 운명이나 매춘)이다. 14절에 네 영혼이 탐하던 과실이라는 언급에서 우리는 바벨론의 탐욕은 끝내 영혼을 매매하는 자리까지 나아가게 했음을 알 수 있다.

바다 사람들의 애가

> 모든 선장과 각처를 다니는 선객들과 선원들과 바다에서 일하는 자들이 멀리 서서 그가 불타는 연기를 보고 외쳐 이르되 이 큰 성과 같은 성이 어디 있느냐 하며 티끌을 자기 머리에 뿌리고 울며 애통하여 외쳐 이르되 화 있도다 화 있도다 이 큰 성이여 바다에서 배 부리는 모든 자들이 너의 보배로운 상품으로 치부하였더니 한 시간에 망하였도다(계 18:17b-19).

슬픈 애가를 부르는 마지막 세 번째 부류의 사람은 바다 사람들이다. 선장과 선객들과 선인들과 바다에서 일하는 사람들이 경제적 손실로 슬퍼하고 있다. 요한계시록 18장 10절, 17절에서처럼 19절에서도 바벨론이 일순간에 망했다는 것을 다시 한번 강조한다.

바벨론의 세력과 결탁한 사람들의 애가가 주는 도전

바벨론의 세력과 결탁한 사람들의 애가가 주는 도전을 한마디로 말한다면, "바벨론의 세력과 결별한 사람들로 살아가라"로 집약할 수 있다. 여기서 결별은 바벨론에서 떠나 세상에 담쌓고 살아가는 것을 의미하지 않는다. 오히려 바벨론 안에 살아가되, 바벨론의 죄에 참여하지 않고 살아가는 것을 의미한다. 바벨론의 가치에 동화되지 않는 차원의 결별을 말한다.

바벨론의 세력과 결탁하는 대신 결별을 선택하며 살아야 한다. 다시 강조하지만, 바벨론 안에서 살아가는 것을 중단하기보다는 바벨론의 죄에 참여하지 않고 살아가는 것을 의미한다. 보다 구체적으로 바벨론처럼 되지 않기 위해 우리가 어디에서부터(from), 어디로(to) 나아가야 하는지를 네 가지로 나누어 살펴본다.

땅의 가치가 아닌 하늘의 가치를 구현하는 삶

땅에 속한 자들이라는 표현이 두 번이나 등장하는 것을 통하여 우리가 어디에 속한 자로 살아야 하는지를 강조하고 있다. 땅에서 살지만 더는 땅에 속한 자로 살아서는 안 되고, 하늘에 속한 자로 살아가야 한다. 니고데모 이야기로 말한다면 첫 번째 출생만이 아니라 위로부터 다시 태어나야 하는 것이다. 즉 두 번째 출생의 가치로 살아가야 한다. 예수님이 우리를 바로 그러한 가치를 따라 살도록 하시려고 이 땅에 오셨다.

상품 인생이 아닌 작품 인생으로의 삶

바벨론에 대한 수식어는 계속해서 '큰' 혹은 '견고한'이다. 큰 것만을 추구하는 인생을 '상품 인생'이라고 할 수 있다. 상품 인생으로 살아가는 세상은 온통 '경쟁 이데올로기'에 붙들려 살아가게 된다. 바로 이런 거짓된 이데올로기를 넘어서기 위하여 예수님이 오신 것이다. 요한복음 5장의 베데스다 못가는 세속적인 신화가 자리 잡고 있는 곳이다. 베데스다를 지배한 것은 '먼저'의 가치관이다. 일등에게만 치유를 주는 거짓된 신화로 가득한 곳에, 예수님은 신화화된 세상을 비신화화 하시는 분으로 등장하신다. 예수님은 그런 거짓된 경쟁의 신화로부터 해방을 주시기 위하여 오신 분이시다.

그렇다면 이러한 예수님을 만난 자들은 어디로 가야 하는가? 남보다 앞서가고 남보다 먼저 가는 것이 목표가 되는 삶이 아니라 나의 맛과 멋으로 피어오르는 인생이 되어야 한다. 이것을 '상품 인생'과 비교되는 '작품 인생'이라고 말할 수 있다. 작품 인생은 주님 안에서 발견한 진정한 자신의 가치를 꽃 피우며 살아가는 삶이다.

꾸미는 삶이 아닌 가꾸는 삶

꾸미는 삶이 형식과 연결되는 것이라면, 가꾸는 삶은 내면을 중시한다. 외형과 겉치레는 중요하지 않다. 마태복음 3장 4절에 광야에서 외치는 자의 소리로 주의 길을 예비한 세례 요한은 낙타 털옷을 입고 허리에 가죽 띠를 띠고 메뚜기와 석청을 먹었다. 무엇을 의미하는 것인가? 세례 요한이 철저한 금욕주의적인 삶을 살았다는 것이 아니라 외식과 외형에 속하는 것을 중시하지 않았다는 의미이다. 꾸밈으로 가득 찬 세상을 가꾸는 삶으로 도전한 사람이 세례 요한이다. 의복이 신분을 상징하던 시대에 그런 시대정신에 아랑곳하지 않고 살아간 것이다. 내면으로 승부하는 사람이다. 하나님과의 관계가 깊었기 때문에 그런 삶을 당당하게 살아냈다.

교만의 삶이 아닌 겸손의 삶

바벨론이 무너진 이유를 여러 가지로 말할 수 있다. 음행, 사치와 치부, 불의한 행동들이다. 이것들은 바벨론이 저지른 죄악 목록이지만, 바벨론이 저지른 죄의 근본 뿌리는 아니다. 죄의 뿌리는 7절에 있는 것처럼, 절대 망하지 않을 것이라고 자신만만해 하는 '교만'이다. 교만이라는 것은 단지 자신이 가지고 있는 어떤 것을 자랑하는 것 정도를 의미하지 않는다. 그 이상이다. 교만은 기본적으로 상대를 향한 태도이기 이전에 하나님을 향한 태도이다. 교만은 한마디로 하나님 없이 살겠다는 선언이다. 그것이 인생의 교만이다. 내가 생산한 것으로, 내가 힘으로 삼을 수 있는 것을 의지하며 살겠다는 독립 선언이 교만이다. 이러한 교만에 대하여 하나님은 하루 동안에 바벨론을 무너뜨리실 것이라고 말씀하신다(8절). 그리고 그 증거로 세 번이나 바벨론의 멸망이 순식간에 이를 것이라고 반복하여 강조한다(10절, 17절, 19절). 교만이 패망의 선봉임을 역설하는 것이다.

교만의 반대말은 겸손이다. 교만의 성 바벨론의 멸망과 애가의 소리를 들으면서 우리는 겸손만이 살길임을 다시 확인한다. 겸손은 교만과 마찬가지로 그저 겸양 어법을 사용하는 것만이 아니다. 겸손은 내 자원으로 인생을 살 수 없어서 그분에게 붙어서 사는 것이다. 겸손한 자란 주님이 도와주지 않으시면 아무것도 할 수 없다고 고백하는 사람이다. 날마다 하나님으로 인하여 기동하며 사는 인생임을 인정하는 사람이다.

맺음말

바벨론의 세력과 결탁한 사람들의 애가를 통해 우리는 배워야 한다. 바벨론 안에서 살아가지만, 바벨론의 죄와 가치와는 결별한 사람으로 이 세상을 살아가야 함을….

제7부

하나님 나라의
최종적인 완성

요한계시록 19:1-5

1 이 일 후에 내가 들으니 하늘에 허다한 무리의 큰 음성 같은 것이 있어 이르되 할렐루야 구원과 영광과 능력이 우리 하나님께 있도다 2 그의 심판은 참되고 의로운지라 음행으로 땅을 더럽게 한 큰 음녀를 심판하사 자기 종들의 피를 그 음녀의 손에 갚으셨도다 하고 3 두 번째로 할렐루야 하니 그 연기가 세세토록 올라가더라 4 또 이십사 장로와 네 생물이 엎드려 보좌에 앉으신 하나님께 경배하여 이르되 아멘 할렐루야 하니 5 보좌에서 음성이 나서 이르시되 하나님의 종들 곧 그를 경외하는 너희들아 작은 자나 큰 자나 다 우리 하나님께 찬송하라 하더라

Αποκάλυψις Ιωάννου

46. 할렐루야 코러스(Hallelujah chorus)

들어가며

18장이 가장 슬픈 애가의 장이라면, 19장은 가장 감격스러운 찬송이 터져 나오는 장이다. 헨델의 메시아 2부 "할렐루야 코러스(Hallelujah chorus)"는 이 본문에서 영감을 받아서 만들어졌다고 한다. 이제 계속되는 할렐루야 찬양이 주는 교훈을 살펴보고자 한다.

애가가 아닌 찬양으로

먼저 할렐루야 찬양은 무엇보다도 주님의 자녀 된 우리들의 복스러운 운명에 대하여 알게 한다. 바벨론으로 대변되는 세상과 그 도성 안에 살아가는 사람들의 마침은 애가가 될 것이다. 이에 반해서 우리는 위대한 할렐루야 합창을 부르는 찬양대의 대열에 서게 될 것이다. 헨델의 할렐루야 코러스를 들을 때마다 가슴이 뜨거워지는 것을 느끼는데, 19장에서 찬양하는 천상의 무리의 감격은 이와는 감히 비교할 수 없을 정도로 크고 강렬할 것이다. 그들의 감격은 단순히 음악적인 요소 때문만이 아니다. 오히려 1절에 있는 것처럼, 하나님의 나라를 위해 수고한 자들이 함께 모여 하나님의 구원과 능력과 영광을 찬양하는 것이기에 감격 그 이상의 감격에 휩싸이게 된다.

유명한 기독교인 정신과 의사 스캇 펙(Scott Peck, 1936~2005)은 다음과 같이 말한다. "고통을 먼저 맞이하고 겪은 후에 그것을 극복하면 삶의 기쁨은 더 커진다(Peck, 2007, 48)." 그의 말을 천상의 할렐루야 찬양을 부르는 무리에게까지 연결해서 말해 본다면, 천상에서 감동적인 할렐루야 찬양을 부르는 이유는 가장 진한 고통의 시간을 보낸 후에 맞이하게 된 결과이기 때문이다. 하나님께서 현재 우리의 고통을 훗날 하나님께 드릴 소중한 찬송의 재료 혹은 원료가 되게 하실 것임을 알 수 있다.

여기서 분명히 해야 할 전제 조건이 하나 있다. 우리가 당하는 고통이 하나님과 연결된 고통이 되게 해야 한다는 것이다. 우리가 잘못 살아서 당하는 고통과 역경이 이러한 찬양의 근거가 된다고 말하기는 어려울 것이다. 누누이 강조한 것처럼 값싼 은혜가 아니라 값진 은혜를 따라서 살아낸 자들의 찬양이 바로 1절에서 소개된 할렐루야 코러스이다.

이렇게 세상은 애가로 마치지만 하나님의 자녀들은 찬양으로 마치는 복스러운 운명의 자리에 이르게 된다면, 이제 우리는 오늘의 현실에서부터 할렐루야 찬양을 불러야 한다. 우리는 지금 바벨론의 위협과 미혹 가운데 신음하며 살고 있다. 바벨론은 노래 대신에 절규가 터져 나오게 되는 곳이다. 그래서 유진 피터슨(Eugene Peterson)은 우리가 사는 곳을 '꼴사나운 중간'이라고 정의하고 있다. 우리가 살아가는 꼴사나운 중간의 삶이 우리의 운명이 된다면, 그저 애가로 끝나고 말 것이다. 그러나 중요한 사실은 그 꼴사나운 중간이 하나님이 계획하신 아름다운 시작과 영광스러운 끝으로 통하고 있다는 점이다. 꼴사나운 중간이 하나님께서 계획하신 아름다운 시작, 다시 말해서 사랑의 세레나데가 매일 불렸던 에덴(창 2:23)과 할렐루야 합창이 울려 퍼지는 새 예루살렘으로 가는 길과 통하고 있다. 신자 된 우리는 힘겨운 광야 길을 걸어가는 사람들에게 바로 그 사실을 증언해 주어야 한다. 이것이 우리들의 사명이다. 물론 그 증언은 말로만 해서는 안 될 것이다. 말로만 하면 힘이 없다. 말로 하는 것 그 이상이어야 한다. 우리의 누림과 산 증거로 해야만한다. 힘든 중간시기를 살아가지만, 여전히 우리의 입가에 찬송이 흘러나오는 사람이 되어야 한다. 이러한 면에서 마틴 루터(Martin Luther)는 신자를 '노래할 수 없는 곳에서 노래하는 이상한 새'라고 한 것이다. 그 '이상한 새'의 찬송을 통하여 꼴사나운 중간을 살아가는 사람들은 삶에 대한 희망을 보고 용기를 얻게 된다.

상반된 두 할렐루야

이제 본격적으로 요한계시록 19장 1절의 첫 번째 할렐루야 찬양과 3절의 두 번째 할렐루야 찬양을 살펴보자. 특히 주목하고자 하는 대목은 두 할렐루야 찬양의 상반되는 모습이다.

1절에 있는 첫 번째 할렐루야 찬송에서 우리는 할렐루야 노랫소리만이 아니라 할렐루야 노래를 합창하는 무리의 광경을 함께 살펴볼 필요가 있다. 그들은 기쁨의 눈물을 흘리며 노래를 부르고 있다. 그들의 구원이 완성되었기 때문이다(1절). 하나님의 구원 때문에 그리고 그 구원을 통해 드러나게 되는 하나님의 영광과 능력으로 인하여 노래하는 것이다.

이제 3절에 있는 두 번째 찬송을 살펴보자. 특히 우리의 눈을 사로잡는 광경은 할렐루야 찬양 소리와 함께 연기가 세세토록 올라가는 광경이다. 그 연기가 무엇인가? 그 연기는 바벨론에 대한 영원한 심판의 불로 인한 연기이다. 이미 살펴본 것처럼 첫 번째 할렐루야 찬양은 구원을 찬양하고, 하나님이 얼마나 영광스러운 분이시며 능력이 많으신 분이신지를 말한다. 그러나 이제는 정반대로 구원을 위하여 바벨론이 멸망하게 된 것으로 두 번째 할렐루야 찬양을 부르고 있다.

2절을 보자. "그의 심판은 참되고 의로운지라 음행으로 땅을 더럽게 한 큰 음녀를 심판하사 자기 종들의 피를 그 음녀의 손에 갚으셨도다." 우리들의 구원으로 인한 찬송과 바벨론의 심판으로 인한 찬송이 함께 연결되어 있다. 이렇게 상반되는 이유, 즉 첫 번째 할렐루야 합창은 구원으로 인하여, 두 번째 할렐루야 합창은 연기로 상징되는 바벨론의 영원한 심판으로 인하여 찬양하고 있다. 이제 둘을 합쳐서 정리하면 '심판 있는 구원'이기에 할렐루야 합창이 울려 퍼지고, 감격이 배가 된다는 것이다. 왜 그런 것일까? 그것은 심판이 '전제 조건'이 아니라 '선결 조건'이 되기 때문이다.

여기서 주의해야 할 점은, 악인을 심판하는 전제 조건 위에 우리가 구원을 받는 것이 아니라는 것이다. 심판이 전제 조건인 듯이 말하면 세상은 항변할 것이다. 어느 사람을 심판하시기로 작정해 놓고서, 심판의 불 위에서 구원의 잔치를 펼치는 기독교인들에 대하여 못마땅해할 것이다. 다시 말하면, 바벨론이 무너지게 되는 전제 위에서 우리가 구원을 누리는 것은 아니라는 말이다. 그것 때문에 기뻐하는 것이라면 우리의 구원 자체가 아니라 악인들의 심판이 더 큰 기쁨이 될 수 있다. 악인들이 심판받게 되는 것이 더 큰 기쁨이 될 수 있다. 악인이 형벌을 받는 것보다 우리가 하나님의 영원한 백성이 된 것이 기쁨이 되어야 한다. 이것이 바로 악이 심판당하는 것이 전제 조건이 되어서는 안 되는 이유다.

그러나 분명히 해야 할 것은 악은 반드시 무너져야만 한다는 사실이다. 그래야 구원이 이뤄지는 것이다. 전제 조건은 아니지만, 선결 조건으로 악의 물러남으로 인해서 기뻐하게 되어야 한다. 왜 그것이 선결 조건으로 작동해야 하느냐가 중요하다. 기본적으로 구원은 악의 세력으로부터의 구출이다. 악은 끝까지 구원을 방해하는 세력이다. 악의 세력들의 끝없는 저항과 방해 공작은 심판받아야 한다. 악의 세력들이 하나님의 구원 의지에 대한 반역행위를 끝까지 일삼기에 그에 상응하는 공평한 심판이 선결 조건이 되어야 한다. 그들의 심판에 대하여 하나님은 그 어떤 책임도 없다는 것을 말해야 하는 이유가 바로 여기에 있다. 그것은 악의 세력들이 끝내 악을 멈추지 않은 결과에 대한 판결이기에 하나님의 심판은 참되고 의로우시다. 이렇게 음행으로 땅을 더럽히고, 하나님 종들의 피를 흘리게 한 세력에 대한 심판이 선결 조건이 되는 것은 합당한 것이다.

이제 전제 조건과 선결 조건의 차이를 분명하게 구별할 수 있다. 전제 조건이라는 것은 하나님의 원래 계획에 악을 손봐주시기로 작정하셨다는 것을 뜻하는 것이라면, 선결 조건이라는 것은 악이 스스로 그 길을 걸어서 그의 죄에 대한 상응한 대가를 반드시 받아야 한다는 것을 의미한다.

적지 않은 사람들이 하나님이 구원과 사랑의 하나님이시라면 심판의 하나님이실 수 없다는 논리를 편다. 그것이 과연 모순인가? 사랑의 하나님이시기에 심판이 없어야 하는가? 죄에 대하여 묵과해야만 하는가? 결코 그렇지 않다. 오히려 사랑의 하나님이시기에 심판해야 한다. 죄악을 도려내야 하는 것이 마땅하다. 만일 죄악을 도려내지 않으면 땅 전체가 파괴될 것이기에 하나님의 심판이 최종적으로 임해야 한다. 악의 처단을 전제 조건으로 생각하고 하나님의 인내가 실종된 상태에서 심판이 임하는 것처럼 주장하는 것은 분명히 잘못이다. 그러나 악의 세력들이 끝내 하나님의 오랜 기다림을 묵살해 버렸기 때문에 받게 되는 심판은 정당한 것이다. 그것을 사랑의 부재라고 할 수 없다. 다음과 같은 말이 있다. "사랑은 단순히 거저 주는 것이 아니다. 사랑은 분별 있게 주고, 마찬가지로 분별 있게 주지 않는 것이다." 이 말을 이렇게 바꾸고 싶다. "사랑은 그저 악을 용납하는 것이 아니다. 사랑은 분별력 있게 악을 대하는 것이다."라고.

예를 들어보자. 어느 남자에게 결혼을 약속한 여자 친구가 있다. 그런데 못된 스토커 한 사람이 밤마다 이상한 문자를 보내고 온갖 협박으로 여자 친구를 괴롭힌다. 그러한 사실을 알게 된 남자 친구가 여자 친구에게 사랑으로 그 스토커의 행동을 용납해야 한다고 주장한다면, 그것이 사랑일까? 여자 친구를 사랑하기에 스토커로부터 보호해 주어야 하고, 필요하면 경찰서에 신고해서 법의 처벌을 받게 해야 한다. 사랑하기 때문에 심판이 없어야 하는 것이 아니라 반대로 사랑하기 때문에 심판이 있어야 한다.

하나님도 마찬가지다. 하나님이 사랑이시기에 어떤 악의 세력이 땅을 더럽히고 그의 자녀들을 힘들게 하는데 보고 있어야 하는가? 악한 세력으로 인하여 힘들어하는 사람에게 사랑으로 참으라고만 하면 되는가? 그것은 결코 사랑이 아니라 무책임일 뿐이다. 오히려 하나님은 그의 자녀들을 사랑하시기에 무책임하게 세상의 악을 보고만 있는 분이 아니라 심판하시는 분이시다.

그렇다면 이렇게 우리가 바벨론의 멸망으로 인하여 — 심판 있는 구원으로 인하여 — 할렐루야 노래를 부르는 것은 온당한 것이다. 그것도 한순간이 아니라 영원토록 기쁨으로 노래할 이유가 된다.

맺음말

지금까지 할렐루야 코러스에 대한 논의를 통해서 우리에게 주시는 적용을 다음 두 가지로 제시해 보려고 한다.

첫째, 억울해 하지 않아야 한다. 하나님께서 심판 없이 구원하신다면 억울할 것이다. 그러나 이미 상술한 것처럼, 우리 하나님은 심판 있는 구원 계획을 가지고 계신 분이시다. 그러기에 심판이 없는 듯 보이는 세상에서 억울할 수 있지만, 그것으로 인하여 실족해서는 안 된다. 하나님께서 반드시 시시비비를 가려 주실 것이기 때문이다. 우리가 사는 세상은 인과응보가 부분적으로 적용되는 곳이다. 종종 인과응보가 잘못 적용되기도 한다. 그것이 우리를 힘들게 한다. 그때 우리는 억울함으로 인하여 잠을 못 이루게 되거나, 심하면 억울함으로 인하여 원통한 인생을 살게 된다. 이러한 자리에 쉽게 노출될 수밖에 없는 우리에게 오늘 말씀은 위로가 된다. 우리 하나님은 심판 있는 구원을 베풀어 주시는 분이시다. 마침내, 감격으로 찬양하게 하시는 분이시다. 심판 있는 구원의 자리로 우리를 이끄시기에 모든 억울함을 그분께 아뢰며 살면 된다. 내가 당한 억울함으로 억울하게 무너지지 않아도 된다. 억울함도 우리 인생의 한 부분임을 받아들이되, 하나님의 최종 판단에 우리의 억울함을 전부 맡겨 드리는 인생의 자리로 나아가자. 다시 한번 스캇 펙의 말을 인용해 보자.

> 삶이 고해라는 사실을 정말로 알게 되면, 우리가 진정으로 그 사실을 받아들이게 되면, 삶은 더이상 고해가 아니다. 그 사실을 받아들이게 되면 그게 더 이상 문제가 되지 않기 때문이다(Peck, 2007, 46).

둘째, 바벨론과 결탁된 자로 살아가는 기쁨이 아니라 바벨론의 파멸로 인한 할렐루야 찬송을 부르려면 우리 자신을 성찰하는 객관적인 묵상의 자리로 나와야 한다. 우리에게 필요한 것은 '고립의 자리'가 아니라 '고독의 자리'다. '단절의 자리'가 아니라 '홀로 있음의 자리'다. 그래서 바벨론의 심판으로 인하여 기뻐하기 위해서 요한계시록 18장 4절에서 권면하는 것처럼, 바벨론으로부터 나와야 한다. 바벨론과 함께 동고동락하는 기쁨이 아니라 바벨론과 다른 운명의 사람이 된 것으로 날마다 기뻐하려면, 세상(바벨론)의 실체와 나의 모습을 냉철하게 바라볼 수 있는 자리에 서야만 한다. 큐티로, 묵상 기도로, 성경 읽기로 하나님 앞에 서야만 한다. 그러한 자리에서 나를 보고 세상을 볼 수 있는 전망을 늘 확보해야만 한다. 그럴 때 우리는 바벨론의 심판을 기뻐할 수 있다. 더욱 정확히 말하면 바벨론의 심판으로 인해 완성되는 나의 구원에 대하여 감격하게 될 것이다.

예수님은 사역의 분주함 속에서도 늘 객관적인 자리에서 세상과 자신의 소명을 확인하는 자리를 확보하신 분이시다. 그것으로 승리의 교두보를 날마다 확보하신 분이시다.

> 예수의 소문이 더욱 퍼지매 수많은 무리가 말씀도 듣고 자기 병도 고침을 받고자 하여 모여 오되 예수는 물러가사 **한적한 곳에서 기도 하시니라**(눅 5:15-16).

우리 같았으면 자기 이름을 내는 곳을 향하여 달려가기 바빴을 것이다. 그러나 예수님은 늘 '자기 이름을 내는 곳'이 아니라 '한적한 곳'으로 나아가셨다. 우리도 이렇게 살아야 한다. 우리 삶의 목표는 이름을 내는 것이 아닌 이름값을 하며 사는 것이다. 그리고 이름값을 하며 살기 위해 반드시 요구되는 것이 바로 한적한 곳을 사수하는 것이다. 거기서 자기 자신을 깊이 성찰하는 사람만이 바벨론이 주는 쾌락이 아닌 바벨론의 심판을 *통한* 구원으로 인하여 할렐루야 찬송을 부르는 대열에 서게 될 것이다. 천국에서 부르게 될 할렐루야 합창(코러스)을 지금 - 이곳(now & here)에서 부르는 사람들이 되자.

6 또 내가 들으니 허다한 무리의 음성과도 같고 많은 물 소리와도 같고 큰 우렛소리와도 같은 소리로 이르되 할렐루야 주 우리 하나님 곧 전능하신 이가 통치하시도다 7 우리가 즐거워하고 크게 기뻐하며 그에게 영광을 돌리세 어린 양의 혼인 기약이 이르렀고 그의 아내가 자신을 준비하였으므로 8 그에게 빛나고 깨끗한 세마포 옷을 입도록 허락하셨으니 이 세마포 옷은 성도들의 옳은 행실이로다 하더라 9 천사가 내게 말하기를 기록하라 어린 양의 혼인 잔치에 청함을 받은 자들은 복이 있도다 하고 또 내게 말하되 이것은 하나님의 참되신 말씀이라 하기로 10 내가 그 발 앞에 엎드려 경배하려 하니 그가 나에게 말하기를 나는 너와 및 예수의 증언을 받은 네 형제들과 같이 된 종이니 삼가 그리하지 말고 오직 하나님께 경배하라 예수의 증언은 예언의 영이라 하더라

Απокάλυψις Ιωάννου

47. 어린 양의 혼인 잔치

들어가며

두 번의 할렐루야 합창(계 19:1-5)이 울려 퍼진 후, 이제 6절 이하에서는 세 번째 할렐루야 찬송이 터져 나온다. "또 내가 들으니 허다한 무리의 음성과도 같고 많은 물소리와 같고 큰 우렛소리와도 같은 소리로 이르되 할렐루야 주 우리 하나님 곧 전능하신 이가 통치하시도다(계 19:6)." 세기의 결혼식의 노랫소리가 요한계시록 19장을 가득 채우고 있다.

흥미로운 깃은 이 결혼식에 붙은 제복(title)이다. 요즘으로 말하면, 테마가 있는 결혼식이라고나 할까? 7절에서 분명히 밝히고 있듯이 이 결혼식은 '어린 양의 혼인 잔치'이다. 일반적인 혼인 잔치와는 다른 어린 양의 혼인 잔치가 거행되고 있다.

이제 어린 양의 혼인 잔치의 광경을 스케치해 보자. 이 광경을 통해 어린 양의 혼인 잔치가 던져주는 소중한 교훈을 찾아보려고 한다. 특히 초점을 영성의 방향성에 맞춰보겠다.

혼인 잔치 스케치

잔치 메타포: 하나님 나라의 풍요를 상징

성경에서 잔치는 하나님 나라를 상징화하는 그림(Metaphor)이다. 잔치는 풍요, 기쁨, 즐거움을 상징한다. 예수님은 타락으로 자원 부족의 현실을 경험하는 이 세상에, 잔치하는 것과 같은 하나님의 나라를 가져오신 분이다. 이러한 사실을 분명히 하는 말씀이 바로 요한복음 2장의 그 유명한 가나 혼인 잔치이다.

예수님은 왜 최초의 표적 장소로 결혼식 자리를 선택하셨을까? 하나님의 나라가 잔치하는 것과 같음을 알려주려는 의도가 있다. 요한복음은 문자적인 의미만이 아니라 그 뒤에 숨어 있는 상징적인 뜻을 함께 함축하고 있는 책이다. 그러기에 신앙의 기본기를 잡아주는 책이면서, 신앙의 깊이를 말하는 책이다. 요한복음 2장에서는 어느 집안의 결혼식이 거행된다. 한참 흥이 오르는 순간, 포도주가 모자란다. 포도주는 주로 신랑 측에서 준비하는데 포도주가 부족하게 된 것은 잔치의 중단을 의미한다. 그런데 거기에는 더 깊은 의미가 숨겨져 있다. 포도주의 모자람은 타락한 인생의 상태를 상징한다. 아담의 범죄로 인한 타락의 결과로 인생은 자원 부족의 현실을 살아가게 됐다. 원래 창조의 목적은 에덴의 풍요를 영원히 누리는 것인데, 선악과 범죄로 에덴에서 쫓겨나고 자원 결핍의 세상으로 나아가게 된 것이다. 그로 인해 이 땅의 모든 인생은 요람에서 무덤까지 투쟁의 역사로 점철된 치열한 삶을 살게 됐다. 예수님은 바로 이러한 자원 부족의 현실에 중단된 잔치를 다시 풍성한 잔치가 되게 하시려고 오셨다. 이러한 맥락에서 요한계시록의 혼인 잔치를 생각해본다면, 어린 양의 혼인 잔치는 요한복음 2장의 잔치가 온전해지는 광경이라고 할 수 있다. 더 이상 자원 부족이 없는 풍요로운 하나님의 나라가 완성되는 그림이다.

신랑: 어린 양

이 결혼식에서 제일 중요한 분은 신랑이신 예수님이다. 일반적으로 결혼식의 꽃은 신부다. 신부에게 온통 스포트라이트가 비친다. 그러나 천상의 결혼식은 다르다. 요한계시록 19장의 천상에서 벌어지는 결혼식의 주인공은 신랑이다. 그래서 어린 양의 혼인 잔치라는 이름이 나온 것이다. 흥미로운 부분은 그 신랑이 어린 양으로 소개돼 있다는 점이다. 왜 하필 신랑이 어린 양인가? 우리의 신랑 되신 예수님에 대한 근사한 이미지와 호칭 그리고 표현이 많을 텐데 유독 그분을 어린 양으로 소개하는 이유가 무엇인가?

어린 양은 우리에게 갈보리 십자가를 생각하게 한다. 갈보리를 기억하게 하려는 장치다. 그것을 통해 이 결혼 예식이 예수님의 희생과 공로로 인하여 성사된 것임을 분명히 한다. 혼인 잔치가 이뤄지는 이 기쁘고 복된 자리에서 예수님의 십자가를 생각나게 함으로써 기본적으로 신부 된 주의 교회가 이 잔치에 참여하는 것이 얼마나 놀라운 축복인지를 알게 한다. 그뿐만 아니라 우리가 어린 양의 파트너가 된 것이 신부

된 우리 자신의 공로나 조건에 기인하지 않음을 분명히 밝힌다. 신랑의 일방적인 짝사랑과 자기희생이 이 혼인 잔치를 거행하게 한 절대적인 근거이다.

예수님은 요한복음 2장의 가나 혼인 잔치에서 결혼식에 참석하시는 것으로 그분이 왜 이 땅에 오셨는지를 드러내셨다. 그런 예수님이 이제는 결혼식의 하객이 아니라 결혼식을 손수 마련하신 신실한 신랑으로 등장한다. 예수님께서 결혼 잔치가 거행되는 것 같은 하나님의 나라를 이 땅에 가지고 오신 것만이 아니라 그 결혼 잔치의 주인공으로 온 분이심을 분명히 알게 한다. 이러한 신실한 신랑을 잘 드러내는 표현이 어린 양이라는 표현에 담긴 의미이고, 그 사실을 더욱 풍성히 말해주는 성경 구절은 바로 마태복음 11장 15-19절의 "결혼식과 장례식 놀이 비유"다.

> 귀 있는 자는 들을지어다 이 세대를 무엇으로 비유할까 비유하건대 아이들이 장터에 앉아 제 동무를 불러 이르되 우리가 너희를 향하여 피리를 불어도 너희가 춤추지 않고 우리가 슬피 울어도 너희가 가슴을 치지 아니하였다 함과 같도다 요한이 와서 먹지도 않고 마시지도 아니하매 그들이 말하기를 귀신이 들렸다 하더니 인자는 와서 먹고 마시매 말하기를 보라 먹기를 탐하고 포도주를 즐기는 사람이요 세리와 죄인의 친구로다 하니 지혜는 그 행한 일로 인하여 옳다 함을 얻느니라(마 11:15-19).

이 비유를 알기 위해서는 먼저 마태복음 11장 12절 말씀을 바로 이해해야 한다. 천국이 침노 당한다는 것이 무슨 뜻인지를 알아야 한다. 하나님 나라를 대적하는 자들이 천국의 도래를 선포하는 자들을 핍박함으로써 하나님 나라는 침노 당하게 될 것이다. 장터에서 노는 아이들의 비유가 이 점을 분명히 말해준다(마 11:16-19). 놀이를 제안하는 아이들은 이 시대의 불신앙 세대를 대표하는 유대의 종교 지도자들을 상징한다. 그들은 회개와 믿음을 통한 죄 용서를 선포하는 세례요한을 금욕주의자로 정죄하고, 사람들과 함께 평범한 일상을 살아가는 예수님을 죄인과 세리와 함께 먹기를 탐하는 자로 배척한다. 그렇다면 세례요한에게 어울리는 놀이는 원래 장례식 놀이이고, 예수님에게 어울리는 놀이는 결혼식 놀이이다. 왜냐하면 세례요한은 진정한 신랑이신 예수님을 만나도록 사람들을 준비시키는 역할이기 때문이다. 세례요한의 준비와 함께 무대의 주인공으로 등장하신 분은 결혼 행진곡과 함께 나온다. 그분은 우리의 신랑이신 어린 양이시다. 신랑으로 인하여 새 시대 기쁨의 향연이 베풀어진다.

우리는 원래 장터에서 벌어지는 놀이에서 보게 된 천국을 침노하는 사람들(방해자)과 같은 자리에 있던 인생이다. 그렇게 하나님 나라와는 거리가 먼 사람들이 주님의 신부가 되는 위대한 은총의 자리에 초대를 받았다. 그래서 누군가는 이 결혼식을 '창녀 고멜들의 혼인 잔치'라고까지 표현한다.

신부: 세마포 옷을 입은 교회

이제 결혼 예식의 꽃이라고 할 수 있는 신부가 등장한다. 8절에서 신부가 신랑으로 인하여 꽃으로 대접받게 되었음을 강조한다. 신부는 '세마포 옷'을 준비하고 있다. 그 세마포 옷은 신부의 옳은 행실이지만, 스스로 입을 수 있는 옷이 아니다. 예수님이 그 옷을 입도록 허락해 주었기에 입을 수 있게 된 옷이다. 한마디로 입혀주신 옷임을 분명히 하고 있다.

> 그에게 빛나고 깨끗한 세마포 옷을 입도록 허락하셨으니 이 세마
> 포 옷은 성도들의 옳은 행실이로다 하더라(계 19:8).

이렇게 신부가 입은 옷은 어린 양이신 우리 주님의 은혜로 허락된 의의 옷이라는 점을 잊지 말자. 신부가 아무리 의로워도 그 자생적 의로는 어린 양의 결혼 파트너가 될 수 없다. 오직 신랑에 의해서 덧입혀진 의로 신부가 되는 자격을 얻게 된 것임을 고백하며 감격의 노래를 불러야 한다. 이 결혼 잔치는 천사가 들려주는 축복의 선언으로 끝난다.

> … 어린 양의 혼인 잔치에 청함을 받은 자들은 복이 있도다 … (계
> 19:9).

신부 수업: 거룩함(십자가)과 즐거움(신부됨)의 공존

이제 어린 양의 혼인 잔치에서 우리가 걸어가야 할 영성의 길을 정리해 보겠다. 다시 한번 명심해야 할 것은 이 혼인 잔치가 "어린 양의 혼인 잔치"라는 점이다. 모순처럼 보이는 두 이미지 혹은 두 표현이 절묘하게 연결되어 있다. '어린 양'과 '혼인 잔치'라는 단어의 조합으로 우리에게 영성의 길을 제시한다.

십자가의 길을 걷는 영성으로

이미 밝혔듯이 어린 양이 걸어가신 길은 십자가의 길이다. 그렇다면 어린 양을 따라 살아야 하는 우리가 추구해야 할 영성은 한마디로 십자가의 영성이다. 그분이 앞서 걸어가신 고난의 길을 따라가는 것이다. 그것으로 요한계시록에 등장하는 세상을 지배하는 음녀 바벨론의 가치관을 거절해야만 한다.

신부의 길을 걷는 영성으로

어린 양의 길을 걷는 것과 동시에 우리가 잊지 말아야 할 것은 결혼식에 초대된 신부의 길을 걸어야 한다는 점이다. 신부가 결혼을 준비하는 것은 신나는 시간이다. 억지로 결혼하는 신부는 없다. 감사와 감격으로 결혼식을 기다린다. 그렇다면 우리가 추구해야 하는 영성의 또 다른 모습은 기쁨의 신부로 나아가는 것이다.

고달픈 인내가 아니라 즐거운 인내로

이제 두 이미지를 종합해 보자. 어린 양의 혼인 잔치로 우리가 받아야 하는 신부수업이 어떤 것인지가 선명하게 드러나게 되었다. 그것은 바로 십자가의 길과 신부가 되는 길이 조화롭게 공존하는 영성의 길을 걷는 것이다. 어린 양(십자가)의 길을 벗어난 신부(즐김)의 길은 음녀의 길이다. 반대로 신부(즐김)의 길이 없는 어린 양(십자가)의 길만을 걷는 것은 이원론적인 신앙의 모습이다. 이 두 가지가 함께 공존하는 신앙생활을 해야 한다. 그것이 우리가 세기의 결혼에 이를 때까지 준비해야 하는 신부 수업이다. 성경은 19장 6-10절을 통하여 기쁨으로 십자가를 지는 훈련을 받으라고 한다. 또한, 정반대로 십자가를 지면서 기뻐하라고 말씀하신다. 이렇게 기쁨 있는 십자가를 지고 나아갈 때, 세상을 매료시키는 기품(氣品) 있는 어린 양의 신부가 될 수 있다.

맺음말

우리가 어린 양의 희생과 공로로 인하여 그분의 신부가 된 것이 사실이라면, 우리는 더 이상 인간적인 자랑을 할 수 없다. 오직 그분에게만 존귀와 영광을 돌려드려야 한다. 또한, 그분의 길을 따라가야 한다. 억지로나 인색함으로가 아니라 기쁨과 감격을 가지고 십자가를 지고 가야 한다. 힘겨운 인내의 여정이 아니라 즐거운 인내의 길을 걸어가는 영성인으로 서야 한다.

¹¹ 또 내가 하늘이 열린 것을 보니 보라 백마와 그것을 탄 자가 있으니 그 이름은 충신과 진실이라 그가 공의로 심판하며 싸우더라 ¹² 그 눈은 불꽃 같고 그 머리에는 많은 관들이 있고 또 이름 쓴 것 하나가 있으니 자기밖에 아는 자가 없고 ¹³ 또 그가 피 뿌린 옷을 입었는데 그 이름은 하나님의 말씀이라 칭하더라 ¹⁴ 하늘에 있는 군대들이 희고 깨끗한 세마포 옷을 입고 백마를 타고 그를 따르더라 ¹⁵ 그의 입에서 예리한 검이 나오니 그것으로 만국을 치겠고 친히 그들을 철장으로 다스리며 또 친히 하나님 곧 전능하신 이의 맹렬한 진노의 포도주 틀을 밟겠고 ¹⁶ 그 옷과 그 다리에 이름을 쓴 것이 있으니 만왕의 왕이요 만주의 주라 하였더라 ¹⁷ 또 내가 보니 한 천사가 태양 안에 서서 공중에 나는 모든 새를 향하여 큰 음성으로 외쳐 이르되 와서 하나님의 큰 잔치에 모여 ¹⁸ 왕들의 살과 장군들의 살과 장사들의 살과 말들과 그것을 탄 자들의 살과 자유인들이나 종들이나 작은 자나 큰 자나 모든 자의 살을 먹으라 하더라 ¹⁹ 또 내가 보매 그 짐승과 땅의 임금들과 그들의 군대들이 모여 그 말 탄 자와 그의 군대와 더불어 전쟁을 일으키다가 ²⁰ 짐승이 잡히고 그 앞에서 표적을 행하던 거짓 선지자도 함께 잡혔으니 이는 짐승의 표를 받고 그의 우상에게 경배하던 자들을 표적으로 미혹하던 자라 이 둘이 산 채로 유황불 붙는 못에 던져지고 ²¹ 그 나머지는 말 탄 자의 입으로부터 나오는 검에 죽으매 모든 새가 그들의 살로 배불리더라

Αποκάλυψις Ιωάννου

48. 신적 용사(divine warrior)로 오시는 이유

들어가며

요한계시록 19장 6-10절에서 예수님은 결혼식의 메타포 가운데 신랑으로 소개되셨다. 오늘 본문에서 예수님은 전사로 등장하신다. 재림하시는 주님의 모습이 신적 용사(divine warrior)로 묘사되고 있다. 초림의 주님이 구유의 아기로 오신 것과는 반대로, 재림의 주님이 신적 용사로 오시는 이유는 무엇일까?

최종적인 하나님 나라 대첩(a sweeping victory)

우리나라 사람에게 가장 유명한 대첩은 아마 명량대첩이 아닐까 싶다. 몇 년 전 이순신 장군 열풍이 불고 그의 리더십이 주목받으면서 영화 "명량"이 역대급 흥행을 이루었다. 12척의 배(어떤 책은 13척이라고 한다)로 왜군의 배 133척과 싸워 31척을 침몰시킨 역사상 유례가 없는 싸움이었다.

이 본문에는 재림하시는 예수님이 전사로 오셔서 하나님 나라 명량대첩(?)을 승리로 이끄시는 광경을 소개하고 있다. 그것을 연상시키기 위하여 재림하시는 예수님이 악의 무리들과 싸우시는 장면이 가득하다.

11절을 보면 예수님은 승리를 상징하는 백마를 타고 오신다. 공의로 세상을 심판하러 오신다. 또한 13절은 예수님께서 피 뿌린 옷을 입었다고 한다. 여러 해석이 있는데, 가장 지지받는 해석은 대적들과 치열한 전투를 치르시다가 예수님의 옷에 피가 뿌려졌다는 해석이다. 또한 14절에는 하늘의 군대가 예수님을 따르고, 이어지는 15절에는 예수님의 입에서 검이 나와 만국을 치는 장면이 소개되어 있다.

그렇다면 다시 질문하지 않을 수 없다. 왜 성경은 재림의 주님을 전사로 묘사하는 것일까? 예수님의 재림이 대조되는 두 잔치와 관련이 있다는 것에서 해답의 실마리를 찾을 수 있다. 대조되는 두 잔치의 장면을 통하여 주님을 따르는 자들과 주님을 배척하는 자들의 운명이 얼마나 다른지를 선명하게 드러내는 것이 이 구절의 의도다. 재림하시는 주님을 가운데 두고 그 앞과 뒤를 보면, 앞의 10절까지는 신랑으로 오시는 예수님의 혼인 잔치, 17절 이후는 새들이 대적의 살을 먹는 죽음의 잔치가 벌어진다. 이렇게 두 잔치가 대조를 이룬다. 예수님과 하나가 된 자는 혼인 잔치에 들어가고, 그를 대적하는 자들은 새들의 밥이 되는 죽음의 잔치에 들어가게 된다.

로마 시대 교회가 경험했던 것은 정반대다. 로마의 정책 및 로마 황제와 결탁한 사람들은 마치 혼인 잔치에 참여하는 것과 같은 대접을 받게 된다. 로마와 로마의 황제를 반대하는 사람들은 마치 새들의 잔치에 참여하는 것 같은 상황에 처하게 된다. 이러한 현실 가운데 흔들리고 있는 초대 교회 성도들에게 재림하시는 예수님의 모습을 통하여 새롭고 분명한 기준을 제시하고 있다. 로마는 거짓된 기준점임을 말씀하시려는 것이다. 로마는 결코 궁극적인 기준이 될 수 없다. 그럼에도 불구하고 세상은 중심에 있는 로마, 혹은 로마 황제와의 거리로 인하여 누릴 수 있는 것이 달라지기에 어떻게든 로마의 기준점을 따르려고 한다.

교회도 예외가 아니다. 로마제국 주변부에 위치한 소아시아 지역의 교회들은 로마의 사치와 향락을 보며 자신들의 초라함과 왜소함을 느낀다. 로마제국 중심부에 속하여 경제적 풍요를 누리고 싶어 한다. 이러한 로마에 대한 동경으로 신앙을 타협한 대표적인 교회가 바로 라오디게아 교회다. 이러한 상황에 있는 교회를 향하여 전사로 오시는 재림의 주님이 주시는 교훈은 분명하다. 반드시 재림하시어 하나님 나라의 대첩을 이끄실 주님이 기준임을 명심하고, 그 주님을 대망하며 살아가야 함을 강조하려는 것이다. 세상이 손들어 주는 삶이 이기는 것이 아니라 주님이 손들어 주시는 사람이 이긴다는 것을 한시도 잊지 말고 최종적인 승리자를 기준으로 삼고 살아야 한다.

그렇다면 이런 의문이 생긴다. 하나님 나라의 최종 승리를 재림하시는 마시막 순간에 이루시는 이유는 무엇인가? '마지막에 주님이 최후 승리를 하실 거라면, 우리가 힘들고 숨이 턱까지 차오르게 될 때, 그 승리를 조금 앞당겨 주시어 우리의 것이 되게 하시면 안 되는가?'라는 의문이 든다. 이 의문을 풀어 보기로 하자.

우리를 통한 하나님 나라 대첩

주님은 우리를 위해 일하신다. 그래서 더욱 우리를 통한 승리를 원하신다. 오해하지 말아야 한다. 하나님은 우리에게 쉬라고 하시고, 혼자다 싸우시는 분이 아니다. 그는 우리를 통하여, 우리와 함께 악과 싸우신다. 그 싸움은 이미 승리가 보장된 싸움이다. 예수님의 승리를 전제로 해서 우리가 사는 날 동안 치러야 하는 전투인 것이다.

이 부분은 이 점을 부각하기라도 하듯이 백마 타신 주님처럼, 그의 군대도 백마를 타고 싸우는 것으로 그리고 있다. 11절에서 예수님이 백마를 타고 계시고, 14절에서는 하늘의 군대들이 백마를 타고 그 뒤를 따른다. 이 광경은 마지막 재림의 날에만 이루어지는 것이 아니라 오늘도 재현되어야 한다. 우리는 이 세상에 사는 동안에도 하나님 나라의 대첩을 이루기 위해서 싸우는 자들이다. 오늘도 주님은 승리를 상징하는 백마를 타시고 전쟁을 진두지휘하시는 총사령관이시다. 주님은 누구의 도움도 없이 승리하실 수 있는 주권자시지만, 홀로 싸우시지 않는다. 우리도 주님처럼 백마를 타고 따르게 하신다. 우리에게 백마를 하사해 주시는 것이다. 백마를 주신다는 것은 이미 승패가 정해진 싸움이라는 것이다.

만일 주님이 홀로 싸우신다면, 승리를 지체할 필요가 없다. 거침없이 승리할 수 있다. 악의 무리를 단숨에 초개같이 부술 수 있다. 그러나 이 싸움은 주님 혼자의 싸움이 아니기 때문에 승리를 성취하신 후, 완성을 향한 시간을 필요로 한다. 주님 혼자 종횡무진하며 싸우면 그것은 주님만의 승리일 뿐 우리의 승리가 아니기 때문이다. 주님은 우리를 그분의 승리에 동참할 수 있는 파트너로 부르셨다. 주님의 승리로 파트너도 승리의 자리에 나오게 하길 원하신다. 주님의 승리에 묻어가는 정도가 아니라 이길 만한 자가 되어 이기기를 원하신다. 우리에게 대적을 이길 만한 자질, 사람됨을 만들기 위해서 최후 승리가 늦춰진 것이다.

주님 홀로 대적을 무찌르는 것은 쉽지만, 우리가 그 대적을 이길 수 있는 실력과 자질을 갖추기 위해서는 시간이 걸린다. 즉 우리를 신실한 여호와의 군대가 되게 하기 위해서, 그 싸움은 평생에 걸쳐서 해야 하는 싸움이 된 것이다. 그래서 최종 승리까지 우리는 평생 성숙의 길을 가야 한다. 이 사실을 모르면 초심을 잃게 된다.

우리는 종종 교회 숫자가 늘어나는 것에 만족하여 더 이상 싸움이 필요 없다고 생각하고 승리의 전리품을 누리려고 한다. 그러나 우리는 결코 전리품에 만족해서는 안 된다. 주님으로 만족해야 한다. 꿈을 이루는 것에 만족하지 말고, 꿈 너머의 꿈을 향해 계속 나가야 한다. 우리가 무엇을 이루었다고 생각하지 말자. 주님이 재림하시고 대적들을 완전히 제압하시는 그날까지 우리는 주님 편에 붙어서 싸워야 한다.

그렇다면 이제 주님이 우리를 통한 대첩이 이루어지게 하신다는 것의 진정한 의미를 알 수 있다. 그것은 외부의 대적을 이기는 것만을 의미하지 않는다. 오히려 우리 안에 있는 내면의 대적을 이기게 하시려는 것이 목표다. 전자의 대적이 외적이라면, 후자는 내적이고 인격적이며 성품적인 대적이다. 주님 안에서 대적과 싸워 이기는 것은 주님 안에서 스스로와의 싸움으로 결정되는 것이다. 주님은 먼저 우리가 내적인 싸움에서 이기길 원하신다.

하나님 나라 대첩을 우리 안에 이루시기 위하여 주님은 지금도 우리와 싸우신다. 주님이 우리와 싸우신다는 것이 잘 납득이 되지 않을 수 있지만, 사실이다. 우리와 싸우신다는 개념을 잘 정리해야만 오해가 없다. 주님이 우리와 싸우신다는 것은 우리 안에서 마땅히 허물어야 하는 것들과의 싸움을 의미한다. 그것은 자아를 살찌우려는 모습, 세상 중심에 서려는 욕망, 끝없이 주머니 속에 무엇을 집어넣으려는 탐욕, 상처로 얼룩진 패배적이고 피해망상적인 태도 같은 것들이다. 주님은 마지막 날에만 재림하시는 분이 아니다. 지금도 전사로 오셔서 싸우시는 분이다. 우리 밖에 있는 대적을 향하여 싸우시지만, 먼저 우리 안에 있는 대적들을 향하여 싸우신다.

그러므로 우리는 악당을 때려잡는 하나님 나라의 대첩이 역사적인 재림의 때에 이루어질 것을 기다리는 동시에 또 다른 하나님 나라의 대첩이 날마다 이루어지게 해야 한다. 그것은 우리의 자아를 그분께 내어 드리고 그분 앞에서 무너지는 것이다. 자아의 종말을 선언하는 자리로 나아가는 것이다.

이러한 차원에서 주님은 역사적으로 단 한 번 재림하시지만, 실존적으로는 계속해서 우리 가운데 오셔서 우리를 무너뜨리는 분이셔야 한다. 낮이나 밤이나 눈물을 머금고 주님이 오시기만을 기다리는 것은 귀한 신앙이다. 그러나 그것이 전부가 되어서는 안 된다. 그 재림의 주님이 지금도 전사로 오셔서 우리를 무너뜨리시도록 우리의 견고한 진을 파하시게 해야 한다. 주님의 재림을 기다리는 것에 머물지 말고, 실존적으로 날마다 경험해 가야 한다.

이제 재림하시는 주님의 승리라는 대전제에 대하여 또 한 가지 의문을 갖게 된다. 그것은 그 싸움의 성격이다. 그 싸움은 바벨론(로마)이 행하는 싸움과 질적으로 어떻게 다른가? 이 질문에 대하여 전사이신 우리 주님이 사용하시는 싸움의 무기가 무엇인지를 주목해야 한다. 한마디로 '어떻게(how)' 싸우시는지에 대한 것이다.

말씀의 날 선 검으로!

하나님 나라의 대첩을 위한 전략은 말씀이다. 말씀의 검으로 싸우신다. 재림하시는 주님의 전투 무기로 거명되는 것이 바로 검이다. 그런데 수식어가 붙어 있다. 그냥 검이 아니라 '말씀의 검'임을 강조하고 있다. 이미 언급했듯이 13절에 주님은 대적들과 싸우시느라 피 뿌린 옷을 입으셨는데, 그 이름을 하나님의 말씀이라고 칭하신다. 더 나아가 15절에는 주님의 입에서 예리한 검이 나온다. 예리한 검이라는 것은 주님의 말씀이 예리하고 강력한 힘이 있음을 강조하는 은유다. 제국주의적인 전쟁이 아니다. 비폭력적인 방식의 심판을 의미한다.

예수님의 입에서 검이 나오는 것을 통해 예수님은 말씀이시며, 말씀과 함께 하나님의 역사를 이루시는 것을 보게 된다. 예수님이 말씀이신 동시에 말씀과 함께 역사하셔야 하는 이유는 무엇인가? 말씀의 은혜가 있어야만 우리가 끝까지 십자가의 길을 향해 나아갈 수 있기 때문이다. 헨리 나우웬이 말한 것처럼, 예수님이 사역을 완성하실 수 있었던 비결은 "이는 내 사랑하는 아들이요 내 기뻐하는 자라(마 3:17)"는 하나님의 말씀이 있었기 때문이다. 사탄은 이 말씀을 빼앗아 가려고 끝없이 시도했다. 사탄은 "네가 하나님의 아들이거든…"으로 예수님께 도전했다. 하나님의 아들이라면 이런 대접을 받아서는 안 된다는 뉘앙스다. 그때마다 예수님은 자신이 하나님의 아들이심을 말씀해 주시는 음성을 붙잡고 고난의 십자가를 묵묵히 지고 가셨다.

또한 16절에 보면 예수님은 만왕의 왕, 만주의 주라고 한다. 만일 말씀이 없이 만왕의 왕이시고, 만주의 주가 되는 자리로 가신다면, 예수님이 하나님의 자리를 찬탈하게 될 것이다. 그러나 예수님이 하나님의 말씀이시기에 그분은 만왕의 왕으로, 만주의 주로 계시면서도 하나님께 영광을 올려 드리는 자리로 나아가신다.

그렇다면 우리는 어떻게 싸워야 하는가? 예수님처럼 우리의 싸움 역시 혈과 육의 싸움이 아니다. 말씀으로 싸워 이겨야 하는 싸움이다. 우리 안에서 말씀이 빠져나가면 바벨론(로마) 방식의 전투를 하게 된다. 바벨론 방식의 싸움이란 제국주의적인 논리로 이념화된 싸움이다. 바벨론 방식의 싸움이란 다른 사람 위에 군림하는 방식의 싸움이다. 그렇게 되면 친구도 없고 주변 사람 모두를 적으로 만든다. 누구도 축복하지 못한다. 다 대적이고, 누구든지 나보다 한 계단 아래에 있어야 한다고 여긴다. 내가 얻은 것은 나의 의이고, 공로가 되고, 자랑의 근거가 된다. 우리 안에서 말씀이 사라지면, 자신을 드러내는 싸움에만 집중하게 된다.

이에 반해 말씀이 있는 싸움은 하나님의 말씀에 저촉되는 것들을 다 무너뜨리는 싸움이라고 할 수 있다. 그것이 바로 영적 싸움이다. 상대를 결코 적으로 여기지 않는다. 말씀이 있으면 예수님처럼 자기희생의 길을 가게 된다. 말씀이 우리의 심령 안에 가득 채워져 있으면, 예수님처럼 우리가 어느 자리에 서 있든지 자기 분수 이상의 것을 취하지 않는다. 자족하며 살게 된다. 다른 이들을 넉넉히 축복하게 된다. 말씀이 우리 안을 가득 채우고 있기에 다른 사람이 누리는 축복으로 인하여 시기와 질투가 나지 않는다. 그것은 다른 이들이 누릴 복이고, 내가 누릴 복은 따로 있다는 것을 믿고 나아가게 된다. 그때 주변 사람들이 잘되는 것으로 인해 기뻐할 수 있다. 이것이 바로 말씀으로 인한 승리의 길을 걷는 삶이다.

맺음말

예수님은 하나님 나라 대첩을 위하여 오실 것이다. 그러나 우리는 그날이 임할 때까지 그저 주님을 기다리기만 하면 안 된다. 주님이 재림하시는 날까지 또한 우리가 재림하실 주님 앞에 서는 날까지 싸워야 한다. 주님이 우리 안에서 위대한 승리를 거두시도록 해야만 한다. 날마다 용사이신 주님을 만나야 한다. 말씀의 검이 우리의 부패한 심령을 가르고 지나가게 해야 한다. 그로 인해 죄를 토하고, 자아의 종말을 선언하고, 주님 앞에 항복해야 한다.

그럴 때 하나님 나라 대첩이 우리의 심령 안에서 펼쳐지게 될 것이다. 그 하나님 나라 대첩이 우리 안에서 이루어지게 하는 것이 이기는 자의 길이다. 이 승리가 있으면 우리 앞에 있는 대적은 자연스럽게 사라진다. 주님으로 인하여 내 안에 있는 욕망을 죽이는 장엄한 패배를 경험하는 것이 승리의 교두보를 확보하는 길이 되는 것이다. 이 싸움에 전력을 다하는 우리 모두가 되자.

요한계시록 20:1-3

1 또 내가 보매 천사가 무저갱의 열쇠와 큰 쇠사슬을 그의 손에 가지고 하늘로부터 내려와서 2 용을 잡으니 곧 옛 뱀이요 마귀요 사탄이라 잡아서 천 년 동안 결박하여 3 무저갱에 던져 넣어 잠그고 그 위에 인봉하여 천 년이 차도록 다시는 만국을 미혹하지 못하게 하였는데 그 후에는 반드시 잠깐 놓이리라

Αποκάλυψις Ιωάννου

49. 천년 왕국의 본래 의도를 찾아서

들어가며

천년 왕국으로 잘 알려진 요한계시록 20장은 성경에서 가장 '뜨거운 감자'로 논의되고 있다. 이토록 끝없는 논쟁이 펼쳐진다는 것은 그만큼 이 장이 무엇인가를 확정하기 어려운 대목을 가지고 있다는 뜻이다. 그렇다면 이 치열한 논쟁의 숲에서 헤어날 수 있는 길은 무엇인가? 해석의 차이점을 최소화하고 일치점을 극대화하는 것이 하나의 답이 될 것이라고 본다. 이를 위하여 천년 왕국을 오늘의 눈으로 바라보기 전에, 그것의 본래 의도가 무엇인지를 밝혀야 한다.

본래 의도를 찾기 위한 실마리

요한계시록 20장의 본래 의도를 파악하기 위해서는 무엇보다 요한계시록 전체의 주제를 상기해 보아야 한다. 20장은 요한계시록 전체 내용의 마무리 부분이기 때문이다. 요한계시록은 그동안 어떤 핵심 내용을 견지하면서 진행되어 왔는가? 요한계시록의 주제는 한마디로, "승리를 주시는 예수님 안에서 이기는 교회가 되라"로 요약할 수 있다.

　요한계시록은 예수님의 승리를 기반으로 교회를 최후 승리로 이끄는 말씀이다. 그래서 6-16장에 나오는 악인의 멸망이 17-20장에서는 그 뒤에 있는 악의 배후 세력에 대한 멸망으로 이어진다. 악인들은 주로 6 장의 인 재앙, 8-9장의 나팔 재앙 그리고 15-16장의 대접 재앙을 통하여 무너진다. 계속해서 악의 배후 세력들은 17-18장에 나오는 바벨론의 멸망과 19장에 나오는 바다짐승 및 거짓 선지자의 멸망으로 이어진다. 그러나 아직은 악의 배후 세력이 모두 멸망한 것이 아니다. 궁극적인 멸망의 세력이 아직 존재한다. 그 존재가 바로 용이다. 용은 악한 세력의 우두머리다. 그가 패망하기 전에는 악이 다 척결된 것이 아니다. 그래서 20장에 최종적인 악의 세력인 용이 등장한다. 용이 어떤 운명에 놓이게 되었는지를 알려 주는 것이다.

고난당하는 성도들에 대한 위로

　최종적인 용의 운명이란 무엇인가? 그것은 용이 천 년 동안 결박당하는 것이다. 용의 결박은 예수님의 사역 가운데 특히 십자가 사건으로 사탄이 결정적 패배를 당하는 것을 상징적으로 설명한다. 그에 대한 성도의 승리가 얼마나 확실한 것인지를 다음과 같이 두 가지로 제시한다. 하나는 공간적인 측면에서, 다른 하나는 시간적인 측면에서 위로의 메시지를 확장한다.

천사와 용을 대조하여 위로

먼저 공간적 측면을 살펴보자. 1절에서 천사가 용을 묶기 위하여 하늘에서 땅으로 내려온다. 용을 결박하여 어딘가에 가두는데, 그 구체적인 장소는 알 수 없다. 이것이 기록된 의도는 그곳이 구체적으로 어디인지 호기심을 갖게 하려는 것이 아니다. 구체적으로 어떤 장소에 결박되었는지는 중요하지 않다. 여기서 주목해야 할 것은 다음 두 가지이다. 두 질문에 답하는 형식으로 설명해 보겠다.

첫째, 왜 예수님이 아니라 천사가 용을 무저갱에 가둔 것일까? 예수님 옆에서 시중드는 천사가 예수님의 능력으로 용을 결박할 수 있음을 강조하는 것이다. 예를 들면 다음과 같이 설명할 수 있다. 일선 경찰들과 수사관들은 죄를 범한 사람을 공권력으로 체포할 수 있다. 아니, 체포 정도가 아니라 심한 경우에는 발포까지 할 수 있다. 예수님께 시중드는 천사가 예수님으로 인하여 용을 결박할 수 있다는 사실은 우리에게 큰 위로를 준다. 그것은 한마디로 용의 확실한 패배를 말하는 것이다. 용이 고작 천사에게도 꼼짝할 수 없는 존재라는 것을 드러낸다. 단지 예수님을 수종드는 천사도 용과의 싸움에서 승리할 수 있다는 사실은 하나님의 승리와 그로 인한 성도들의 승리가 얼마나 확실하고 넉넉한 것인지를 알게 한다. 예를 들어 보자. 상대가 경기를 위하여 최고 수준의 국가 대표 팀 선수들을 선발한다. 그런 상대 팀과 겨루기 위해 우리는 고작 중학생 팀을 보낸다. 그런데 우리 중학생 팀이 상대를 손쉽게 제압한다면, 비교할 수 없을 정도로 우리가 강하다는 것을 입증하는 셈이다.

둘째, 그렇다면 왜 예수님은 천사를 보내시지 않고 친히 십자가 사역을 감당하셨을까? 단지 예수님이 악의 우두머리인 용을 소탕하시려 했다면, 굳이 이 땅에 친히 오셔서 고난의 길을 걸어가실 필요가 없었을 것이다. 본문처럼 천사를 보내는 것만으로도 충분히, 넉넉히 이겼을 것이다. 그러나 예수님은 단지 용 소탕 작전만을 위해 오신 게 아니라 우리를 향한 하나님의 사랑을 확증하셔야 했다. 그 사랑을 우리에게 깨닫게 하시기 위해 하나님께서 독생자를 내어 주신 것이다. 우리를 그의 자녀로 삼기 위하여 외아들을 내어 주신 아버지의 심정을 생각하면 우리가 받은 사랑이 얼마나 위대하고 영광스러운 것인지를 다시금 확인할 수 있다. 이에 대하여 찬송가 216장 "성자의 귀한 몸" 4절은 "만 가지 은혜"라고 표현한다.

> 만 가지 은혜를 받았으니 내 평생 슬프나 즐거우나 이 몸을 온전히
> 주님께 바쳐서 주님만 위하여 늘 살겠네.

어찌 보면 우리네 인생은 참으로 슬프다. 한계 속에서 살아가는 인생이기에 때로 너무나 초라함을 느낀다. 늙고 병들어 간다는 것이 참으로 우리를 슬프게 만든다. 그러나 그 어떤 상황에서도 주님의 은혜를 생각하면 웃을 수 있다. 그 어떤 암담한 현실 앞에서도 즐거워할 수 있다. 그 기쁨과 함께 우리의 몸을 온전히 주님께 바쳐서 주님만 위하여 살 것을 다짐하는 자리로 나아갈 수 있다.

일시와 천년을 대조하여 위로

장소를 통하여 천사와 용을 대조한 교훈에 이어 이제 시간을 기점으로 일시와 천년을 대조하고 있다. 3절에 따르면 결박되었던 용이 잠시 풀려난다. 이와 대조적으로 신자 된 우리는 천년 동안 왕 노릇 한다. 이것이 말하려는 것은 우리가 당하는 고난은 잠시지만, 우리가 누리는 왕적 권한과 통치는 영원하다는 것이다. 한마디로 성도들과 용의 싸움은 영원 속에서 찰나처럼 지나가는 시간이 될 것이다. 악이 제아무리 기승을 부려도 그것은 잠시일 뿐이다. 이에 반해 신자 된 우리는 천년 동안 왕 노릇 하며 영원한 통치자로 살아갈 자이다. 이것이 용의 공격에 직면한 신자들이 분명히 붙잡아야 할 역사의식이다. 때로 우리가 핍박을 받고 힘든 일을 만나면, 숨이 막히고 하루가 수년처럼 느껴질 수 있다. 도무지 어떤 희망도 보이지 않는다. 그때 주의 백성들이 가져야 할 역사의식은 그 고통의 때를 지나가는 소나기로 여기는 것이다. 요즘 유행하는 말로 "이 또한 지나가리라"이다. 잠시와는 비교할 수 없는 천년의 통치자로 우리가 부르심을 받았다는 것을 잊지 말아야 한다. 여기서 말하는 천년은 문자적인 시간이라기보다 상징적인 시간이다. 즉 무궁한 세월을 의미하는 것이다.

우스갯소리로 한국 사람늘은 "오늘 만 원 줄까? 내일 십만 원 줄까?" 하면 오늘 만 원 받는 것을 택한다고 한다. 이유는 내일 십만 원 줄 것을 믿을 수 없어서다. 그러나 우리는 한국 사람이기 전에 하나님의 사람이므로 그렇게 살면 안 된다. 오늘의 만 원과 비교할 수 없는 내일의 십만 원을 기대하며 기다리는 사람이 되어야 한다. 오늘 몰아닥치는 폭풍우 앞에 주눅 들 필요가 없다. 그 폭풍우는 잠시 왔다가 사라질 것이다. 천년의 통치자가 잠시 지나가는 어려움 때문에 신앙을 팔아먹으면 안 된다. 어떤 경우에도 천년의 통치자답게 서야 한다.

그렇다면 이러한 시간적인 위로의 장치들이 우리에게 권면하는 두 가지를 알아보자.

첫째, 용의 공격 앞에 쓰러질지라도 주님의 십자가 사랑으로 인한 천년의 통치자임을 잊지 말자.

때로 용의 공격으로 쓰러지고 넘어질 때가 있다. 그럴 때면 우리는 내가 과연 하나님의 자녀가 맞는지 의문을 던지게 된다. 사탄은 우리를 비웃으며 "네가 만일 하나님의 아들이거든…"이라고 조롱한다. 그때 붙잡아야 할 것은 주님의 십자가 사랑 안에서 천년의 통치자로 초대된 존재라는 자의식이다. 정체성을 확인해야만 한다. 정체성을 확인하면서 결코 담대함을 잃지 말아야 한다. 뻔뻔함이 아니라 담대함을 가지라는 것이다. 둘의 차이는 다음과 같다. 담대함은 죄를 통회하며 하나님의 자녀임을 확신하는 것이고, 뻔뻔함은 죄의 결과를 유감스러워 하면서도 하나님의 용서를 당연하게 여기는 것이다.

둘째, 용의 공격에 무너지는 메커니즘을 잘 파악해야 한다.

용의 공격에 무너지는 메커니즘은 무엇인가? 용의 공격은 사실 무서운 것이 아니다. 정말 무서운 것은 용의 공격 앞에서 느끼는 착시 현상이다. 용의 공격 때문이 아니라 그 착시 현상 때문에 지는 것이다. 그렇다면 악의 우두머리인 용보다 신경 써야 할 것은 우리의 '자아'다. 우리의 병든 자아가 문제다. 우리의 헝클어진 내면의 모습이 문제다. 잠언 말씀에서 '모든 지킬 만한 것 중에 더욱 네 마음을 지키라(잠 4:23)'는 것이 바로 이러한 이유다.

용의 공격이 사나운 것은 사실이지만, 용은 제한된 활동 범위 안에서 최후의 발악을 하는 존재다. 이미 언급했듯이 요한계시록 12장에 따르면 하늘에서 땅으로 쫓겨나서 활동하는 자다. 이미 패배가 운명지어진 존재다. 그 점을 오늘 본문에서는 결박당한 자로 묘사하고 있다.

아무리 용이 강해도 그가 결박당한 것이 분명하다면, 우리가 용에게 빌미를 제공하지 않는 한 용은 결단코 우리를 넘어뜨리지 못한다. 그럼에도 우리가 넘어지는 이유는 용 때문이 아니라 우리의 마음과 생각을 다스리지 못하기 때문이다. 용은 언제나 우리의 자아, 혹은 우리의 마음을 집중 공략하여 승리를 쟁취한다는 것을 한시도 잊지 말고, 용의 공격 앞에서 그 어떤 틈도 허락하지 않는다면 승리를 거둘 수 있을 것이다.

맺음말

이상의 논의를 통하여 분명히 해야 할 것이 있다. 요한계시록 20장은 천년 왕국에 대한 견해를 제시하기 위해 기록된 말씀이 아니다. 본래 의도는 용이 이미 망했고, 잠시 발악을 하겠지만 결국 완전히 망한다는 사실을 분명히 하려는 것이다. 용의 운명을 분명하게 확인한 자로서 잠시 당하는 환난과 박해 앞에 주눅 들지 말고 천년의 통치자로서 오늘을 승리하며 살아야 할 것이다. 이러한 본래 의도에 충실한 요한계시록 20장은 골치 아픈 장이 아니라 위로의 메시지가 절정에 이르는 말씀이라고 할 수 있다.

요한계시록 20:1-10

1 또 내가 보매 천사가 무저갱의 열쇠와 큰 쇠사슬을 그의 손에 가지고 하늘로부터 내려와서 2 용을 잡으니 곧 옛 뱀이요 마귀요 사탄이라 잡아서 천 년 동안 결박하여 3 무저갱에 던져 넣어 잠그고 그 위에 인봉하여 천 년이 차도록 다시는 만국을 미혹하지 못하게 하였는데 그 후에는 반드시 잠깐 놓이리라 4 또 내가 보좌들을 보니 거기에 앉은 자들이 있어 심판하는 권세를 받았더라 또 내가 보니 예수를 증언함과 하나님의 말씀 때문에 목 베임을 당한 자들의 영혼들과 또 짐승과 그의 우상에게 경배하지 아니하고 그들의 이마와 손에 그의 표를 받지 아니한 자들이 살아서 그리스도와 더불어 천 년 동안 왕 노릇 하니 5 (그 나머지 죽은 자들은 그 천 년이 차기까지 살지 못하더라) 이는 첫째 부활이라 6 이 첫째 부활에 참여하는 자들은 복이 있고 거룩하도다 둘째 사망이 그들을 다스리는 권세가 없고 도리어 그들이 하나님과 그리스도의 제사장이 되어 천 년 동안 그리스도와 더불어 왕 노릇 하리라 7 천 년이 차매 사탄이 그 옥에서 놓여 8 나와서 땅의 사방 백성 곧 곡과 마곡을 미혹하고 모아 싸움을 붙이리니 그 수가 바다의 모래 같으리라 9 그들이 지면에 널리 퍼져 성도들의 진과 사랑하시는 성을 두르매 하늘에서 불이 내려와 그들을 태워버리고 10 또 그들을 미혹하는 마귀가 불과 유황 못에 던져지니 거기는 그 짐승과 거짓 선지자도 있어 세세토록 밤낮 괴로움을 받으리라

Αποκάλυψις Ιωάννου

50. 추가 공지 사항에 귀 기울이기

들어가며

추가 공지란 기존 공지 사항에 추가되는 것이다. 일반적으로 추가 공지는 덜 필수적이고 덜 중요하지만, 언제나 그런 것은 아니다. 추가 공지 사항이 더 비밀스러운 것도 있고, 어떤 의도가 있는 경우도 있다. 또 상술이 숨겨져 있을 때는 추가 공지 사항들을 잘 말하지 않는 경우도 있다. 예를 들어 보자. 인터넷 쇼핑몰에서 여행 상품 광고를 보면 늘 초특가다. 절호의 기회라는 생각에 그 상품으로 여행을 가보면, 초특가 상품일수록 상점을 많이 방문한다. 그런 줄 알았으면 그 여행상품을 선택하지 않았을 것이다. 하지만 가이드 수고에 대한 미안함도 있고 해서 물건을 구매하다 보면 배보다 배꼽이 더 크다. 이렇게 추가 공지에는 숨겨진 의도도 있다.

그런가 하면 긍정적 의미의 추가 정보가 들어있는 경우도 있다. 꼭 말해 주어야 할 것들을 추가로 언급하는 것이다. 그런데 왜 추가 정보로 알려 줄까? 이유가 있다. 핵심적인 기본 정보가 먼저 알려져야만 그것을 전제로 그 위에 제시될 수 있는 정보이기 때문이다.

요한계시록 20장은 그런 추가 정보라고 해야 할 것이다. 추가 정보라고 해서 중요성이 떨어지는 것은 아니지만, 앞에서 다룬 것처럼 사전 지식 없이는 논의될 수 없다는 의미다. 요한은 그것을 '천 년'이라는 숫자를 통해 담아내고 있다. 그것이 무엇일까? 요한계시록의 전체 주제와 메시지에 추가로 제시되는 것이라면 이미 알고 있는 정보를 기반으로 해서만 말할 수 있는 고급(?) 정보라고 해도 될 것이다. 특히 강조하고 있는 것은 용에 대해 알아야 할 추가 정보와 신자에 대한 추가 정보다. 차례대로 하나씩 살펴보자.

용에 대한 추가 정보가 주는 교훈

용의 현실적 운명: 천 년 동안 갇힌 패배자

먼저 여기서 사탄을 결박함으로 만국을 미혹하지 못하게 한 것이 전적인 미혹 중지에 대한 것인지(전천년설), 아니면 십자가 사건으로 인한 패배(무천년설)를 말하는 것인지를 결정해야 한다. 필자의 견해는 후자다. 사도 요한은 목회자로서 요한계시록을 썼다. 천년 왕국에 대한 말씀도 같은 맥락으로 보아야 할 것이다. 용 혹은 사탄이 확실한 패망의 운명에 놓인 존재임을 분명히 하는 것을 통해 교인들에게 위로를 주려는 것이다.

용 혹은 사탄이 기승을 부리는 현실 속에서 사탄의 패배를 어떻게 공감해야 할지 생각해 보아야 한다. 천 년 동안의 결박은 악의 최종적인 멸망이 아니라 악의 현재적인 패배를 말한다. 지금은 사탄이 결박당하고 있는 시점이다. 그렇다면 앞으로 어떻게 될 것인가? 용의 최종적인 운명이 궁금해진다. 이어지는 7-10절에 답이 있다.

용의 최종적인 운명: 잠시 풀렸다 마침내 패망할 존재

7-10절에서는 용의 궁극적이고 최종적인 운명에 대해 말한다. 천 년이 끝날 무렵에 용은 잠시 풀려난다. 풀려난 용은 모든 힘을 규합해 전쟁을 벌인다. 그러나 '곡과 마곡'의 전투를 통해 영원한 멸망에 이르게 된다. 천 년 동안 묶여 있다가 영원한 멸망으로 들어가게 되는 것이다. 이미 성취되었고 최종적으로 종결되어질 이러한 패망의 운명 사이에서 용은 '잠시' 우리를 공격하는 것이다. 그의 공격은 천 년의 공격이 아니라 잠시의 공격이라는 것을 분명히 한다. 그 잠시의 공격은 사탄이 벌이는 최후의 발악이다. 영원히 우리를 해칠 수 없는 운명의 존재로서 마지막 총력전을 벌이는 것이다. 그러다 천 년 후에 잠시 놓이는 것은 역사적인 시간 순서를 말하는 것이 아니다. 시간적으로 천 년 동안 묶여 있다가 다시 풀려나는 것이라고 하면 오독이 될 수도 있다. 그렇다면 그 잠시 동안 하나님의 레이더에서 사탄을 놓치고 만 꼴이 되기 때문이다. 과연 그럴까? 천만의 말씀. 결코 그렇지 않다.

그렇다면 사탄이 잠시 풀린다는 것의 의미는 무엇인가? '천 년 동안 결박당하는 운명에 처한 자'로서 제한된 영역과 한정된 시간 안에서만 성도들을 공격하는 존재임을 말하는 것이다. 시간적인 전후 관계를 따지려는 것이 아니라 사탄이 어떤 존재인지를 알려 주려는 의도다. 그가 어떤 운명에 처한 존재로 활동하는 것인지를 알게 해 주시려는 것이다. 천 년 동안 패배를 당하는 자로 그리고 영원한 패망의 자리에 떨어질 자로서, 잠시 동안 반란을 일으키고 성도들을 괴롭히는 것에 불과함을 알려 주려는 것이다. 그런 잠시의 시간 속에서 성도들은 신음하게 된다. 그러니 우리는 잠시에 해당하는 존재의 공격임을 분명히 알고 그와 싸워야 한다는 것이다. 아니, 충분히 그와 싸울 수 있다는 자신감을 주려는 것이다.

그러나 방심할 수는 없다. 결코 방심하면 안 된다. 용이 만국을 미혹하지 못한다고 해서 활동이 중단되었다는 것이 아니다. 오히려 정반대다. 여전히 강력하면서도 위험한 원수다. 자신이 그렇게 제한당한 것을 알기에, 마지막 총력전을 펼친다. 패색이 짙음을 알기에, 오히려 모든 것을 걸고 죽기 살기로 싸움을 걸어온다. 〈개혁주의 무천년설(A Case for Amillennialism)〉이라는 책에서 킴 리들바거(Kim Riddlebarger)는 용을 위험한 원수라고 하면서 "이것은 마치 치명적인 상처를 입은 짐승이 멀쩡한 짐승보다 훨씬 위험한 것과 마찬가지다"라고 말한다(Riddlebarger, 2013, 89). 용은 결정적인 패배를 당해 '잠시' 동안 우리를 공격해 오는 존재이지만, 여전히 가공할 만한 세력임이 분명하다. 잠시 동안 우리를 향해 총력을 다하기 때문이다. 사탄이 우리를 향해 쏟아붓는 공격은 언제나 총력전인 것이다. 언제나 우리를 무너뜨리기 위해 올인한다.

문제는 우리다. 우리는 이러한 추가 정보에 귀 기울이지 않기에, 예수님이 십자가에서 이기셨음에도 아직까지 악의 공격이 강력한 것을 이해하지 못한다. 그래서 악의 공격 앞에서 자꾸 놀란다. 이럴 줄 몰랐

다며 절규한다. 악을 이긴 것이 맞느냐고 항변한다. 추가 정보를 통해 우리가 분명히 알아야 할 것은 사탄은 십자가로 인해 결정적으로 패했지만 여전히 강력하다는 점이다. 우리를 무너뜨리기 위해 총력전을 벌이고 있는데, 이를 상대하는 우리는 다소 느슨한 태도를 취하고 있기에 힘겨운 싸움이 될 수도 있음을 점검해야만 한다.

그럼에도 불구하고 용에 대한 추가 정보의 핵심 의도는 놓치지 말아야 한다. 추가 정보의 의도는 용이 천 년 동안 결박당하는 존재임을 말씀하시려는 것인가, 아니면 잠시 동안 공격을 가하는 존재라는 것인가? 분명히 전자에 그 의도가 있을 것이다. 용은 강력하지만 천 년 동안 결박당하는 존재다. 긴장을 늦추지는 말아야 하지만, 그렇다고 해서 용에게 주눅이 들거나 두려움으로 얼어붙으면 안 될 것이다. 용의 공격이 거센 것이어도 결코 놀라면 안 된다. 그 용은 결박당한 자로서 그 공격을 감행할 뿐이기 때문이다.

신자에 대한 추가 정보가 주는 교훈: 천 년의 통치자

4-6절에는 신자에 대한 추가 정보가 주는 교훈이 담겨 있다. 여기에는 용의 세력의 공격으로 인해 순교한 영혼들이 등장한다. "또 내가 보니 예수를 증언함과 하나님의 말씀 때문에 목 베임을 당한 자들의 영혼들과(4절 상반절)." 그런데 이런 죽음으로 가득 찬 곳에 '살아서'라는 표현이 들어와 있다. "살아서 그리스도와 더불어 천 년 동안 왕 노릇 하니(4절 후반절)." 세상은 죽어 있지만, 이에 반해 성도들은 죽었으나 결국은 살아서 천 년의 통치자로 통치하게 된다. 성도들은 천 년 동안 살아

있다. 스데반의 예를 보면 잘 이해될 것이다. 스데반은 돌에 맞아 죽었으나, 살아 있는 자의 모습이다. 그것은 그의 죽음을 '잔다'라고 표현한 것에서 여실히 증명된다. 결국 어떤 형태의 죽음인가 보다는 어떤 의미의 죽음인가를 중요시하는 것이다. 주님의 시각에서 보면 우리는 죽은 자들이 아니라 살아서 통치하는 자들이다. 예수님으로 인해 살아난 자이기에 그리고 죽어도 그분의 품에 안길 수 있는 존재이기에 살아 있는 자들인 것이다.

계속해서 5절에 등장하는 "첫째 부활"은 몸의 부활을 말하는 것이 아니라 중생을 의미한다. 이들은 "둘째 사망(14절)"에 참예하지 않게 될 것이다. 지금 모두 살아서 하늘과 땅의 연합 작전으로 하나님의 통치를 이루어가고 있는 것이다. 하나님의 백성은 천 년을 통치하는 사람들이다. '살아서'가 분명히 제시하듯이 부활의 모습으로 천 년을 살아가는 사람들이라고 할 수 있다. 신자들의 통치 기간은 사탄이 결박되는 기간이다. 그리스도가 부활하신 때로부터 천 년이 다 차서 심판 가운데 오사 죽은 자를 살리실 때까지(계 20:7-10) 사탄이 결박되어 있는 전체 기간 동안이다. 그리스도가 재림하신 후에 몸이 없는 영혼들은 더 이상 통치하지 않는다. 부활 이후 썩어질 것이 썩지 않는 것이 될 때 몸과 영혼이 결합되기 때문이다. 이 일들이 일어난 후에 성도들은 천 년을 넘어 이제는 '세세토록' 왕 노릇 할 것이다(계 22:5). 그러면 이 순교자들의 통치는 언제를 말하는가? 미래인가, 지금인가? 지금이다. 미래에 일어날 일이 아닌 현재, 지금 일어나는 것이다.

그렇다면 이러한 추가 정보가 주는 의도가 무엇인가? 신자들이 잠시 결박당하는 것을 피할 수 없다는 것일까? 아니면 천 년의 통치자로 활동하는 운명이라는 것을 강조하려는 것인가? 단연코 후자일 것이다. 비록 우리에게 잠시의 고난이 있지만, 결코 천 년의 통치자의 확정된 운명을 흔들 수는 없다. 지금 폭우가 몰아친다고 해도 우리는 이렇게 외치며 버텨내야 한다.

"나는 천 년(무궁한 세월)의 통치자다."

"그리고 마침내 영원한 통치자의 자리로 나아가게 될 것이다."

이렇게 20장의 추가 정보는 용의 운명과 신자의 운명에 대해 전혀 반대되는 교훈을 제시함으로 우리를 위로하고 격려한다.

맺음말

그렇다면 우리가 이 세상에서 천 년의 통치자의 모습으로 살기 위해선 어떻게 해야 할지 알아보자.

첫째, 현실에서 우리가 느끼는 감정 보다 성경의 증언에 착념하라.

우리의 느낌은 중요하지 않다. 용의 세력의 공격 앞에서 때로 우리가 피할 곳이 없는 것처럼 느낄 때가 있다. 그러나 느낌보다 중요한 것은 성경의 증언이다. 우리에게 찾아오는 느낌의 공격을 성경의 증언으로 역공격하라. 성경이 증언하는 바는 우리가 그 어떤 용의 공격 앞에서도 이긴 자이고, 반드시 이길 자라는 사실이다.

둘째, 잠시 당하는 핍박의 현실을 바라보는 올바른 시선을 갖자.

잠시 당하는 고난의 현실 앞에서 그것이 영원할 것처럼 생각하지 말아야 한다. 우리는 고난 가운데 버려진 자들이 아니다. 겉으로 보면 그렇게 보인다. 예를 들면 요셉의 경우 마치 그가 고난의 자리로 내동댕

이쳐진 것처럼 여겨진다. 그러나 실상은 그렇지 않다. 그는 버려진 것이 아니라 보내진 것이다. "그가 한 사람을 앞서 보내셨음이여 요셉이 종으로 팔렸도다(시 105:17)." 요셉이 애굽에 팔려갔지만, 성경은 하나님이 요셉을 애굽에 보내셨다고 말씀하신다. '보냄을 받은 자'라는 자의식으로 '팔려간 자'라는 자의식을 넘어설 때, 그 어떤 고난의 자리에서도 아픔을 승화시키고 마침내 민족을 구하는 요셉이 만들어지는 것이다. 우리도 이런 관점으로 고난을 바라봄으로써 승리하자.

요한계시록 20:11-15

11 또 내가 크고 흰 보좌와 그 위에 앉으신 이를 보니 땅과 하늘이 그 앞에서 피하여 간 데 없더라 12 또 내가 보니 죽은 자들이 큰 자나 작은 자나 그 보좌 앞에 서 있는데 책들이 펴 있고 또 다른 책이 펴졌으니 곧 생명책이라 죽은 자들이 자기 행위를 따라 책들에 기록된 대로 심판을 받으니 13 바다가 그 가운데에서 죽은 자들을 내주고 또 사망과 음부도 그 가운데에서 죽은 자들을 내주매 각 사람이 자기의 행위대로 심판을 받고 14 사망과 음부도 불못에 던져지니 이것은 둘째 사망 곧 불못이라 15 누구든지 생명책에 기록되지 못한 자는 불못에 던져지더라

Απокάλυψις Ιωάννου

51. 검정과 조합을 이루는 색깔들

들어가며

요한계시록 20장 11-15절 말씀에 대한 우리의 관심을 '검정과 조화를 이루는 색깔들'에 초점을 맞추어 보려고 한다. 먼저, 검정색은 어디서 나왔을까? 연극이나 영화에서는 악과 심판을 상징하는 사람들의 의상과 무대를 설정할 때 주로 검정색을 사용한다. 악의 세력과 심판이 어둠을 상징하기 때문일 것이다. 즉 검정색은 심판과 연결될 수 있다. 그렇다면 이 검정색과 어울리는 색은 무엇일까? 이 구절에서 검정색과 어울리는 두 가지 숨겨진 색을 찾아보자.

검정색(심판)과 조합을 이루는 흰색

요한계시록 20장 11-15절의 중심 주제는 최후 심판, '백 보좌 심판'이다. 백 보좌 심판에서 '백(白)'은 흰색을 말하므로, '흰 보좌 심판'이라고도 할 수 있다. 매우 흥미로운 대목이다. 온통 검은색 바탕에 흰색이 나타나는 것이다. 왜 하필 최종 심판이 백 보좌 심판일까?

일차적으로, 보좌를 설명하는 흰색은 요한계시록 안에서 하나님의 '위엄'과 '거룩'을 상징한다. 이러한 이유로 그레고리 비일(Gregory Beale)은 심판하시는 이가 거룩하심을 강조한다. 하나님의 거룩하심을 통한 심판임을 부각시키려는 것이다. 이렇게 하나님의 엄위로우심과 거룩하심을 통한 심판이기에 누구도 빠져나갈 수 없다. 모든 인생들이 그분 앞에서 스캔을 당하게 되는 것이다. 우리는 모두 그분 앞에 벌거벗은 모습으로 서야 한다. 그 어떤 것도 숨길 수 없는 심판이 집행될 것이다.

누구도 백 보좌 심판을 피할 수 없다는 사실을 통하여 인간의 가장 심각한 비극이 바로 죄의 문제임을 알게 된다. 죄의 문제를 해결하지 못하면 영원한 불행의 자리로 떨어지게 된다. 우리가 죄를 짓는 것은 죄인이기 때문이다. 죄를 지어서 죄인이 되기도 하지만, 그보다 먼저 죄인이기에 죄를 짓는다. 그 비극의 문제를 해결하지 못하면 심판을 피할 길은 없다.

기록된 행위대로 악은 심판을 당하게 된다. 두루마리 책들에는 죄악들이 기록되어 있다. 그것이 죄의 증거물로 드러날 것이다. 그것이 심판을 위한 확실한 죄목들이 될 것이다. 우리가 사는 세상에서는 죄를 숨길 수 있을지 모른다. 아직까지 미결 사건들이 적지 않다. 완전 범죄는 없다고 하지만 그렇지 않아 보인다. 역사가 끝날 때까지 드러나지 않을 죄도 있을 것이다.

사람들은 죄를 심각하게 여기지 않는다. 죄가 드러나 벌을 받는 것을 두려워할 뿐이다. 드러나지만 않는다면 그 어떤 죄를 저질러도 아파하지 않는다. 또한 세상에서는 죄를 지어도 각양의 핑계를 대고 빠져나가기도 한다. 자신의 죄가 명백하게 드러나도 진흙탕 싸움으로 끌고 들어간다. 물귀신 작전에 돌입한다. "과연 누가 내 죄를 고발할 수 있느냐?" 이렇게 적반하장 격으로 오히려 목소리를 높이는 것을 본다. 그러기에 하나님의 최후 심판은 반드시 백 보좌 심판이 되어야 하는 것이다. 거룩하고 흠없는 하나님의 기준에서 판결하는 심판이 되어야 한다. 그날에 드러나지 않을 죄는 없을 것이다. 누구도 죄를 숨기지 못할 것이다. 그 동기까지도 스캔당할 것이다. 죄악 된 행실에 대한 공의로운 판정이 이루어질 것이다. 보이지 않는 밀실에서 계획되었던 추악한 일들이 환하게 드러나고 말 것이다.

하나님이 우리 행위를 따라 최후 심판을 하시는 것에 대하여 불편해하는 신자들이 있을지 모르겠다. 심판하시는 하나님을 아예 염두에 두기 싫어하는 사람도 있을 것이다. 그러나 우리 하나님은 반드시 백 보좌에서 심판하시는 분이셔야 한다. 진리와 참이 승리하는 날이 반드시 온다는 확신이 있을 때만 우리는 그것을 위한 그 어떤 대가도 지불할 수 있다. 악이 기승을 부리는 현실에서도 참아낼 수 있을 것이다. 이러한 이유로 검은색은 흰색과 조합을 이루어야 한다. 다시 반복하지만, 하나님의 최후 심판은 백 보좌 심판이 되어야만 한다.

검정색(심판)과 조합을 이루는 빨간색

이제 검정 혹은 어둠(심판)과 조합을 이루는 또 하나의 색깔을 찾아보자. 두 번째 색은 아마도 흰색보다 더 찾기가 힘들지도 모른다. 20장

11-20절에 그 색이 직접적으로 나타나지 않기에 우리가 유추해서 찾아 내야만 한다.

두 번째 색깔은 빨강이다. 이 색은 어디에서 발견할 수 있는가? 흥미로운 것은 성경이 그 색에 대하여 직접적으로 언급하지 않고, 단서만 제시해 준다는 점이다. 그 첫 번째 단서가 바로 12절에 나온다.

> 또 내가 보니 죽은 자들이 큰 자나 작은 자나 그 보좌 앞에 서 있는데 책들이 펴 있고 또 다른 책이 펴졌으니 곧 생명책이라 죽은 자들이 자기 행위를 따라 책들에 기록된 대로 심판을 받으니(계 20:12).

여기서 빨간색의 단서가 되는 중요한 책은 바로 '생명책'이다. 보좌 앞에는 사람들의 행위를 기록한 행위록에 해당하는 책들이 펴 있는데 그것만 있는 것이 아니다. 우리의 눈을 사로잡는 다른 책이 하나 있다. 그것이 바로 생명책이다. 12절에서는 그 책의 기능이 무엇인지에 대해 속 시원히 말하고 있지 않다. 그 책은 왜 여기에 제시되고 있는가? 그러나 요한은 생명책의 정체를 밝히지 않고 다시 심판의 이야기로 진전해 나간다. 그리고 절정에 이른다. 행위를 따라 사람들이 불 못에 던져지게 될 사실을 말하고, 마지막 구절에 해당하는 15절에 이르러서야 비로소 우리에게 생명책이 무엇을 위한 책인지를 알려 준다.

생명책에 기록되지 못한 자의 심판, 불못

그렇다면 생명책이란 과연 무엇인가? 영원한 지옥 형벌에 던지기에 마땅한 자들을 건져주는 책이다. 그러니까 행위록보다 더 강력한 효력을 발생하는 책, 행위록을 통한 정죄와 심판을 전적으로 백지화하거나 무효화할 수 있는 책이다. 이 책에 기록된 사람들은 행위에 따라 받게 되는 심판을 피할 수 있다. 마치 아이들의 카드놀이에서 대적의 강력한 공격을 받을 때 더 높은 계급을 가지고 있는 카드로 그것을 막을 수 있는 것처럼, 행위록에 기록된 저주를 풀어주는 영적 마법 같은 기능을 하는 것이 생명책인 것이다.

그렇다면 궁금해진다. 행위록의 저주를 푸는 생명록에는 누가 이름을 올릴 수 있는가? 행위록의 저주와 형벌로부터 건짐을 받아 생명책에 기록되기 위해서는 어떻게 해야 하는 것일까? 이런 물음에 대하여 본문은 여전히 속 시원하게 말하고 있지 않다. 그러면 어디로 가야 그 답을 찾을 수 있을까? 이제 마지막, 결정적인 단서가 남아 있다. 바로 요한계시록 21장 27절이다.

> 무엇이든지 속된 것이나 가증한 일 또는 거짓말하는 자는 결코 그 리로 들어가지 못하되 오직 어린 양의 생명책에 기록된 자들만 들 어가리라(계 21:27).

그 생명책이 마법처럼 저주를 풀게 된 이유가 이제야 드러난다. 그 책이 다름 아닌 '어린 양의 생명책'이기 때문이다. 어린 양의 생명책이 라는 말에서 이제야 검정과 조합을 이루는 색을 발견하게 된다. 그것은 어린 양의 피, 보혈을 상징하는 빨간색이다. 생명록 자체가 무슨 마법 서가 아니라 어린 양을 통한 사역의 결과로 그곳에 그의 백성이 이름을 올리게 되었기에, 생명록은 온갖 저주와 사망의 마법을 푸는 책이 되는 것이다.

거룩한 상상력을 동원해 보자. 모든 인생들은 옷이 벗겨진 채, 실오라기 하나 걸치지 못하고 백 보좌 심판대에 서게 될 것이다. 엄위하고 거룩하신 하나님 앞에서 누구나 행위에 따라 영원한 지옥에 던져지기에 합당한 자로 판결받게 될 것이다. 아무리 착하게 살아도 거룩하신 하나님 앞에서는 '꽝'이기에, 누구도 행위를 따라서는 하나님의 무서운 심판을 피할 수 없다. 우리도 예외는 아닐 것이다. 우리도 백 보좌 심판의 판결에서 자유로울 수 없다. 그런데 결국은 어떻게 되는가? '영원한 불 못이냐 영원한 천국이냐'의 두 갈래 길에서 우리도 심판받아 마땅한 사람들임에도 불구하고 영원한 천국을 향한 길로 들어서게 된다.

요즘 유행하는 오디션 프로에서 간혹 비슷한 광경이 등장한다. 심사위원들이 한 참가자에게 혹평을 쏟아낸다. 두 명의 심사위원이 캐스팅을 하지 않기로 하면 탈락하는데 세 명이 모두 거절한다. 그런데 당연히 탈락한 사람들의 문에서 나와야 할 참가자가 합격자들의 문을 열고 나오는 반전이 펼쳐진다. 그것도 눈물을 흘리면서. 어떻게 된 일인가? 곧이어 시청자들에게 그동안 보여 주지 않았던 장면들이 공개되면서 그 반전의 이유가 밝혀진다. 심사위원 중 한 사람이 자신에게 부여된 패자 부활전 찬스를 탈락 위기에 봉착한 참가자에게 사용한 것이다. 그것으로 실격돼야 마땅한 사람을 살려 낸 것이다.

이와 유사한 장면이 우리가 상상할 수 있는 20장 11-15절의 광경이다. 우리는 모두 탈락의 문을 열고 나와야 할 사람들이지만, 합격의 문을 열고 나오게 되는 것이다. 이는 주님의 피 흘림이 있었기 때문이다. 그분의 보혈의 공로로 우리 이름을 생명책에 올려놓으셨기 때문이다. 그분이 행위를 따라 하나님의 준엄한 검열대에 서야 할 우리 대신 서 주심으로 펼쳐진 반전이다. 거기서 우리를 대신하여 발가벗겨지신 것이다. 주님은 우리의 이름을 가슴에 품고 발가벗겨진 채 그 심판의 검열대를 통과하셨다. 그로 인해 우리에게 의의 옷이 입혀지게 된 것이다. 그것이 바로 십자가 사건이다. 주님은 십자가에서 옷이 벗겨지는 수치 당하심을 통하여 우리에게 의의 옷을 입혀주셨다. 그로 인해 행위록의 저주에서 벗어나 생명록에 이름이 기록된 자로 구원과 영생의 자리로 나아가게 만들어 주신 것이다.

이쯤에서 우리는 요한계시록의 저자가 이처럼 뜸 들이는 방식을 사용하여 생명책의 기능과 역할 그리고 숨겨진 장면을 상상케 하는 방식으로 글을 기록한 전략적인 의도가 무엇인지 분명히 알아야 한다. 요한계시록 5장에서 이미 동일한 기법을 확인했듯, 그 주된 이유는 '강조를 통하여 각인시키려' 하시는 데 있다. 이렇게 뜸을 들이는 방식으로 글을 기록함으로 강조되는 것은 당연히 마지막의 '어린 양의'라는 수식어다. 행위록의 기록에 따라 영원한 심판에 던져져야 마땅한 우리가 백 보좌 행위 심판으로부터 살아남게 되는 반전이 가능한 것은, 어린 양을 통한(어린 양의 사역으로 인한) '어린 양의 생명책' 때문임을 강조하려는 것이다. 또한 그 분의 사역을 통하여 우리가 구원의 반열에 서게 되었음을 우리 속에 각인시키려는 것이다. 한평생 잊지 말아야 할 것이 바로 이것이나. 기독교 복음의 핵심에 어린 양의 공로가 있다는 점은 아무리 강조해도 지나치지 않을 것이다. 그래서 바울은 그리스도의 십자가와 죽으심만을 자랑하게 된 것이다.

지금까지의 설명을 정리하면, 검정과 조합을 이루는 색은 흰색과 빨간색이다. 최후 심판은 반드시 백 보좌 심판이어야 한다. 그래야 누구도 숨길 수 없고 누구도 핑계할 수 없다. 그리고 이 검정색의 심판 이야기는 반드시 빨간색으로 이어져야만 한다. 심판의 자리에서 살아남아야 할 어린 양의 생명책에 기록된 자들의 최종적인 운명이 더 중요하기 때문이다.

맺음말

하나님의 공의로운 백 보좌 심판(흰색)과 예수님의 보혈의 공로(빨간색)로 이루어진 최종 심판의 모습에 대해 살펴보았다. 그렇다면 이제 우리는 어떠한 모습으로 심판의 자리를 준비해야 할까?

첫째, 우리는 주님의 '반전 카드'로 인하여 저주에서 축복으로 옮겨진 생애임을 한시도 잊어서는 안 된다. 우리는 행위에 따라서 심판의 자리에 있어야 마땅한 자들이었으나, 어린 양의 보혈의 공로를 따라서 구원과 영생의 자리로 이동한 자들이다. 주님이 드라마틱한 반전 카드를 제시해 주심으로 그렇게 된 것이다. 아니, 더 정확히 말하면 반전 카드를 사용하셨을 뿐만 아니라 주님이 친히 '극적인 반전 카드'가 되어 주셨다. 이 놀라운 반전의 드라마를 통하여 마땅히 받아야 할 심판의 자리, 즉 '마땅한 심판'에서 합당하게 여겨 주시는 구원의 자리, 즉 '합당한 구원'을 받게 된 것이다.

이 사실을 안다면 다시금 기억(상기)하며 사는 것이 중요하다. 그것을 기억하지 못하거나 이 사실이 엷어지면 우리는 그저 주님의 일방적인 사랑을 말하는 사람으로 살다가 끝나고 만다. 결코 그래서는 안 된다. 우리가 가야 할 자리는 나를 향한 주님의 사랑과 주님을 향한 내 사랑이 만나는 쌍방적 소통을 이루는 자리다. 어느 누구도 시시하고 밋밋한 구원을 받은 사람은 없다. 모두 다 결정적이고 극적인 반전 카드로 새로운 운명, 새로운 세상으로 초대된 인생이다. 그분의 사랑이 결코 일방적인 사랑으로 끝나지 않도록 해야 한다. 우리가 함께 나누는 깊은 관계로 연결되는 상호적 사랑이 되도록 해야 한다.

그런 인생으로 초대된 것을 감격하는 데서 멈춰서는 안 된다. 우리는 늘 자격 없는 자임에도 합격의 문을 열고 나오는 사람들처럼 눈가에 눈물이 고여 있어야 한다. 주님의 십자가만 생각해도 가슴이 뭉클해야 한다. 십자가 소리만 들어도 코끝이 찡해져야 한다.

둘째, 반전 카드가 되신 어린 양의 공로로 최후 심판을 피하게 된다고 해도 '행위의 중요성' 또한 한시도 잊지 말아야 한다. 우리의 죄 된 행실을 덮어주시는 것이 주님의 은혜이다. 그러나 결단코 죄 된 행실을 묵인하시는 것은 아니다. 우리의 죄악 된 행실에는 언제나 주님의 희생의 대가가 지불된다는 점을 잊지 말아야 한다. 공짜는 없다. 구원이 공짜로 우리에게 주어졌다는 뜻이지, 구원이 희생 없이 주어진 것을 의미하는 것은 아니다. 우리에게 공짜 선물이 주어지는 그 뒤안길에는 십자가의 죽음이 있었다. 우리가 구원받은 자답게 살지 못하면 주님을 계속 희생의 대가를 지불하시는 길로 몰아가는 것이다. 주님이 세상 사람들로부터 손가락질 당하시게 된다. '우리 때문에', '교회 때문에' 그분이 여전히 수치의 길을 걸어가실 수밖에 없다. 우리를 위해 그 수치의 길을 마다하지 않으시는(감내하시는) 분이시지만, 그렇다고 해서 그 수치를 즐거워하시는 분은 아니다.

내가 신자다운 행실로 바르게 서지 못할 때마다 주님은 우리 때문에 아프셔야 하고, 십자가의 길을 걸어가셔야 함을 한시도 잊지 말고 의로운 행실을 이루며 살아야 할 것이다.

요한계시록 21:1-8

¹ 또 내가 새 하늘과 새 땅을 보니 처음 하늘과 처음 땅이 없어졌고 바다도 다시 있지 않더라 ² 또 내가 보매 거룩한 성 새 예루살렘이 하나님께로부터 하늘에서 내려오니 그 준비한 것이 신부가 남편을 위하여 단장한 것 같더라 ³ 내가 들으니 보좌에서 큰 음성이 나서 이르되 보라 하나님의 장막이 사람들과 함께 있으매 하나님이 그들과 함께 계시리니 그들은 하나님의 백성이 되고 하나님은 친히 그들과 함께 계셔서 ⁴ 모든 눈물을 그 눈에서 닦아 주시니 다시는 사망이 없고 애통하는 것이나 곡하는 것이나 아픈 것이 다시 있지 아니하리니 처음 것들이 다 지나갔음이러라 ⁵ 보좌에 앉으신 이가 이르시되 보라 내가 만물을 새롭게 하노라 하시고 또 이르시되 이 말은 신실하고 참되니 기록하라 하시고 ⁶ 또 내게 말씀하시되 이루었도다 나는 알파와 오메가요 처음과 마지막이라 내가 생명수 샘물을 목마른 자에게 값없이 주리니 ⁷ 이기는 자는 이것들을 상속으로 받으리라 나는 그의 하나님이 되고 그는 내 아들이 되리라 ⁸ 그러나 두려워하는 자들과 믿지 아니하는 자들과 흉악한 자들과 살인자들과 음행하는 자들과 점술가들과 우상 숭배자들과 거짓말하는 모든 자들은 불과 유황으로 타는 못에 던져지리니 이것이 둘째 사망이라

Αποκάλυψις Ιωάννου

52. 뺄셈으로 살아가는 삶

들어가며

"한 번밖에 없는 인생을 어떻게 살아야 하는가?"

인생에 대해 진지하게 고민해 본 사람이라면 이런 질문을 한 번쯤 해보았을 것이다. 고민을 지나 나름대로 답을 제시하려고 붓을 든 사람들이 한둘이 아니다. 그들은 저마다의 관점으로 인생론을 펼친다. 그에 따라서 수많은 처방이 나왔고, 지금도 계속 되고 있다. 하지만 홍수에는 오히려 마실 물이 없는 법이다. 해법들이 수없이 제시되지만 실제로 답을 찾은 사람들은 많지 않아 보인다. 그렇다면 성경은 이 질문에 무엇이라고 답하는가? 이에 대한 성경의 증언은 무엇일까?

요한계시록 21-22장에서는 대단원의 막이 내려지며 새 하늘과 새 땅과 새로운 도시의 비전이 제시된다. 그중 첫 번째 부분이 바로 21장 1-8절이다. 여기서 말하는 제대로 사는 인생이란 한마디로 '빼기를 통하여 남겨지는 것을 추구하는 삶'이라고 감히 말해 본다. 다시 말하면, 뺄셈을 통해 살아가는 삶이다.

제대로 사는 인생이 되는 길 (1): 뺄셈

세상 사람들은 흔히 덧셈을 통하여 답을 찾으려고 하지만, 성경은 반대로 뺄셈을 통하여 답을 찾아야 한다고 주장한다. 그것은 대체 어떤 삶일까?

> 또 내가 새 하늘과 새 땅을 보니 처음 하늘과 처음 땅이 없어졌고
> 바다도 다시 있지 않더라(계 21:1).

여기서 '뺄셈의 삶'이란 다름 아닌 새 하늘과 새 땅에서 처음 하늘과 처음 땅을 빼는 것이라고 할 수 있다. 그러니까 빼기를 위한 기준점은 '새 하늘과 새 땅'이다. 새 하늘과 새 땅은 죽음 이후에 완성될 곳으로, 처음 하늘과 처음 땅과는 질적으로 다른 곳이다. 새 하늘과 새 땅은 처음 하늘과 처음 땅을 지배하고 있던 죄와 사망의 세력이 더 이상 영향력을 발휘하지 못하는 곳이다. 죄와 사망의 세력이 심판을 통하여 결코 존재하지 못하는 곳이다. 처음 하늘과 처음 땅은 하나님의 복과 임재가 있는 곳이기는 하지만, 동시에 여전히 타락과 하나님의 부재가 있는 곳이기도 하다. 공존의 땅인 셈이다.

"바다도 다시 있지 않더라"라는 말씀이 바로 그런 뜻이다. 바다가 다시는 존재하지 않는다는 것은 처음 하늘과 처음 땅에는 바다가 있음을 전제한다. 우리가 사는 세상에는 바다가 있다. 그렇다면 여기서 말하는

바다는 동해, 서해와 같은 그런 바다를 말하는 것인가? 새 하늘과 새 땅에서는 바다 구경을 못한다는 뜻일까? 그럴 수도 있지만, 일차적으로 바다가 다시 있지 않다는 말씀은 상징적인 의미로 이해해야 한다.

고대 근동 사람들에게 바다는 우리가 생각하는 것처럼 낭만적인 곳이거나 기분을 전환시켜주는 장소가 아니었다. 오히려 악한 세력들이 사는 곳이라고 여겼기에, 바다는 괴물이 출몰하는 곳이었다. 그래서 유명한 강해 설교자인 찰스 스윈돌(Charles R. Swindoll)은 요한계시록의 바다는 "옛 세상의 특징적인 원리인 무질서와 사나움이나 불안정을 상징하기도 한다"라고 했다. 그러므로 '바다가 다시 없다'라는 것은 악의 근원이 제거되었다는 뜻을 내포한다. 이렇게 볼 때 새 하늘과 새 땅은 처음 하늘과 처음 땅, 그리고 그곳에 있는 바다가 사라진 곳이자, 우리의 죽음 이후에 최종적으로 완성될 곳을 말한다.

이제 뺄셈의 인생을 산다는 것이 무엇인지가 서서히 드러난다. 새 하늘과 새 땅에서 처음 하늘과 처음 땅을 뺀다는 것은 새 하늘과 새 땅을 기준으로 삼아, 처음 하늘과 처음 땅의 기준들을 평가하여 걸러낸다는 의미다. 이러한 빼기의 작업을 통하여 남겨진 것들만 새 하늘과 새 땅에 들어갈 수 있다.

여기에는 한 가지 전제가 있다. 처음 하늘과 처음 땅의 것들이 모두 살아남을 수는 없다는 것이다. 그러니까 새 하늘과 새 땅에는 우리가 처음 하늘과 처음 땅에서 붙잡고 있던 것들이 다 들어갈 수는 없다. 귀국할 때 세관에서 반입 금지 물건은 압수당한다. 압수품의 종류에 따라서 심한 경우에는 추방당하기도 하고, 즉시 체포될 수도 있다. 그렇게 세관을 무사히 통과한 것만이 들어간다. 이와 같이 새 하늘과 새 땅의 기준이 선명하기에, 처음 하늘과 처음 땅에 속하는 것이 다 들어갈 수가 없다. 빼기를 통해서 남은 것만 통과된다.

처음 하늘과 처음 땅이 없어졌다는 것이 '완전 소멸'을 말하는 것인가, 아니면 질적으로 '새로운 갱신'을 의미하는 것인가? 완전 소멸은 이 땅에서 추구하는 것은 아무것도 못 들어간다는 의미다. 이와는 달리 질적인 차원에서 갱신이라면 부분적인 수용이 가능해진다. 전자가 처음 창조와 새 창조 사이의 불연속성을 강조한다면, 후자는 그 둘 사이의 연속성을 강조한다. 필자는 첫 창조에 속하는 모든 것이 다 폐기 처분되는 것이 아니라 새롭게 갱신된다는 것을 지지한다.

빼기를 통해 살아남는 것이 있다는 것을 확신하는 이유와 근거는 하나님의 나라가 이미 예수님의 오심과 구속 사역을 통하여 처음 하늘과 처음 땅에 임했기 때문이다. 우리가 사는 이곳은 하나님 나라가 아니고, 오로지 새 하늘과 새 땅만이 하나님의 나라라고 생각하는 것은 전통적인 편협한 천국관이다. 새 하늘과 새 땅은 온전히 완성될 것이지만, 예수님을 통하여 이미 처음 하늘과 처음 땅에 들어와 있다. 이렇게 들어와 있는 것을 '이미(already)'의 국면이라고 한다. 동시에 그것이 완성될 날을 바라보면 '아직(not yet)'의 국면이 기다리게 되는 것이다.

조금 다른 각도에서 말한다면, 뺄셈으로 사는 삶이란 앞을 보며 사는 삶이 아니라 뒤를 보며 사는 삶을 의미한다. 앞을 보며 사는 삶은 우리가 가지고 있는 것으로부터 무엇인가를 계획하고 소망하며 하루가 다음 날로 이어지고, 한 주가 한 달로, 한 달이 한 해로 이어지는 과정을 살아가는 것이다. 그러다가 우리가 계획하고 소망하는 것들이 뜻대로 되지 않거나 가는 길에 먹구름이 끼어 있으면 좌절하고 절망하게 된다.

이것이 일반적으로 앞을 보며 사는 사람들의 모습이다. 이런 삶이 잘못된 것이라고 말하려는 게 아니라 이런 삶의 한계를 지적하려는 것이다. 앞만 보며 가다 보면 뺄셈의 삶을 향해 나아가기가 힘들다. 앞으로 나아가면서 우리는 뭔가를 더 가져야 하고 더 누려야 하고, 더 많이 소유해야만 한다. 계속 진보하고 발전해야만 한다. 지금 가진 것과 소원하는 것을 더 확대해가야 한다. 그리고 그 무한대의 확대 자리가 바로 천국이 되는 셈이다. 이러한 삶의 문제는 우리가 추구하는 것들이 모두 새 하늘과 새 땅의 검열대를 통과할 수는 없다는 데 있다. 대부분의 것들을 버려야 한다. 노심초사하며 구축해 놓은 것들 가운데 상당수의 것들이 휴지 조각이 되어 버리고 만다. 이런 면에서 앞을 보며 사는 것에는 위험이 도사리고 있다.

이러한 문제를 넘어서기 위해서는 앞을 보며 사는 것 이전에 반드시 뒤를 보며 사는 법부터 터득해야 한다. 뒤를 보며 살면 한 가지 확실한 사실을 받아들이게 된다. 우리는 반드시 죽는다는 것, 죽음 이후에 백 보좌 심판을 지나 새 하늘과 새 땅에 들어가게 된다는 것이다. 대부분의 것들이 백 보좌 심판대에서 반입 금지의 표시인 빨간 불이 켜질 것이다. 반입 가능이라는 파란불이 켜질 수 있는 것들이 그리 많지 않을지 모른다. 이러한 사실을 분명하게 받아들이고 영원의 관점에 서서 뒤를 돌아보는 것을 통하여 새 하늘과 새 땅에 연결될 수 있는 것에만 선택, 집중하며 살아가는 것이다.

선택하고 집중해 산다는 것은 포기를 동반한다. 이렇게 생각해 보자. 무엇을 선택한다는 것은 더 가치 있는 것에 올인(all in) 하는 것이다. 덜 가치 있게 여겨지는 것에 대하여 포기를 선언하고, 마음을 쓰지 않는 것이다. 새 하늘과 새 땅으로 연결될 수 있는 것에 대해서만 근심하는 것이다. 그런데 우리는 이렇게 살지 못하고 있다.

우리가 성경을 통하여 분명히 알게 된 것이 있다. 그것은 바로 확정된 미래, 죽음의 관문을 지나서 새 하늘과 새 땅이 우리의 최종적인 결국이 될 것이라는 점이다. 죽음으로 패하는 것이 아니라 새 하늘과 새 땅으로 들어가게 될 것이다. 그 확정된 미래로부터 현재를 되돌아보며 살아야 한다.

새 하늘과 새 땅이 기준이 될 수 있는 이유는 그것을 이루시는 분이 보증하고 계시기 때문이다. 만물을 새롭게 하시는 것으로 새 하늘과 새 땅을 완성하시는 분이 참되고 신실하시다(계 21:5-6). 그분이 보증하시는 나라이기에 우리는 오늘도 그분의 나라에 우선순위를 두며 살아가게 된다.

그렇다면 마침내 사라질 것들을 마련하지 못한 것으로 염려하지 말아야 한다. 새 하늘과 새 땅에 남을 수 있는 것을 마련하는 일에만 집중하사. 궁극적으로 사라질 것들에 대한 염려에 묶여 사느라 정작 새 하늘과 새 땅에서 남아 있게 될 것을 놓치는 것으로 가슴을 치는 우리가 되지 말자.

제대로 사는 인생이 되는 길 (2): 미래 도시, 새 예루살렘인

제대로 사는 인생이 되기 위해 새 하늘과 새 땅에서 처음 하늘과 처음 땅을 빼는 뺄셈의 삶만이 중요한 것이 아니다. 요한계시록 21장에는 새로운 도시가 나온다. 이 도시는 미래 도시로, 바로 새 예루살렘이다.

새 예루살렘은 여인으로 의인화되는데, 그 여인은 다름 아닌 교회다. 정리해서 말하면, 새 하늘과 새 땅은 천국이고, 미래 도시인 새 예루살렘은 교회다. 제대로 사는 삶은 빼기만 하는 것이 아니라 빼기를 통해 남겨진 것에 전력을 다하는 것이다. 그 남겨진 것이 바로 새 예루살렘인 교회다. 남겨질 것을 향하여 전심을 다하여 나아가라고 주신 기관이 교회다.

우리는 무엇을 위하여 살아야 하는가? 어디에 우선순위를 두어야 하는가? 두말할 것도 없이 교회다. 새 하늘과 새 땅에서 성전은 다시 볼 수 없지만(22절), 교회로 지어진 것은 남게 된다. 새 예루살렘이 드러나는 이유가 바로 여기에 있다.

> 내가 들으니 보좌에서 큰 음성이 나서 이르되 보라 하나님의 장막이 사람들과 함께 있으매 하나님이 그들과 함께 계시리니 그들은 하나님의 백성이 되고 하나님은 친히 그들과 함께 계셔서 모든 눈물을 그 눈에서 닦아 주시니 다시는 사망이 없고 애통하는 것이나 곡하는 것이나 아픈 것이 다시 있지 아니하리니 처음 것들이 다 지나갔음이러라(계 21:3-4).

주님은 교회(성도들)와 함께 영원토록 임마누엘로 거하시는 분이다. 교회 공동체를 위하여 영원토록 동행하시기에 더 이상 그의 백성에게는 눈물도, 사망도, 애통도, 곡하는 것과 아픈 것도 없을 것이다. 교회(성도들)는 끝없는 생명수를 마시게 될 것이다. 이렇게 마지막에 남는 것은 그분의 신부인 교회다. 교회를 방해하는 세력들은 다 제거하시고 영광스러운 신부로 교회를 완성하신다.

이것이 사실이라면 우리가 무엇보다도 신경 써야 할 것은 교회의 사역이라고 해도 무방할 것이다. 궁극적으로 남겨지는 것들의 핵심에는 교회가 있다. 우리가 주님의 존귀한 성도로 빚어져가면서 행한 사역들만이 검열대를 지나 새 하늘과 새 땅에 가지고 갈 수 있는 것들이다.

정말 교회만 남는가? 이미 언급한 것처럼 요한계시록 21장 22절에서는 성전을 볼 수 없다. 교회만 남고 성전은 사라진다는 것을 어떻게 이해해야 하는가? 이는 교회를 통해 행한 모든 일이 새 하늘과 새 땅에 들어오는 것이 아님을 뜻한다. 모든 교회의 사역이 다 하나님 나라의 일부가 되는 것이 아니다. 하나님 나라에 성전이 보이지 않는 이유는 지상에서처럼 더 이상 성전만 거룩한 곳이 아니기 때문이다. 모든 곳이 거룩한 그곳에는 더 이상 성전이 존재할 필요가 없다.

여기서 중요한 것이 바로 교회에 붙어 있는 '거룩한'이라는 수식어다. 새 하늘과 새 땅에는 '거룩한 사역'만이 남는다. 거룩하다는 것은 무엇인가? 관계적인 것이다. 하나님에게 소속된 것으로 거룩하게 된다. 즉 거룩하신 주님의 편에서 주님과 함께(with) 사역한 것만 남는다. 교회라는 이름으로 내 욕망을 채우고, 교회를 통하여 내 이익만을 챙기고, 교회 안에서 대접받고자 행한 일들은 결코 하나님 나라 안으로 들어갈 수 없다. 그것들은 남겨질 것이 아니라 버려질 것들이다. 이처럼 뚜렷하게 남는 것은 거룩한 사역이다. 거룩하지 못한 것은 사라진다.

이러한 사실이 주는 교훈은 분명하다. 우리는 오늘-이곳에서 새로운 미래 도시인 새 예루살렘 사람으로 살아가야 한다. 바벨론의 가치가 횡횡하는 오늘 – 이곳에서 거룩한 신부로 살아가는 것이 우리의 존재 이유이자 삶의 방향이 되어야 한다. 그렇게 사는 것이 잘 사는 길이다.

제대로 사는 인생이 되는 길 (3): 덧셈

우리가 빼기를 해야 하는 이유는 패배가 미덕이기 때문이 아니다. 빼기에 대하여 오해하면 안 된다. 언젠가 한 인터넷에서 어느 문인의 기사를 보았다. 그는 젊은이들은 꿈을 꾸는 것이지만 노년에 이른 사람들은 이제 덧셈이 아니라 뺄셈을 해야 한다고 주장했다. 젊을 때는 덧셈을 하고, 노년에는 뺄셈으로 살다가 떠나자는 것이다. 무슨 의도로 한 말인지는 알겠지만, 나는 결코 동의할 수 없다. 젊은이들만이 아니라 늙은이도 꿈을 꿔야 한다. 꿈은 젊은이들의 전유물이 아니다.

> 하나님이 말씀하시기를 말세에 내가 내 영을 모든 육체에 부어 주리니 너희의 자녀들은 예언할 것이요 너희의 젊은이들은 환상을 보고 너희의 늙은이들은 꿈을 꾸리라(행 2:17).

젊은이만 환상(꿈)을 보는 것이 아니다. 늙은이가 되었다는 이유만으로 꿈을 버린다면 무기력한 체념의 삶으로 전락하게 될 것이다. 기독교는 패배를 조장하는 종교가 아니다. 값싼 승리주의는 기독교가 아니다. 물론 그렇다고 감상적인 패배주의도 우리가 나아가야 할 길은 아니다. 오히려 기독교인은 이상적 현실주의자가 되어야 한다. 한마디로 이상을 품되 현실을 살아야 한다. '이상적'이라는 수식어가 없으면 현실주의만 남는다. 그것은 세속적이다. 또한 '이상적'이라는 수식어만 있으면 그것은 도피적인 인생이 되고 만다. 오늘이라는 현실을 살아가지 못한다. 그러기에 우리는 빼기의 목적을 분명히 할 필요가 있다. 빼기의 목적을 두 가지로 설명해 보자.

첫 번째 빼기의 참된 목적은, 그래야만 역설적인 풍요를 경험할 것이기 때문이다. 우리가 사는 곳은 광야다. 광야는 참으로 힘겨운 투쟁의 장소다. 고달픈 일상이 주어지는 곳이다. 그러나 광야는 영원하지 않기에 아무리 힘들어도 분투함으로 이기는 자가 되어야 한다. 주님은 교회가 이기는 자의 대접을 받고 그 반열에 서게 될 것을 말씀하신다. 이기는 자는 위대한 영적 유산의 상속자가 된다. 이기는 자에게 하나님은 하나님이 되신다. 반대로 이기는 자의 반열에 서지 못한 자들은 영원한 불 못에 던져지고 만다(계 21:8).

이미 언급한 것처럼 우리는 새 예루살렘으로 지칭되는 그 미래 도시인으로, 이기는 자로서 오늘을 살아가야 한다. 그 미래 도시의 정신으로, 그 가치로 오늘 – 여기에서 살아가야 한다. 미래가 현실이 되게 해야 한다. 빼기의 작업을 힘껏 해야 하는 이유는 소극적이고 패배적인 삶에 대한 요구가 아니라 오히려 최종적으로 상속받게 될 것을 현재적으로 맛보기 위함이다. 빼기는 역설을 맛보게 되는 자리를 마련하는 작업이다. 빼기를 통하여 이미 임한 하나님 나라의 가치를 누리며 살게 된다. 도무지 누릴 수 없는 광야 같은 현실에서 그 가치를 누리게 된다. 빼기를 할 때 역설적인 행복이 찾아온다. 비움을 위한 빼기가 채움을 가능하게 만든다.

두 번째 빼기의 참된 목적은 더하기의 삶이 이루어지게 하려는 데 있다. 첫 번째 논의에 대한 여장선상에서 진정한 덧셈의 삶(이기는 자)이 펼쳐지게 하려는 것이다. 그것은 세속적인 욕망의 덧셈이 아니라 신앙적인 누림의 덧셈이다. 덧셈의 성숙이 있어야 한다. 뺄셈을 통하여 더해지는 은혜로 살아가는 길이 열리게 된다. 우리는 결코 욕망 플러스의 인생을 사는 자들이 아니다. 성숙 플러스 인생이 되는 것이 목표다. 편안 플러스 인생이 아니라 평안 플러스 인생이 되는 것이 목표이다. 이제 우리는 덧셈의 야망을 버리고 뺄셈으로 인해 더해지는 삶을 살아가야 한다.

맺음말

새 하늘과 새 땅이 마치 박람회장처럼 존재해서는 안 된다. 그것을 박람회장처럼 여기는 한, 스카이 제서니(Skye Jethani)의 지적처럼 "사람들은 미래를 만들기보다는 미래를 방문하는 일에 만족할 것"이기 때문이다. 미래를 방문하는 것에 만족하는 것이 아니라 미래를 오늘 건축해가기 위해 우리는 어떻게 살아야 하는가? 뺄기의 삶으로 살아가야 한다. 그저 앞을 향하여 나아가기 전에 죽음(미래)을 염두에 두고 거기서부터 뒤(현재)를 되돌아보아야 한다. 새 예루살렘으로 명명되는 새로운 도시의 시각으로 오늘을 되돌아보아야 할 것이다. 그때 우리는 사소한 일과 이권 앞에서 아옹다옹하지 않게 된다. 그때 비로소 현실을 상대화시키며 살게 된다.

이렇게 뺄셈을 동하여 영원한 것을 응시하며 살아가는 삶이야말로 성경이 강조하는 참된 인생론이라고 할 수 있다.

요한계시록 21:9-27

9 일곱 대접을 가지고 마지막 일곱 재앙을 담은 일곱 천사 중 하나가 나아와서 내게 말하여 이르되 이리 오라 내가 신부 곧 어린 양의 아내를 네게 보이리라 하고 10 성령으로 나를 데리고 크고 높은 산으로 올라가 하나님께로부터 하늘에서 내려오는 거룩한 성 예루살렘을 보이니 11 하나님의 영광이 있어 그 성의 빛이 지극히 귀한 보석 같고 벽옥과 수정 같이 맑더라 12 크고 높은 성곽이 있고 열두 문이 있는데 문에 열두 천사가 있고 그 문들 위에 이름을 썼으니 이스라엘 자손 열두 지파의 이름들이라 13 동쪽에 세 문, 북쪽에 세 문, 남쪽에 세 문, 서쪽에 세 문이니 14 그 성의 성곽에는 열두 기초석이 있고 그 위에는 어린 양의 열두 사도의 열두 이름이 있더라 15 내게 말하는 자가 그 성과 그 문들과 성곽을 측량하려고 금 갈대 자를 가졌더라 16 그 성은 네모가 반듯하여 길이와 너비가 같은지라 그 갈대 자로 그 성을 측량하니 만 이천 스다디온이요 길이와 너비와 높이가 같더라 17 그 성곽을 측량하매 백사십사 규빗이니 사람의 측량 곧 천사의 측량이라 18 그 성곽은 벽옥으로 쌓였고 그 성은 정금인데 맑은 유리 같더라 19 그 성의 성곽의 기초석은 각색 보석으로 꾸몄는데 첫째 기초석은 벽옥이요 둘째는 남보석이요 셋째는 옥수요 넷째는 녹보석이요 20 다섯째는 홍마노요 여섯째는 홍보석이요 일곱째는 황옥이요 여덟째는 녹옥이요 아홉째는 담황옥이요 열째는 비취옥이요 열한째는 청옥이요 열두째는 자수정이라 21 그 열두 문은 열두 진주니 각 문마다 한 개의 진주로 되어 있고 성의 길은 맑은 유리 같은 정금이더라 22 성 안에서 내가 성전을 보지 못하였으니 이는 주 하나님 곧 전능하신 이와 및 어린 양이 그 성전이심이라 23 그 성은 해나 달의 비침이 쓸 데 없으니 이는 하나님의 영광이 비치고 어린 양이 그 등불이 되심이라 24 만국이 그 빛 가운데로 다니고 땅의 왕들이 자기 영광을 가지고 그리로 들어가리라 25 낮에 성문들을 도무지 닫지 아니하리니 거기에는 밤이 없음이라 26 사람들이 만국의 영광과 존귀를 가지고 그리로 들어가겠고 27 무엇이든지 속된 것이나 가증한 일 또는 거짓말하는 자는 결코 그리로 들어가지 못하되 오직 어린 양의 생명책에 기록된 자들만 들어가리라

Αποκάλυψις Ιωάννου

53. 하나님 나라 이미지 바꾸기

들어가며

신앙 방향을 새롭게 설정하기 위해 필요한 것 중 하나가 '이미지 바꾸기'다. 그동안 우리 삶의 방향이 어떤 이미지에 끌렸을 가능성이 높다. 문제는 우리를 붙잡고 있던 그 이미지가 성경적인 가치를 제대로 반영하는가 하는 점이다. 여기서 우리가 진단하려는 이미지는 새 하늘과 새 땅, 즉 하나님 나라에 대한 것이다. 과연 내 하나님 나라 이미지는 성경적으로 건강한가?

왜곡된 하나님 나라 이미지

황금집 이야기

그동안 한국 교회에서 익숙하게 가르쳐온 하나님 나라 이미지는 황금집 이야기, 즉 황금이 지천에 깔려 있는 곳이다. 이 가르침에는 긍정적인 공헌도 있다. 성도들이 천국을 바라보며 살게 했다. 세상살이에서 겪는 물질로 인한 아픔과 상실감을 마지막 날에는 보상해 주신다는 차원의 위로도 있었다.

그러나 하나님 나라를 이렇게 이미지화할 때의 결정적인 문제점은 하나님 나라를 세상 나라(바벨론)의 시간적 – 공간적 연장으로 전락시키고 말았다는 데 있다. 과연 하나님 나라가 물질적 가치관으로 제시되어야 하는 나라인가? 천국이 고작 우리가 세상에서 염원했던 물질에 대한 한을 푸는 나라일까? 만약 그렇다면 하나님 나라는 세상에서 사람들이 소유하고 싶은 것들을 무제한으로 공급해 주어 욕망이 극대화된 나라, 그 이상도 그 이하도 아닌 것이 되고 만다.

개털 모자 이야기

하나님 나라의 이미지가 황금집으로 형상된 욕망의 나라로 둔갑되면 급기야 어디로 이끄는가? 그 답은 어릴 때 들었던 개털 모자 이야기에서 발견할 수 있다. 힘들어도 이 세상에서 교회를 잘 섬긴 사람은 하나님 나라에서 제일 좋은 오성급 호텔 같은 곳에서 영광의 면류관을 쓰고 살게 되지만, 세상에서 믿음 생활을 제대로 하지 않는 이들은 천국에서 후미지고 허름한 집에서 개털 모자를 쓰고 산다는 주장이다. 그것이 바로 우리가 그동안 배워온 '상급론'의 골자다. 이는 하나님 나라를 이 세상처럼 서열에 따라 움직이는 '차별의 나라'로 만들었다. 세상에서도 소유의 정도에 따라 비교 당하며 사는 것도 서러운데 하나님 나라에서도 차별 대우를 받으며 살아야 한다는 말인가? 그런 나라가 진정 성경이 말하고 있는 하나님의 나라인가?

성경적 이미지 전환을 위한 대전제

이제 이러한 왜곡을 바로잡는 성경적 이미지를 새롭게 제안한다. 이를 위해 먼저 성경적 이미지 전환의 대전제를 제시한다. 요한계시록 21장 9-27절에서 제시하는 하나님 나라의 핵심은 새 예루살렘이다. 이는 17-18장에 나오는 바벨론과 대칭 구조를 통해 대조된다. 그렇다면 새 예루살렘은 바벨론을 넘어서는 대항 현실(실재)로 제시되고 있는 셈이다. 요한계시록 21-22장에서는 하나님 나라를 '새 하늘과 새 땅'이라고 지칭한다. 그런데 잘 들여다보면 새 하늘과 새 땅의 전모를 밝히는 것이 목적이 아님을 알게 된다. 오히려 그 초점은 '새 예루살렘'에 맞춰져 있다. 9절에 나타난 것처럼 새 예루살렘은 예수님의 신부에 대한 상징적인 표현이다. 예수님의 신부가 누구인가? 바로 신앙 공동체인 교회다. 물론 새 예루살렘을 하나님 나라의 또 다른 장면으로 설명하는 것도 가능하겠지만, 엄밀히 따지자면 하나님 나라 가운데 있는 교회를 말하는 것이 더 자연스러운 해석이다.

이전에 언급했듯이, 여인으로 의인화된 어린 양의 신부인 교회는 의인화된 또 다른 여인인 바벨론과 뚜렷한 대조를 보인다. 17장에서는 바벨론이 짐승(적그리스도)을 타고 있다. 한마디로 짐승의 신부인 셈이다. 짐승의 신부인 바벨론은 '큰 음녀', 즉 거대한 욕망의 세력이다. 그런데 큰 음녀는 짐승에 의해 불태워지고 철저하게 무너진다. 그로 인해 18장에서는 바벨론의 멸망으로 인한 애가가 울려 퍼진다. 그러한 바벨론과 대척점에 서 있는 새 예루살렘은 '거룩한 성'이다. 바벨론의 가치를 넘어서는 하나님의 대안이 되는 사람들의 공동체가 바로 새 예루살렘이다.

그렇다면 천국 혹은 하나님 나라의 핵심은 바벨론이 다시 부활하여 만들어진 '새 바벨론'이 결코 아니다. 철저하게 무너진 바벨론의 가치 위에 세워진 새 예루살렘이다. 그곳은 바벨론의 가치를 철저하게 저항하며 살아온 사람들이 완성되는 곳이다. 이를 '대항 현실' 혹은 '대항 실재'라고 명명할 수 있을 것이다. 이러한 대항문화 공동체(counter-cultural community)로 승리한 세력이 새 예루살렘이다. 하나님 나라에서는 세상 나라의 가치가 심판을 받는다. 그러기에 8절에서는 두려워 떠는 자들과 우상 숭배자는 거기에 들어갈 수 없다고 했다.

> 그러나 두려워하는 자들과 믿지 아니하는 자들과 흉악한 자들과 살인자들과 음행하는 자들과 점술가들과 우상 숭배자들과 거짓말 하는 모든 자들은 불과 유황으로 타는 못에 던져지리니 이것이 둘째 사망이라(계 21:8).

중요하기에 다시 강조하자면, 천국의 핵심은 새 바벨론의 부활이 아니라 바벨론을 철저하게 대치하는 새 예루살렘의 완성이다. 물질주의가 극대화되는 곳은 새 바벨론이지 새 예루살렘이 아니다. 서로를 비교하고 그것으로 차별하는 곳이라면 그곳은 바벨론의 연장이지 어린 양의 신부들이 온전해지는 곳이 아니다.

이제 이러한 대전제 위에서 하나님 나라의 새로운 이미지를 하나씩 제시해 보겠다.

새로운 하나님 나라의 이미지 구축을 위한 제안

첫째, 물질이 아니라 사람에 주목하라

새 예루살렘을 온갖 보석이 가득한 곳으로 설명하여 그곳을 우리가 염원하는 맘몬의 가치가 극대화된 나라로 보는 것은 지극히 1차원적인 해석이다. 하나님 나라가 금과 보석으로 되어 있다는 것은 하나의 상징이다. 만일 금과 보석이 지천에 깔려 있다면, 그것은 그 자체로 이미 가치를 잃은 것이다. 그것은 금이 아니라 흔한 돌처럼 여겨지고 만다. 희소성이 있기에 보석이 가치가 있는 것이다.

우리는 하나님 나라를 인간적인 욕망의 나라로 둔갑시키면 안 된다. 하나님의 나라는 물질주의가 극대화된 곳이거나 자본주의 정신의 절정을 이루는 나라가 아니다. 그보다는 하나님의 나라를 금으로 묘사하여 하나님의 백성이 얼마나 존귀한 존재로 대접받게 되는지를 말하는 것이다. 바벨론에서는 사람들이 보석을 소유하는 것에 혈안이 되었지만 그들 자체로 보석이 될 수는 없었다. 그래서 보석을 소유한 짐승(혹은 짐승처럼)으로 살아가게 하는 곳이 바벨론이다. 그러나 하나님의 나라에서는 주를 믿는 사녀들이 보석이 된다. 보석을 소유해서가 아니라 우리를 보석으로 여겨 주시는 주님으로 인하여 온전한 보석이 되는 것이다. 그래서 금으로 장식된 새 예루살렘은 우리를 향하여 다음과 같이 권면의 말씀을 준다. "너는 보석으로 완성될 존재임을 잊지 말고 살아라."

이것이 사실이라면 우리는 우리의 지위고하를 막론하고 주님 안에서 존귀한 보석임을 잊지 말아야 한다. 이 땅을 사는 동안에는 보석이 아니었다가 마지막 날에야 비로소 보석이 되는 것이 아니다. 주님을 만나는 순간 보석이 되는 것이고, 그것의 최종 완성이 새 예루살렘인 것이다. 설사 우리가 세상을 사는 동안에 누더기처럼 남루한 옷을 입고 있어도 우리는 보석이다. 하나님께서 독생자를 죽게 하는 희생을 치르시면서까지 구원하신 존재이기에 값을 환산할 수 없는 존귀한 보석이다. 주님은 우리가 사랑할만한 존재라서 사랑하시는 것이 아니라 사랑할만한 존재가 되게 하시려고 사랑해 주신 것이다.

둘째, 공적주의가 아니라 빛의 치유에 주목하라

'개털모자 이야기'에서처럼 하나님 나라를 공적주의로 이미지화하면, 그 나라는 세상의 연장선상에 있게 된다. 극도로 차별하는 나라가 되는 것이다. 그러므로 세속적인 공적주의가 새롭게 바뀌어야 한다. 공적주의에서 빛으로 인한 치유로 나아가야 한다. 그때 공적주의로 인한 차별을 넘어서게 된다.

새 예루살렘은 금으로 되어 있다고 했다. 금으로 되어 있다는 것은 다른 말로 하면 빛을 가지고 있다는 뜻과도 통한다. 새찬송가 502장을 빌어 말하자면 새 예루살렘은 바로 '빛의 사자들'이다. 이처럼 새 예루살렘은 한마디로 빛나는 곳이다. 중요한 것은 새 예루살렘은 결코 자생적인 빛으로 빛나지 않는다는 점이다. 새 예루살렘은 반사체다. 무엇을 반사하고 있는가? 답은 11절에 나오는데, 그것은 바로 하나님의 영광이다.

> 하나님의 영광이 있어 그 성의 빛이 지극히 귀한 보석 같고 벽옥과
> 수정 같이 맑더라(계 21:11).

이어지는 구절에서도 하나님의 영광의 광채가 얼마나 대단한지를 말해 준다.

> 성 안에서 내가 성전을 보지 못하였으니 이는 주 하나님 곧 전능하
> 신 이와 및 어린 양이 그 성전이심이라 그 성은 해나 달의 비침이
> 쓸데없으니 이는 하나님의 영광이 비치고 어린 양이 그 등불이 되
> 심이라(계 21:22-23).

이처럼 하나님의 나라에는 성전이 필요 없을 정도다. 모든 곳이 하나님의 영광의 빛으로 충만해져 있기에 더 이상 성전이 구별될 필요가 없기 때문이다. 특히 23절이 압권이다. "그 성은 해나 달의 비침이 쓸데없으니 이는 하나님의 영광이 비치고 어린 양이 그 등불이 되심이라." 이제 그 빛으로 인하여 만국이 빛으로 다니며, 땅의 왕들이 자기의 영광을 가지고 거기에 들어가게 된다.

> 만국이 그 빛 가운데로 다니고 땅의 왕들이 자기 영광을 가지고 그
> 리로 들어가리라(계 21:24).

'만국'은 예수 믿는 사들의 보편성에 대하여 말한다. '땅의 왕들'은 앞서 요한계시록 안에서는 부정적으로 쓰였으나 여기서는 세상을 힘 있게 통치하는 권력의 정점에 있는 사람들을 말한다고 보아야 한다. 땅의 왕들은 지상에서 가장 영광스러운 왕관을 쓴 자들이다. 그들은 자기 영광을 가지고 새 예루살렘에 들어간다. 그리고 거기서 자기 영광이 얼마

나 초라한 것인지를 알게 될 것이다. 하나님의 영광의 광채 앞에 압도 당할 것이기 때문이다. 세상의 온갖 왕의 영광을 다 모아도 하나님의 영광에는 족히 비교될 수 없다. 세상 왕의 영광이란 마치 정오의 태양 아래 켜놓은 촛불 정도에 불과하다.

이처럼 그 영광의 광채가 모든 사람을 비추기에 새 예루살렘인 어린 양의 신부된 자들은 그 영광의 빛을 반사하게 된다. 그리고 그 빛으로 서로를 치유한다. 그럴 수 있는 이유는 찬란한 영광의 빛으로 우리 안에 있는 어둠이 물러가기 때문이다. 빛으로 가득하기에 먼저 개인의 내면적인 치유가 이루어지게 된다. 더 나아가서 그 치유로 인하여 서로를 치유한다. 그리하여 바벨론은 '치부의 세력'이지만, 새 예루살렘은 '치유의 공동체'로 완성되는 것이다.

이러한 설명에 근거하여 우리는 상급론을 제대로 이해해야 한다. 상급론이 자칫 공적주의(내지는 공로주의)로 흐를 수 있지만, 그렇다고 해도 상급이 없어야 하는 것은 아니다. 순교하신 주기철 목사님은 적당히 신앙생활을 히다가 천국에 간 사람들보다 더 큰 상급을 받으실 것이다. 차등이 있는 게 맞다. 그렇지만 차별로 나아가지는 않는다. 차이가 있으나 차별은 없다. 그것이 어떻게 가능할까? 새 예루살렘이 더 이상 어둠이 아니라 빛으로 가득하기 때문이다. 빛으로 치유되고, 빛으로 서로를 고치는 사람들이기 때문에 차이(혹은 차등)가 있어도 차별은 없어진다. 서로의 차이가 소외와 분열을 만들지 않는다는 것이다. 오히려 차이가 찬양의 근거가 되는 나라가 하나님의 나라다.

맺음말

결론을 대신하여 하나님 나라의 이미지에 근거한 신앙적 방향을 두 가지로 제시해 보려고 한다. 하나는 보석의 정체성을 굳게 붙잡고 살아가는 것이다. 하나님이 보석으로 여겨주시는 것에 감격하며, 우리 안에 있는 열등감, 상처, 트라우마로부터 자유해야 할 것이다. 또 하나는 빛의 사자로 사는 것이다. 어둠을 폭로하는 빛의 사자로, 더 나아가 빛으로 어둠을 고치고 회복시키는 빛의 사자로 살아가야 할 것이다.

> 보라 내가 오늘 너를 여러 나라와 여러 왕국 위에 세워 네가 그것
> 들을 뽑고 파괴하며 파멸하고 넘어뜨리며 건설하고 심게 하였느니
> 라 하시니라(렘 1:10).

요한계시록 22:1-5

1 또 그가 수정 같이 맑은 생명수의 강을 내게 보이니 하나님과 및 어린 양의 보좌로부터 나와서 2 길 가운데로 흐르더라 강 좌우에 생명나무가 있어 열두 가지 열매를 맺되 달마다 그 열매를 맺고 그 나무 잎사귀들은 만국을 치료하기 위하여 있더라 3 다시 저주가 없으며 하나님과 그 어린 양의 보좌가 그 가운데에 있으리니 그의 종들이 그를 섬기며 4 그의 얼굴을 볼 터이요 그의 이름도 그들의 이마에 있으리라 5 다시 밤이 없겠고 등불과 햇빛이 쓸 데 없으니 이는 주 하나님이 그들에게 비치심이라 그들이 세세토록 왕 노릇 하리로다

Αποκάλυψις Ιωάννου

54. 정원(garden)으로의 초대

들어가며

오래전 가수 최진희 노래 중에 〈사랑의 미로〉라는 곡이 있다. 후렴구에 "끝도 시작도 없는 아득한 사랑의 미로여!"라는 가사가 계속 반복된다.

그토록 다짐을 하건만 사랑은 알 수 없어요

사랑으로 눈먼 가슴은 진실 하나에 울지요

그대 작은 가슴에 심어 준 사랑이여

상처를 주지 마오 영원히

끝도 시작도 없이 아득한 사랑의 미로여

흐르는 눈물은 없어도 가슴은 젖어 버리고

두려움에 떨리는 것은 사랑의 기쁨인가요

그대 작은 가슴에 심어 준 사랑이여

상처를 주지 마오 영원히

끝도 시작도 없이 아득한 사랑의 미로여

때로는 쓰라린 이별도 쓸쓸히 맞이하면서

그리움만 태우는 것이 사랑의 진실인가요

그대 가슴에 심어 준 사랑이여

상처를 주지 마오 영원히

끝도 시작도 없이 아득한 사랑의 미로여

이 가사에 세상 사람들의 세계관이 그대로 투영돼 있다. 세상은 미로
라는 것이다. 그렇게 판단하는 근거는 아마도 사랑으로 인한 아픔과 상
처 때문일 것이다. 그로 인해 냉소주의적 입장을 취하게 된 것이다. 이
러한 냉소주의는 우리 시대의 가장 중요한 특징으로 자리잡고 있다. 실
패와 좌절의 시간 속에서 미래에 대한 희망을 닫아버리게 된 것이다.
그러니 세상을 '끝도 시작도 없는 사랑의 미로'라고 말하는 것이 당연
할지도 모르겠다.

그러나 중요한 것은 인생에 대하여 세상이 어떤 노래를 불렀는지가
아니라 우리가 어떤 노래를 불러야 하느냐에 있다. 신자로 이 땅을 살
아가는 우리가 부르는 노랫말이 중요하다. 그래서 내가 제안하고 싶은
것은 "시작도 끝도 '있는' 사랑의 '초대'여!"이다. 요한계시록 22장 1-5
절은 창세기에서 시작된 하나님 나라(계획)의 완성을 보여준다. 그러니
시작도 있고 끝도 있는 것이다. 보다 구체적으로 '시작도 끝도 있는 사
랑의 초대'에 담긴 교훈을 찾아보기로 하자.

시작도 끝도 있는 사랑의 초대여!

'정원' 완성의 자리로

'끝도 시작도 없는 미로'가 아닌 '시작도 끝도 있는 사랑의 초대'의 첫 번째 교훈은, 정원 완성의 자리로의 초대이다. 성경이 새 예루살렘을 정원으로 설명하는 이유가 있다. 그것은 바로 새 예루살렘이 창세기 1-2장의 '에덴의 회복'임을 알려주기 위해서이다. 단순히 에덴의 회복이 아니라 에덴 그 이상이 회복된 곳이라고 해야 옳을 것이다. 첫 에덴 동산을 능가하는 자리이기 때문이다. 1-5절 안에 에덴의 회복임을 알 수 있는 단어들이 가득하다. 그 단어들은 '생명수', '생명나무', '섬김', '왕 노릇'이다. 이 단어들은 모두 창세기의 에덴동산 — 생명수 강(창 2:10-14), 생명나무(창 2:9), 섬김(창 2:15), 왕 노릇(창 1:28, 2:15) — 을 연상시킨다.

결코 끝도 시작도 없는 아득한 사랑의 미로가 아닌, 분명한 시작과 영광스러운 끝이 있는 사랑의 초대인 것이다. 우리는 시작과 끝 사이를 통과하는 '중간'을 살아가는 사람들이다. 그러나 우리는 중간에 의해서 규정되는 사람이 아니라 아름다운 시작과 영광스러운 끝(완성)을 통해 이루어질 사랑의 초내장을 받은 자로 규정되어야 한다. 우리는 에덴에서 시작하여 에덴에서 마쳐질 생애이고 그것이 우리의 운명이다. 광야를 사는 동안 우리가 우리의 운명에 대하여 어떤 느낌을 갖든지 간에 중요한 것은 바로 이 성경의 증언이다. 성경은 지금 우리 각 사람을 정원의 완성의 자리로 이끌기 위하여 부르셨다고 말씀하신다. 그 사실 하나라도 확신하고 있다면, 우리는 광야 인생길의 그 어떤 고단함 속에서도 안식할 수 있다.

주님의 초대에 귀를 기울여 보자. 주님은 지금도 이 땅에서 무거운 짐을 지고 고통받는 인생들을 부르신다. "수고하고 무거운 짐 진 자들아 다 내게로 오라 내가 너희를 쉬게 하리라(마 11:28)." 늘 그분께 우리의 짐을 맡기고 나아가자. 그리고 우리가 온전한 에덴의 상속자로 초대받은 자임을 잊지 말고 살아가자. 이제 그렇다면 우리가 초대받은 정원으로의 초대에 대한 보다 깊은 의미를 살펴보자.

'정원' 생명의 자리로

새 예루살렘의 이미지는 정원이라고 했는데, 과연 어떤 정원일까? 바로 생명으로 가득한 정원이다. 새 예루살렘의 가장 중요한 키워드 가운데 하나가 바로 '생명'이다. 특히 이미 여러 차례 밝혔듯이, 새 예루살렘은 바벨론과 대조를 이루고 있다. 바벨론은 죽음의 도시이고, 이에 반해서 새 예루살렘은 생명의 도시이다. 마이클 고먼(Michael Gorman)은 바벨론을 죽음의 문화로, 새 예루살렘을 생명의 문화라고 주장했다. 이처럼 새 예루살렘의 초대는 충일한 생명으로의 부르심이라고 할 수 있다.

이러한 맥락에서 22장 1-5절은 하늘 생명이 온전히 충만해지는 장면을 우리에게 보여준다. 그것이 어떻게 가능했는지를 '보좌'라는 표현으로 제시하고 있다. 보좌는 원래 접근 불가능한 신적인 위엄과 영광을 말한다. 그러한 보좌가 이제는 접근 가능한 모습으로 제시되고 있다. 보좌에서 흘러나오는 생명수 강은 풍성한 생명의 젖줄이 되어 사람들을 풍성함의 자리로 초대한다. 그 도시 가운데로 생명수 강이 흐르고 강 옆에는 생명나무가 가득하다. 첫 인류가 그것을 취했더라면 얼마나 좋았을까? 그렇지 못하고 반대로 선악과를 택하여 세상은 타락하고 죽음으로 가득 찬 곳이 되고 말았다. 당연히 생명나무의 길도 차단되었다. 그러나 이제 차단된 생명나무의 길이 열리게 된다. 생명나무들이 가득함으로 그곳이 생명의 도시라는 것을 알게 된다. 이렇듯 정원으로서 새 하늘과 새 땅은 치료의 장소이다. 열두 가지 열매를 맺는다는 것은 열두 달 동안 치유가 계속되는 것을 뜻한다. 이러한 이미지는 에스겔(47:12)서를 그대로 사용하고 있다. 구약의 약속이 성취되는 곳이 바로 새 하늘과 새 땅이다.

이러한 생명의 초대는 소극적으로 말하면, 인생을 향한 저주가 걷히게 됨을 의미한다(3절). 하나님의 빛이 비치기에 밤의 사라짐을 뜻한다(5절). 하나님으로 인한 생명이 얼마나 가득한 곳인지를 말해준다. 보다 적극적으로는, 새 하늘과 새 땅은 하나님을 섬기는 곳이다. 하나님을 섬기는 것은 봉사와 예배라는 두 단어로 요약된다. 진정한 예배가 이루어지는 것이다. 또한 하나님의 얼굴을 볼 수 있게 된다. 하나님의 얼굴을 보고 죽지 않고 살아갈 수 있는 길이 주어진다면 얼마나 좋을까? 창조 시에 아담은 하나님의 얼굴을 볼 수 있었다. 하지만 선악과 이후의 타락으로 하나님의 얼굴을 볼 수 없는 지경에 놓이게 되었다. 죄악으로 가득 찬 인생들이 하나님의 얼굴을 본다는 것은 곧 영원한 죽음의 자리로 나아가는 꼴이 되고 마는 것이다(출 33:20).

그러나 저주받은 인간을 회복의 자리로 이끄시기 위하여 예수 그리스도가 오셨다. 그분으로 인하여 하나님께 나아갈 길이 열린 것이다(요 1:14). 이러한 예수 그리스도의 사역은 우리가 새로운 에덴에서 온전한 성취를 이루게 될 것과 하나님과 왕 노릇 하며 살아갈 것과 또한 왕 같은 제사장으로서의 사명을 온전히 성취할 것을 약속한다.

이제 논의의 마지막 국면으로 나아가 보자. 영광스러운 에덴으로 우리를 초대하시지만, 여전히 이 세상을 살아가게 하시는 이유는 무엇일까? 그것도 바벨론 안에서 살아가게 하시는 것은 무슨 의미일까?

'정원' 정원사의 자리로

새로운 정원으로 초대된 교회는 정원사로의 사명을 감당해야 한다. 그것도 우리가 사는 세상에서 말이다. 이 삭막하고 이기적인 세상(인간의 도성)을 하나님의 정원이 되게 해야 한다. 꽃이 피어나고, 새들이 노래하는 축제의 장으로 만들어야 한다. 그런 점에서 우리는 바벨론이라는 탐욕의 노시 속에 있는 정원사이다. 교회는 바로 그 정원사들이 모이는 곳이다. 함께 모여서 머리를 맞대고, 타락한 바벨론의 정신이 판을 치는 이곳에서 하나님 나라의 생태계를 복원하는 사역에 헌신한다. 이런 의미에서 정원으로서의 새 하늘과 새 땅, 즉 새 예루살렘은 단지 우리가 저 천상에 도달해야만 비로소 경험하고 누리는 실체가 되어서는 안 된다. 정원에서 충만한 생명으로 왕 노릇하는 광경은 '현재'를 위한 것이다. 현재의 시선과 관점을 바꾸기 위한 것이다. 그렇다면 어떻게 정원을 가꾸는 정원사로서의 사역을 '여기 – 이곳'에서 이루는 사람이 될 수 있을까?

첫째, 공동체를 통하여

바로 그의 종들이 이 생명의 풍성함을 누리는 자들이 될 것이다. '종들'이라는 복수형에 유념해야 한다. 예수 생명으로 충만한 '증인들'이 되어야 하는 것이다. 우리가 주님의 몸 된 교회를 이루며 해야 할 일이 있다면, 생명의 교류인 것을 말씀하신다. 홀로는 이 사역을 감당할 수 없으니 하나님의 사람들이 함께해야 한다. 교회 안에서 교인끼리 싸울 것이 아니라 함께 힘을 합쳐 교회 밖의 세상을 향한 공중권세 잡은 자와의 싸움을 해나가야 한다. 이것이 그의 종들이 어둔 세상에 빛을 비추는 몸부림이다. 이를 통하여 사람들이 예수 앞에 나와 생명의 충만함으로 살아가도록 해야 하는 것이다.

그렇다면 자연스럽게 묻게 되는 질문은 왜 하필 성경이 '종들'이라고 표기하고 있는가이다. 사실 종들이라는 표현은 생소하다. 요한계시록에서 애용하는 표현은 '이기는 자'이다. 그러면 왜 이기는 자라고 표현하지 않았을까? 이기는 자 대신에 '종들'을 쓴 것은 그다음에 '섬기며'라는 단어와 매치시키기에 최적의 단어이기 때문이다. 그를 '섬기는' 사람들이라는 것이다. '섬기는 자'로서 '이기는 자'가 되어야 한다는 것이 중요하다. 섬김이라는 것은 쉽지 않다. 내 자존심이 상할 때도 있다. 내 진심이 오해되어 속상할 때도 있다. 섬김의 자리는 결코 티가 나지 않는다. 종들이 하는 일은 그리 화려하거나 엄청난 사역이 아닐 수 있다. 그런데 종들이 감당하는 허드렛일을 통하여 이기는 자가 되는 것이다. 무슨 대단한 공적을 세우는 자들이나 비석에 새길 만한 업적을 만드는 것이 아니라 종들의 사역을 통해서 말이다.

또 하나 중요한 것은 '그의' 종들이라는 것이다. 그분의 종이다. 그분으로 인하여 매임의 자리로 나아가는 종들이란 뜻이다. 자발적인 매임을 통하여 그분의 사역을 이루어가는 사람들이다. 이러한 종들의 사역은 겉으로 보면 나약한 것 같으나, 결국은 이기는 자의 길이 된다. 예수님 자신이 종의 모습으로 이기는 자가 되신 것처럼, 그의 종들도 동일한 여정을 걸어가게 될 것이다

둘째, 방탕하지 않고 성숙함을 통하여

'방탕하지 않는 것'과 '성숙'은 어울리는 조합이 아닌 듯 보인다. 그러나 매우 어울리는 조합이다. '성숙'이란 단어의 뜻은 에베소서(5:15-18)에 따르면 '시간을 허비하지 않는 것', '술취함으로 방탕치 않는 것'과 연결된다. 술 취함으로 방탕하지 않아야 하는 이유는 시간을 아끼기 위함이므로 시간 낭비가 곧 술 취하는 것과 다를 바 없다. 우리는 적극적으로 시간을 아껴서 마땅히 해야 할 일(사명)을 감당해야 한다. 성숙은 바로 시간을 아껴서 가치 있는 것에 투자하는 것이다. 이러한 맥락에서 스캇펙은 성숙한 사람을 '가치 있는 일을 뒤로 미루지 않는 사람'이라고 주장하였다. 그렇다. 성숙이라는 것은 마땅히 해야 할 일을 뒤로 미루지 않는 것이다. 어려운 일, 우선순위의 것을 먼저 하는 사람이 성숙한 사람이다. 우리는 성숙한 사람으로 거듭나 새로운 정원 만들기 사역을 감당해야만 한다. 거짓된 생명으로 가득한 이곳에 진실한 하늘 생명을 이식하자. 망가진 세상을 새롭게 하는 아름다운 정원사들로 서자.

맺음말

세상은 시작도 끝도 없는 미로 같은 인생이라고 말하지만, 신자의 고백은 달라야 한다. 하나님의 목적에 따라 분명한 시작이 있고, 영광스러운 마침이 있을 것이다. 우리의 시작은 에덴동산이었고, 우리의 마침은 새로운 에덴동산에 이르는 것이다. 그 완성을 내다보며 오늘 이곳에서 우리가 펼쳐야 할 사명은 무엇보다도, 비록 망가질 대로 망가져 버렸지만 하나님의 첫 창조의 정원을 가꾸는 신실한 정원사로 살아가는 것이다.

요한계시록 22:20-21

20 이것들을 증언하신 이가 이르시되 내가 진실로 속히 오리라 하시거늘 아멘 주 예수여 오시옵소서 21 주 예수의 은혜가 모든 자들에게 있을지어다 아멘

Αποκάλυψις Ιωάννου

55. 마라나타의 신앙, 그 열기와 차분함에 대하여

들어가며

"내일 지구가 멸망하더라도 나는 오늘 한 그루의 사과나무를 심겠다."

17세기 네덜란드 철학자 스피노자(Baruch de Spinoza, 1632~1677)의 명언으로 잘 알려져 있는 문구이다. 혹자는 이 명언의 원조가 마틴 루터였다고도 한다. 중요한 사실은 이 경구가 '마라나타 신앙'의 균형과 조화를 잘 표현하고 있다는 점이다. '마라나타(Maranatha, 아람어: אתָא מָרַנָא: maranâ 'thâ' 또는, מָרַן אתָא: maran 'athâ', 그리스어: Μαραναθα)는 2개의 아람어가 합쳐진 용어인데 신약성경에 오직 단 한 번, 고린도전서 16장 22절에 나온다. 이 용어는 초기 기독교의 가르침을 담고 있는 '디다케(Didache, 가르침이라는 뜻)'의 예식문에서도 발견되며, "주께서 임하시느니라", "우리 주여 오소서(Our Lord come 혹은 Our Lord has come)"라는 의미이다. 요한계시록 22장 20절의 "아멘, 주 예수여 오시옵소서!"는 아람어를 사용하는 원시

기독교 공동체로부터 유래한 초기 기독교의 마라나타에 대한 헬라어역이다.

이제 마라나타 신앙의 모순적인 양면성에 대해 알아보며, 요한계시록의 긴 여정의 대단원의 막을 내리려고 한다.

마라나타 신앙의 열기: "내일 지구가 멸망하더라도…"

주 예수님의 다시 오심을 바라는 마라나타의 신앙은 내일 당장 지구가 멸망할 것처럼, 늘 내일이 내 인생의 마지막인 것처럼, 그렇게 오늘을 정리하며 사는 것이다. 재림에 대한 열망 혹은 열기가 있는 생애를 의미한다.

마라나타 부재의 안타까움

무수한 고난과 박해를 지나오는 동안 한국 교회 신앙의 선배들이 붙잡았던 신앙은 한마디로 '종말론적 신앙'이었다. 낮이나 밤이나 눈물 머금고 내 주님 오시기만을 고대하던 '마라나타 신앙'이 바로 그것이다. 이러한 종말론적 신앙으로 한국 교회는 극심한 고통의 시간들 속에서도 믿음의 정절을 굳게 지켜왔다. 우리가 가진 것을 하나하나 빼앗는 사탄의 마이너스(-) 공격 앞에서 마라나타 신앙으로 맞짱 승부를 띄우던 한국 교회는, 이제 사탄의 새로워진 공격 전술(?) 앞에서 맥을 못 추고 있다. 그것은 우리에게 천국이 아닌 이 세상의 풍요를 채워주는 사탄의 플러스(+) 공격이다. 어느새 한국 교회는 이러한 사탄의 교묘한 전술에 휘말려 들어가 주님의 재림을 열망하는 신앙을 잃어버리게 되었다. 마라나타의 신앙은 교회 역사박물관에서나 찾을 수 있는 과거의 유산처럼 기념될 뿐, 오늘의 신앙으로 이어져 내려오고 있지 못하는 것이 현실이다. 사탄이 유혹하는 세상에서의 삶이 너무나 편하기 때문에 세상을 조금 더 누리고 싶기 때문이다.

마라나타 회복의 필요성

그 어느 때보다도 이제 우리는 옛 신앙의 선조들처럼, "주 예수여 오시옵소서"라는 마라나타 신앙을 다시 회복해야 한다. 이러한 마라나타 신앙의 회복은 신자들에게 있어도 되고 없어도 그만인 '선택사항'이 아니라 우리가 다시 살아나느냐 아니면 여기서 지리멸렬(支離滅裂)하느냐를 결정짓는 '필수사항'이다. 요한계시록은 로마 황제숭배 요구라는 절망스러운 현실 속에 있던 교회 공동체에 새 하늘과 새 땅이 펼쳐지는 광경(그중에서도 영광스럽게 변화된 새 예루살렘의 비전)을 제시하는 것으로 대단원의 막을 내리고 있다. 고난의 현실에 처해 있는 사람들에게 새 하늘과 새 땅의 소망을 주시려는 것이다.

만일 요한계시록이 극심한 박해로 인해 고통당하는 성도들을 위로하려는 의도로 쓰였다면, 그들이 기대한 위로는 핍박의 현실을 바꾸어 삶의 평안과 안전을 보장해 주시겠다는 하나님의 약속이었을 것이다. 그러나 요한계시록은 그런 약속으로 성도들을 이끌고 가지 않는다. 오히려 요한계시록의 위로는 새 하늘과 새 땅의 비전이다. 성도에게 '값싼 위로'를 주시는 것이 아니라 '값진 위로'의 길로 이끌어 준다. 예를 들면 21장 21절에 새 하늘과 새 땅에 펼쳐지는 새 예루살렘의 열두 문이 '진주'로 되어 있다. 고통의 시간을 통하여 찬란한 진주가 되는 길을 걷는 사람들이 바로 신자들임을 의미한다. 그 길 끝에서 우리는 영광스러운 새 예루살렘으로 완성된다. 이처럼 오늘 우리에게 필요한 위로는 현실 바꾸기 차원이 아니라 진주와 같이 새 예루살렘으로 완성된다는 차원의 위로이다. 그러기에 신자는 반드시 주님이 속히 오셔서 바로 위대한 하나님의 나라를 완성하실 것을 고대하며 살아야 한다. 돌아보면 이 세상 그 어디에서도 우리는 진정한 위로를 맛볼 수 없다. 우리가 꿈꾸는 위로라는 것은 고작 불의한 세상에서 남보다 좀 더 편해지고, 좀 더 나은 환경에서 삶을 영위해 가는 것 정도이다. 그러나 설사 그런 바람이 성취된다고 해도 그것이 무슨 궁극적인 위로나 소망이 될 수 있다는 말인가!

그렇다면 우리에게 진정으로 필요한 위로는 하나님 나라가 완성되는 데 있다. 불의로 가득 찬 세상의 질서가 종결되고, 하나님의 영광이 물이 바다를 덮는 것 같이 온 세상에 가득 차게 되는 것이다. 그러한 하나님의 나라가 완성되기를 고대하는 모습이 마라나타의 신앙으로 표현되어야 하는 것이다. 이러한 마라나타의 신앙이 있어야 이 불의한 세상에서 우리는 비로소 숨을 내쉬고 살아갈 수 있게 된다. 비로소 살아갈 이유와 소망을 찾게 되는 것이다.

자! 이제 조금 더 나아가 보자. 마라나타의 신앙이 미래에 있을 우주적 종말을 고대하는 것만이 아니라고 말하고 싶다. 그 이상이다. 주 예수님이 어서 오시기를 염원하는 마라나타 신앙이 진정으로 중요한 이유는 '개인적인 종말과 현재에 대한 새로운 방향 제시' 때문이다.

개별적인 종말로서의 마라나타

한때 열풍이 불었던 것이 웰빙(well-being) 바람이었다. 그러나 웰빙보다 중요한 것이 있는데 그것이 바로 웰다잉(well-dying)이다. 의미 있고 가치 있게 살다가 주님 앞에 서는 복된 임종이 복이다. 그러나 현실은 어떤가? 죽음이란 우리 모두가 직면해야 하는 엄연한 진실임에도 누구도 말하기를 꺼리는 주제이다. 우리가 마라나타 신앙을 회복해야 하는 이유는 그리스도의 역사적인 재림을 고대하는 것이기 때문이기도 하지만 그것만이 전부가 아니다. 우리 시대에 예수 그리스도의 재림을 맞이할 수 있을지는 아무도 알 수 없다. 2,000년이 넘는 기독교 역사 내내 곧 종말이 올 거라고 했다. 시대마다 경건한 신자들이 종말, 즉 주님의 재림을 기다렸지만, 역사적인 강림을 통한 우주적인 종말이 끝내 성취되지는 않았다. 우리 시대에도 그렇게 될 확률이 높다. 그렇다면 마라나타 신앙은 불발로 끝나고 마는 것일까? 결코 그렇지 않다. 그리스도의 다시 오심은 연기될 수 있지만, 우리가 직접 그분께로 나아가 그분을 만나게 되는 것이 곧 실존적인 그분의 재림과도 같은 것이다. 이런 면에서 우주적 종말은 개인적인 종말과 차이가 없다. 2,000년이 넘는 시간 동안 그분은 오시지 않았지만, 믿음의 성도들이 그분께 나아감으로써 마라나타 신앙이 성취되었다. 이렇게 마라나타 신앙은 우리로 하여금 웰빙을 넘어서 웰다잉을 제대로 준비할 수 있게 해준다. 이는 단지 역사적이고 우주적인 재림만이 아니라 개인적이고 실존적으로 그분 앞으로 설 준비를 하게 만드는 차원에서 중요하다.

'오늘'을 새롭게 인식하는 마라나타

지금까지 논의한 것처럼 마라나타 신앙은 불의와 불공평으로 가득차 만신창이가 되어버린 세상에서 우리 주님이 온전한 샬롬의 세상을 완성하시기를 기대하며 그것을 소망으로 붙드는 것이다. 그런 면에서 우리는 제임스 패커(James Packer)의 말을 음미해 볼 수 있다. "흔히 우리는 '살아 있는 한 소망은 있다'고 말합니다. 그러나 좀 더 심오한 진리는 '소망이 있는 한 살아갈 수 있다'는 것입니다."

하나님 나라 완성에 대한 미래적 소망이 있을 때 그리고 마라나타 신앙으로 하나님 나라 완성의 주인공이신 예수님을 기다릴 때 우리는 비로소 진정한 의미에서 살아 있게 된다. 그러나 이렇게 미래를 향한 소망을 염원으로 담아내는 마라나타 신앙은 우리로 하여금 단순히 미래만을 바라보게 하지 않는다. 그 미래를 응시함으로 우리가 직면한 '오늘'이 새로워지게 된다. 아니 반드시 그렇게 되어야만 한다.

오늘을 새롭게 바라보고 산다는 것은 ─ 요한계시록의 배경을 따라서 설명해 본다면 ─ 로마 도미티안 황제의 박해 자리에서 다시금 분연히 일어나 불의한 세상과 맞짱 승부를 벌이는 것이다. 허무한 세력에 굴복하지 않고, 다음 세상의 영광과 정신에 매료된 자로서 미래에 완성될 세상의 가치를 끌어다가 오늘 펼쳐져 있는 불의하고 불공평이 가득한 세상에 저항하며 사는 것이다. 요셉처럼(창 39:9) 어떤 유혹 앞에서도 하나님께 득죄할 수 없는 자세로 그것을 극복하는 것이다. 다니엘처럼(단 1:8) 자신을 더럽히지 않기를 믿음으로 결단하고 사는 것이다.

결국 마라나타 신앙이 회복되어야만 우리는 커져가는 세상을 매 순간순간 상대화시키며 살 수 있다. 우리가 절대화시켜야 할 것은 오직 하나님 나라의 가치와 정신 그리고 하나님 나라의 핵심이신 주님의 교훈과 그분이 제시해 주시는 삶의 방향성이다. 우리 모두 마라나타 신앙의 열기로 세상을 상대화시키고, 우리 주님과 주님 나라의 가치를 절대화시키는 사람들로 오늘을 살아가자.

이러한 오늘에 대한 강조는 마라나타 신앙의 또 다른 측면에 대하여 깊이 생각해 보게 한다. 그것은 바로 마라나타 신앙의 차분함이다.

마리나타 신앙의 차분함: "오늘 한 그루의 사과나무를…"

진정한 종말 신앙이 오늘을 소외시키지 않고 오히려 현재를 강조한다면 지금 우리에게 주어진 삶을 어떻게 살아야 할까? 바로 '오늘 한 그루의 사과나무를 심는 것'이다. 오늘 한 그루의 사과나무를 심겠다고 했던 사람이 루터이든 스피노자이든 간에, 사과나무를 심겠다고 하는 것이 구체적으로 무슨 의미인지, 어떤 방식의 삶을 살아야 하는지는 제시하지 않는다. 개인적으로 나는 그 사과나무를 '은혜의 사과나무'라고 말하고 싶다. 내일 종말이 온다 해도 오늘은 은혜로 만들어진 나의 모습에 감격하며, 다른 이들을 동일한 은혜의 방식으로 대접하며 살아가는 것이 우리가 심어야 할 사과나무가 될 것이다. 마치 선한 사마리아 여인처럼 은혜에 붙들려 다른 이들이 나에게 행한 대로 갚아주지 않고 은혜로 대접하는 것이다. 그녀는 강도 만난 유대인을 보면서 그 거반 죽게 된 상태가 바로 자신의 모습임을 알았기 때문에 그를 도울 수 있었다. 바꿔 말하면, 은혜로 상대를 바라본다는 것이 곧 내 안에 은혜가 있다는 증거가 되는 것이다.

"상대의 내면에서 긍정적인 부분을 찾는 것은 자신의 내면에서 긍정적인 부분을 찾을 수 있을 때 가능합니다." 어느 분이 한 의미심장한 말이다. 상대방의 행실에서 그리스도의 은혜를 찾는 작업은 먼저 자신의 내면에서 그리스도의 은혜를 찾을 때 가능하다. 상대방의 내면에서 그리스도의 은혜를 발견하지 못하고, 그의 행실을 먼저 보고 그 사람이 행한 일을 먼저 보게 되는 것은 곧 내 안에서 그리스도의 은혜보다는 내 행실을 우선했기 때문이다. 어느 사람이 상대에게서 늘 비난거리만을 찾는다면 그것은 상대가 비난받아야 할 죄인이기 때문만이 아니다. 그 비난거리만 찾는 사람의 내면이 은혜에서 멀기 때문이다. 상대방의 과오만을 부각하는 사람은 자신이 영적으로 메말라 있기 때문이다. 상대의 특정 행동을 경멸하는 사람은 자신이 그와 같은 사람이기 때문인 경우가 허다하다. 우리는 그것을 '투사(projection)'라고 한다. 투사란 개인의 성향인 태도나 특성에 내하어 다른 사람에게 무의식적으로 그 원인을 돌리는 심리적 현상이다. 정신분석 이론에서는 이러한 투사는 사람들이 자신의 죄의식, 열등감, 공격성과 같은 감정을 다른 사람에게 돌림으로써 부정하는 방어기제라고 본다. 정신분석 이론에서의 이 용어는 자신들의 권력을 순수하게 추상적인 것으로 돌리는 개인과 사회의 경향을 말하는 것으로 사회학에서도 사용된다. 예를 들면 사회는 자기 권력의 일부를 신과 영혼에게 투사하는 식이다.

우리는 이와 반대로 가야 한다. 은혜의 시선으로 상대를 보아야 한다. 그가 한 행동보다 그에게 주어진 하나님의 은혜의 역사가 중요하며, 더 나아가 그것을 인정해 주어야 한다. 상대 또한 나와 같이 은혜 안에서 만들어져 가고 있는 인생임을 잊지 말고 상대를 대하는 것이다. 은혜의 시각으로 바라보면 상대의 내면에 매우 긍정적인 가능성이 많음을 알게 될 것이다. 우리가 그것을 최대한 찾아주어야 한다. 안 되는 쪽으로 사람을 바라보면 될 사람이 하나도 없고, 되는 쪽으로 사람을 보면 안 될 사람이 하나도 없다. 은혜는 하나님이 우리 모두를 '되는 쪽'으로 바라보신다는 뜻이다. 하나님이 우리를 되는 쪽으로 바라보는 한 그 누구도 다른 사람을 안 되는 쪽으로 바라볼 권리가 없다. 오직 상대를 긍정적인 시선으로 바라볼 책임만 있다.

다시 강조하지만 내일 종말이 온다고 해도 오늘 심어야 할 은혜의 사과나무가 많다. 사도 바울은 그 문제 많고, 모순적이고, 타락한 고린도 교회 사람들을 여전히 하나님의 백성, 성도라고 부른다. 이것이 얼마나 놀라운 은혜인지 모른다. 우리도 바로 이런 시선을 가져야 한다. 은혜로 살아난 자로서 은혜의 시각으로 사람을 일으키고 살리고 회복시키는 일을 하다가 주님 앞에 서야 한다. 살아서 그분의 재림을 맞이하든지 아니면 우리가 그분 앞으로 가는 것이다. 우리 모두가 주님 앞에 서서 반드시 받게 될 질문은 이것이다.

"너는 은혜를 따라서 살다가 왔느냐?"

"너는 은혜로 살아난 자답게 은혜로 살리는 사역을 감당하고 왔느냐?"

이 물음에 자신 있게 "아멘"이라고 대답할 수 있는 오늘을 살아가자.

참고 문헌

Hendriksen, William. 김영익, 문영탁 역. (2015). 헨드릭슨 성경주석-
　요한계시록. 서울: 아가페 출판사.

Jethani, Skye. 정성묵 역. (2017). 종교에 죽고 예수에 살다. 서울: 두란노.

Johnson, Darrell. 류근상 역. (2010). 설교의 영광. 경기: 크리스챤 출판사.

Keller, Tim. 최종훈 역. (2018). 팀 켈러, 고통에 답하다. 서울: 두란노.

Koester, Craig. 최흥진 역. (2011). 인류의 종말과 요한계시록. 서울: 동연출판사.

Kübler-ross, Elisabeth & David Kessler. 류시화 역. (2014). 인생수업. 서울:
　이레.

Ortberg, John. 정성묵 역. (2018). 존 오트버그의 인생, 영생이 되다. 서울:
　두란노.

Osborne, Grant. (2008). *Revelation*. Baker Academic, Grand Rapids, Mich,

Peck, Scott. 신승철, 이종만 역. (2007). 아직도 가야할 길. 서울: 열음사.

Peterson, Eugene. 홍병룡 역. (2002). *묵시: 현실을 새롭게 하는 영성*. 서울: IVP.

Peterson, Eugene & Marva J. Dawn. 차성구 역. (2014). *껍데기 목회자는 가라*.
　서울: 좋은 씨앗.

Riddlebarger, Kim. 박승민 역. (2013). *개혁주의 무천년설*. 서울: 부흥과개혁사.

Wright, Tom. 이철민 역. (2019). 모든 사람을 위한 요한계시록. 서울: IVP.

김남준. (1999). *거룩한 부흥*. 서울: 생명의말씀사.

김추성. (2018). 요한계시록. 서울: 킹덤북스.

이문식. (2011). *이문식의 문화 읽기*. 서울: 두란노아카데미.

정용성. (2018). 요한계시록 강의. 서울: 홍성사.